本书系教育部人文社科基金青年项目
"民族地区乡镇农业公共服务供应链的危机预警与应对机制研究"
（项目编号：10YJC810030）的阶段性成果之一

回顾与展望：
中国农村职业教育研究态势与实践探索

柳劲松　著

中国出版集团

世界图书出版公司

广州·上海·西安·北京

图书在版编目（CIP）数据

回顾与展望：中国农村职业教育研究态势与实践探索 / 柳劲松著.
—广州：世界图书出版广东有限公司，2011.12
　　ISBN　978-7-5100-4173-0

　　Ⅰ.①回…　Ⅱ.①柳…　Ⅲ.①乡村教育：职业教育-研究-中国
Ⅳ.①G725

中国版本图书馆 CIP 数据核字（2011）第 271742 号

回顾与展望：中国农村职业教育研究态势与实践探索

策划编辑　张馨芳
责任编辑　孔令钢　王　红
出版发行　世界图书出版广东有限公司
地　　址　广州市新港西路大江冲 25 号
http://www.gdst.com.cn
印　　刷　广州市快美印务有限公司
规　　格　787mm×1092mm　1/16
印　　张　16
字　　数　250 千
版　　次　2013 年 5 月第 2 版　2013 年 5 月第 2 次印刷
ISBN　978-7-5100-4173-0/G·1012
定　　价　53.00 元

前　言

根据《中共中央关于推进农村改革发展若干重大问题的决定》的精神，坚持社会主义市场经济改革方向，坚持农业基础地位，坚持走中国特色农业现代化道路，是解决农村改革发展难题、推进我国农村改革发展进程不可动摇的原则。而要实现农村改革与发展的有序、有效推进，大力发展农村职业教育，提高农民的职业素质和综合素质，为农村及农业的发展提供强大的人力、智力支持，无疑具有重大的理论与现实意义。

然而，在全球金融危机和经济动荡仍在继续的现实背景下，我国职业技术教育，尤其是农村职业教育，在理论和实践上都经历了新的机遇和挑战。目前，我国农村职业教育主要存在以下问题：职业教育经费投入严重不足且再分配不均衡；"三教统筹"没有真正落到实处；没有形成有效衔接的高、中、初级农村职业教育学历教育体系；宏观上缺乏"农科教"的政策组合和支撑；各个参与办学的部门自成一体，相互脱离，缺乏衔接机制；没有突出培养应用型人才的要求；有些农村职业学校未协调好学生的择业观与市场、社会、农村经济发展对技能型人才的客观需求，忽视了学校的办学方向、办学特色和办学条件，追求短期效益，专业设置不合理，课程内容缺乏职业技能培养。凡此种种，导致了农民教育素质偏低、农民科技素质不高、农村职业教育办学条件恶劣以及农村职业教育低水平徘徊等一系列尴尬被动局面。

理论是实践的指南。本书旨在分析与总结我国近年来农村职业教育理论研究的进展和主要成果，反思与推测我国农村职业教育理论研究存在的主要问题和发展趋势，总结与分析我国新时期农村职业教育发展的主要成就、经验和现实困境，并在已有的理论基础之上提出农村职业教育走上良性发展道路的合理路径。全书主要分为三大部分：第一部分，包括导论和第一、二章，对农村职业教育的理论基础及当前的研究态势等进行研究；第二部分，包括第三、四、五、六、七章，分别从宏观发展历程的综合分析和微观的个案调查这两个层面，来对我国的农村职业教育发展进行实证研究，对我国新时期农村职业教育发展的成就、经验与现实困境进行具体深入分析，并以美、英、德、日等发达国家为例对其发展农村职业教育的先进经验和有益做法进行梳理分析，以期为我国农村职业教育的现实发展提供有利借鉴；第三部分，也就是第八章，是前面两个部分有效对接的交汇点，也是全书研究的落脚点所在，主要从理论启示与路径选择两个维度对农村职业教育发展进行前瞻性探讨。

本书主要采用规范研究、实证研究和比较研究三种研究方法。规范研究方面，围绕农村经济社会发展的实际情况及职业教育发展的现状进行相关数据的整理和分析：一是采用文献分析法，搜索和查阅与职业教育及农村职业教育有关的国内外最新理论研究成果、研究文献，在理论研究的基础上对我国农村职业教育的理论研究现状、主要成果进行归纳；二是运用演绎分析法，从社会分层理论、人力资本理论和职业教育理论等方面，对农村职业教育的理论基础进行梳理。在实证研究法方面，首先，应用统计分析法对近年来我国农村职业教育的立项情况进行统计分析，找出问题，对未来农村职业教育课题研究的发展趋势进行剖析；其次，应用田野调查法选取湖北、贵州、重庆等地的职校和农技推广机构为调查对象，对我国农村职业教育发展进行个案调查分析。在比较研究方面，对国外发达国家的农村职业教育发展的经验进行总结。

本书系 2010 年教育部人文社科青年项目《民族地区乡镇农业公共服务供应链的危机预警与应对机制研究》（项目编号：10YJC810030）的阶段性成果。自 2008 年 7 月至今，作者在主持 2008 年湖北省社会科学基金项目《湖北省乡镇公益型事业单位改革追踪调查研究》（已圆满结项，成果鉴定为"良好"）和 2010 年教育部人文社科青年项目《民族地区乡镇农业公共服务供应链的危机预警与应对机制研究》的过程中，曾多次赴贵州、重庆、湖北恩施州和湖南湘西州等地调研，并有幸得到相关领导的无私帮助，掌握了大量一手的宝贵资料，为本书的实证研究部分打下了扎实基础。本书的出版，还得到了湖北省特色学科——中南民族大学教育经济与管理学科建设基金和中南民族大学高等教育学硕士点建设基金的资助。谨向支持本书出版的领导和同仁表示感谢！本书借鉴了国内外学者的有关研究成果，作者指导的研究生钟小斌同学协助做了许多资料整理和文字校对工作，在此也一并致以诚挚的谢意！

农村职业教育，在理论上显然不成熟、不完善，在实践上则刚刚起步。社会的进步和繁荣，人的全面发展，都呼唤农村职业教育加快发展步伐、提高发展质量，真正承担起时代使命，为实现全面建设小康社会及构建社会主义和谐社会推波助澜。本书作为一部探索性的学术著作，仍有许多疏漏和不足之处，恳请同行专家、学者及广大读者批评指正。

目　录

导　论 ……………………………………………………… 001
　　一、研究背景 ………………………………………… 001
　　二、研究内容与核心概念 …………………………… 004
　　三、研究思路与方法 ………………………………… 006
　　四、篇章结构与主要观点 …………………………… 010
第一章　农村职业教育的理论基础 …………………… 013
　第一节　社会分层理论 ………………………………… 013
　　一、社会分层理论概述 ……………………………… 013
　　二、社会流动 ………………………………………… 015
　　三、职业教育与社会分层 …………………………… 016
　第二节　人力资本理论 ………………………………… 017
　　一、人力资本理论概述 ……………………………… 017
　　二、人力资本的内涵 ………………………………… 022
　　三、人力资本理论对农村职业教育的意义 ………… 025
　第三节　公共产品、公共服务供给理论 ……………… 026
　　一、公共产品的涵义 ………………………………… 026
　　二、公共产品和公共服务的特性 …………………… 028
　第四节　职业教育理论 ………………………………… 030
　　一、职业教育学的学科归属 ………………………… 030
　　二、职业教育的对象 ………………………………… 034
第二章　我国农村职业教育的研究态势 ……………… 036
　第一节　我国农村职业教育体系 ……………………… 036
　　一、以职业学校为主体的农村职业教育 …………… 036
　　二、以农技推广体系为主体的农村职业教育 ……… 037
　　三、以政府为主体的农村职业教育 ………………… 038
　第二节　相关课题的研究状况 ………………………… 039
　　一、国家社科基金研究项目 ………………………… 039
　　二、全国教育科学规划项目 ………………………… 044

三、教育部人文社会科学研究项目 ……………………… 049

第三节 农村职业教育相关文献分析 ……………………… 059

一、研究主题分析 ……………………………………… 059

二、研究方法分析 ……………………………………… 062

三、相关研究综述 ……………………………………… 063

第四节 相关研究的现存问题与发展趋势 ………………… 076

一、理论研究存在的问题 ……………………………… 076

二、相关研究文献存在的问题 ………………………… 078

三、研究领域的拓展趋势 ……………………………… 080

四、研究范式的发展趋势 ……………………………… 081

第三章 我国农村职业教育的发展历程与政策实践 …… 083

第一节 我国农村职业教育的发展历程 …………………… 083

一、重构与初步发展阶段（1978—1987） …………… 083

二、迅速发展阶段（1988—1993） …………………… 088

三、萎缩阶段（1993—1999） ………………………… 094

四、非均衡程度日益加剧阶段（1999至今） ………… 097

第二节 我国农村职业教育发展的法律保障与政策探索 … 101

一、农村职业教育的法律法规 ………………………… 101

二、农村职业教育的管理体制与招生政策 …………… 102

三、农村职业教育的投入保障 ………………………… 102

四、职业资格规范与就业服务政策 …………………… 106

第三节 我国农村职业教育相关政策的实践障碍 ………… 107

一、农村职业教育缺乏完整的立法保障 ……………… 107

二、管理体制与招生政策缺乏有力监管 ……………… 107

三、资源投入缺乏政策保障 …………………………… 109

四、就业与升学政策缺乏正确引导 …………………… 110

第四章 我国农村职校发展的实证调查 ………………… 112

第一节 湖北恩施州中职总体发展状况的调查分析 ……… 112

一、办学现状 …………………………………………… 112

二、主要经验 …………………………………………… 113

三、存在的问题 ………………………………………… 120

四、个案启示 …………………………………………… 122

第二节 湖北咸丰县职校发展的个案调查分析 …………… 123

一、基本情况 …………………………………………… 123

二、主要经验 …………………………………………… 124

三、存在的问题 ………………………………………… 125

四、个案启示 …………………………………………… 127

第三节 湖北巴东农广校发展模式的个案调查分析 …………… 128

一、基本情况 …………………………………………… 128

二、主要经验 …………………………………………… 130

三、存在的问题 ………………………………………… 134

四、个案启示 …………………………………………… 135

第四节 贵州农村职校发展的个案调查分析 …………………… 137

一、调查背景 …………………………………………… 137

二、松桃县职业教育的基本情况 ……………………… 138

三、主要经验 …………………………………………… 138

四、存在的问题 ………………………………………… 140

五、个案启示 …………………………………………… 142

第五节 重庆农村职校发展的个案调查分析 …………………… 143

一、发展现状 …………………………………………… 143

二、主要经验 …………………………………………… 146

三、个案启示 …………………………………………… 151

第五章 我国农技推广与培训服务体系的实证调查 ……………… 152

第一节 湖北咸安等地"以钱养事"改革的追踪调查 ………… 152

一、改革取得的成效 …………………………………… 152

二、改革存在的问题 …………………………………… 157

第二节 湖北宣恩县派驻制改革的实证调查 …………………… 161

一、基本县情 …………………………………………… 161

二、派驻制改革的主要做法 …………………………… 162

三、改革取得的成效 …………………………………… 166

四、农业科技推广存在的问题 ………………………… 167

第三节 三峡库区移民培训试验区的个案调查分析 …………… 169

一、移民培训试点工作的进展情况 …………………… 169

二、移民培训试点工作的经验 ………………………… 171

三、存在的问题 ………………………………………… 173

四、个案启示 …………………………………………… 174

第四节 相关实证调查的启示 …………………………………… 175

一、细化分类，划分县乡事权，系统规划，协同推进 ……… 176

二、充分发挥政府农技推广队伍的骨干作用，创新农业推广
体系 ……………………………………………………… 176

三、建立长效的组织保障机制 ………………………………… 177

四、创新绩效考评机制与服务方式 …………………………… 177

五、构建供需双方"双向"互动型决策机制与同步稳定增长
的经费投入保障机制 ……………………………………… 178

六、优化人员结构，实现农技推广体系可持续发展 ………… 179

七、加强农业教育和农民技术培训，发展和引导农业技术
市场 ……………………………………………………… 180

第六章　新时期我国农村职业教育发展的成就、经验与困境 ……… 181

第一节　我国农村职业教育发展的主要成就 ………………… 181

第二节　我国农村职业教育发展的基本经验 ………………… 184

一、地方领导重视，社会大力支持，立足本地实际 ………… 184

二、采取灵活多样的办学形式，建立健全农村职业技术教育
网络 ……………………………………………………… 185

三、实行农科教结合，形成农村教育与经济社会发展相互
促进的良性循环机制 …………………………………… 186

四、按照职业技术教育的规律和特点，加强基本建设与内部
管理 ……………………………………………………… 186

五、坚持正确的政治方向，培养社会主义的建设者和接班人
………………………………………………………… 187

第三节　我国农村职业教育发展的现实困境 ………………… 188

一、招生困境 …………………………………………………… 188

二、管理困境 …………………………………………………… 194

三、质量保障困境 ……………………………………………… 196

四、就业服务困境 ……………………………………………… 197

第七章　国外农村职业教育发展的经验借鉴 ………………………… 201

第一节　美国农村职业教育发展概述 ………………………… 201

一、美国的职业教育系统 ……………………………………… 201

二、美国职业教育的管理体制 ………………………………… 203

三、美国职业教育的投入保障 ………………………………… 204

四、美国职业教育的师资队伍 ………………………………… 205

五、美国职业教育的现代化 …………………………………… 205

六、美国职业教育的就业情况 ………………………………… 207

　　　七、美国的职业资格认证 ·························· 208
　　第二节　英国与德国农村职业教育发展概述 ·········· 209
　　　一、英国农村职业教育发展的特点 ·············· 209
　　　二、德国农村职业教育发展的特点 ·············· 211
　　第三节　日本农村职业教育发展概述 ················ 215
　　　一、日本职业技术教育的发展历程 ·············· 215
　　　二、日本的职业教育改革 ······················ 217
　　　三、建立终身学习型社会 ······················ 218
　　第四节　国外农村职业教育发展对我国的启示 ········ 219
　　　一、国外农村职业教育的经验总结 ·············· 219
　　　二、对我国农村职业教育的启示 ················ 220
第八章　我国农村职业教育发展的路径选择 ·············· 223
　　第一节　调整农村职业教育发展战略 ················ 223
　　　一、树立科学的教育理念 ······················ 223
　　　二、确立开放的办学思想 ······················ 223
　　　三、构建培养综合应用型人才的目标体系 ········ 224
　　　四、实施多形式多层次的职后培训 ·············· 224
　　第二节　创新农村职业教育管理体制 ················ 224
　　　一、农村职业教育管理的体制障碍 ·············· 225
　　　二、农村职业教育管理的体制创新 ·············· 226
　　第三节　改革农村职业教育办学模式 ················ 229
　　　一、农村职业教育办学模式的概念界定 ·········· 229
　　　二、农村职业教育办学模式的影响因素 ·········· 230
　　　三、农村职业教育办学模式的改革与创新 ········ 231
　　第四节　完善农村职业教育保障体系 ················ 233
　　　一、进一步完善经费体制 ······················ 233
　　　二、建立健全科研机构 ························ 233
　　　三、加强实习基地建设 ························ 234
　　　四、建立健全就业服务体系 ···················· 234
　　　五、建立健全督导评估体系 ···················· 235
　　第五节　构建"三教统筹"与"农科教"协调机制 ······ 235
　　　一、"三教统筹"的内涵、瓶颈与发展策略 ········ 236
　　　二、"三教统筹"与"农科教"的契合模式 ·········· 240
参考文献 ··· 244

导　论

一、研究背景

在建设社会主义新农村、统筹城乡发展和产业结构优化升级等国家宏观战略背景下，与农村职业教育的存在与发展密切相关的背景，主要包括教育发展现状、金融危机、城乡统筹与新农村建设以及社会统筹发展。

（一）教育发展现状

1. 教育理念的历史性创新

中共中央《关于构建社会主义和谐社会若干重大问题的决定》中明确提出了"坚持教育优先发展，促进教育公平"的方针。随着社会的进步，知识经济的时代特征越发凸显出来，人们对知识的渴求、对与时俱进竞争能力的期盼也越来越迫切，人们接受社会教育的欲望也随之空前高涨。从某种意义上说，教育公平是社会公平中最为重要的公平之一。但是公平不是一个抽象的概念，而是一定具体社会的公民所接受的教育权利和社会所承担的教育义务的统一，然而，由于受到经济和社会条件的限制，受社会教育资源分布不均衡的制约，人们在享受社会教育权利的过程中，更多的只是机会上的"公平"，亦即只是形式上的公平，而非事实上的公平。诸如考试竞争中的后位淘汰、学校教育中的自主选择和受教育权利的电脑派位等，不能不说是一种公平的体现，但对于某些个体或群体而言是无情的。这实际上体现了在有限社会资源面前的一种机会公平，而并非我们所追求的理想的公平。但是，作为处在前进中的某个具体的社会阶段而言，这就是一种具体的现实的公平。而另一方面，基于经济实力发展的不平衡、资源的有限以及资源配置的非均衡，我们的教育又存在着某种程度事实上的不公平。如何看待这种现象呢？2006年4月23日，温家宝总理在考察重庆财贸学校的职业教育时指出，我国到目前为止，已建立了一个较为完整的教育体系，即"提高高等教育，大力发展职业教育，巩固普及基础教育"。同时，总理也郑重提出了教育理念中的公平问题，他强调，在整个教育体系中，职业教育所处的位置非常重要，由于它是"面向社会各方面、面向各阶层、面向每个人"的教育，把它办好了才能真正称为"面向大众的教育"。由此可见，党和国家对教育公平问题极其重视，已经意识到职业教育在教育公平中的重要意义。由于历史的原因，农村的教育事业一直落后于城市，农民的受教育程度也远远低于非农业人口的受教育水平。中央正是实事求是地从这一根本点出发，提出了"促进教育公平"的创新理念，适时地提出了"加快发展城乡职业教育和培训网络，努力使劳动者人人有知识、个个有技能"，这无疑是我国科教兴国战略在农村波澜壮阔地兴起的理论先导。

2. 教育资源结构的调整

随着经济的快速增长和综合国力的持续增强，中央认为现在已经具备实现"两个转变"（即农业哺育工业转变为工业反哺农业，农村支持城市转变为城市帮助农村）的条件，逐步建立起有利于改变城乡二元经济结构的崭新体制。中央坚持公共教育资源向农村倾斜的政策已经付诸实施，明确了各级政府提供教育服务的职责，指出财政性教育经费增长幅度应明显高于财政经常性收入增长幅度，在农村免除义务教育学杂费，对经济困难学生实行全面帮扶。这无疑为学生家庭其他成员提供了接受职业教育和职业培训的有利条件。

3. 教育体制改革

一方面，在党中央、国务院的号召下，经过几年的努力，全国的职业教育出现了新的良性循环。20世纪90年代中期，教育体制进入了改革的快车道，打破了大中专毕业生在就业分配问题上由国家大包大揽的传统做法，教育领域出现了百花齐放、百家争鸣的可喜局面，职业教育也如雨后春笋般在全国快速崛起。各县市的职业教育中心先后成立，为大量无法进入普通高中学习的初中生解决了求学难的问题，更为社会培养了大批实用型中等技术人才。另一方面，随着高等教育改革的兴起，各高等院校快速扩充，从而拉动"普高热"，中等职业学校的生源锐减，职业教育陷入困境，特别是各农村县市的职业教育中心更是无以为继，新投入的大量资源闲置，整个全日制普通中等职业教育也跌入低谷。面对经济发展、人才结构现状和社会现实需求的复杂情况，城乡县市的职业教育单位和机构都在探索新的办学路子。

（二）金融危机

2008年爆发的金融危机，导致了全球经济衰退，同时也给我国劳动密集型产业带来了较大冲击，使我国长期以来存在和累积的制度缺陷与结构性矛盾凸显出来，我国劳动力市场存在的问题变得更为突出和明显。我国广东、浙江等沿海地区的服装、纺织和建筑等劳动密集型产业受到了严重冲击，部分企业由于抗风险能力弱、对外依存度高，只好关闭、停产或半停产。于是，在这些企业中主要从事技术要求不高、替代性强的普通工种的外来务工人员，因失业而大量返乡，这给我国经济社会的发展带来了严峻挑战。尽管金融危机已过去了一段时间，但由于金融危机的产生原因是多方面的，这就注定了它的消散不是短时间就能完成的。尽管农村职业教育的发展一直处于逡巡不前的状态，但发生在 2008 年的金融危机无疑让人们将注意力转移到了农村职业教育，寄希望于农村职业教育能为优化产业结构和加快产业升级提供最关键的人力支撑。

（三）城乡统筹与新农村建设

"十一五"规划为社会主义新农村描绘了一幅美好画卷，"生产发展、生活宽裕、乡风文明、村容整洁、管理民主"，从中我们可以看出判断新农村是否美好的首要标准是"生产发展"，农民忙碌于生产，农村经济发展繁荣，农民的腰包才会鼓起来，农民的生活才会幸福起来，国家富强才有坚实的基础。而农业的现代化、产业化，无疑对农村职业教育技术技能型人才的培养提出更高要求，培养质量高、数量多的各种技术技能人才成为农村职业教育的主要任务，同时也为农村职业教育的发展提供了新的契机。与新农村建设相辅相成的"城乡统筹"，目的在于缩小城乡差距，实现城市与乡村社会、经济、环境的和谐发展。在"城乡统筹"的社会背景下，对流向城市的农村富余劳动力进行职业教育与培训势在必行；城乡职业教育资源实现共享，引导城市职业教育帮扶农村职业教育，成为当务之急。可以肯定，"城乡统筹"将为农村职业教育发展带来生机与活力。

当前，一些城市根据自身的"城乡二元结构突出，大城市与大农村并存"的实际，在城乡统筹的大背景下，讨论如何大力发展农村职业教育促进城市社会经济的快速发展，这些城市进行统筹城乡综合配套改革试验，而实现城乡教育统筹发展的关键在于农村职业教育的开展。这对于实现城市城乡教育统筹的均衡发展具有十分重要的意义。

（四）社会统筹发展

统筹是指在一定的科学规划基础上对各个系统之间的关系进行合理调整，党的十六届三中全会《中共中央关于完善社会主义市场经济体制若干问题的决定》提出"五个统筹"的新要求，本质上体现出科学发展观的新要求，即实现全面、协调、均衡、可持续发展和人的全面发展。我国农村经历了 30 年的改革与变迁，其"统筹"主要表现在产业"交融"、职业

"交流"、城乡"交错"和文化"交汇"等方面，具体表现为：第一、二、三产业不断融合；许多农民不再从事农业劳动，流向城镇，从事非农产业；传统的城乡二元结构逐渐被打破，城乡一体化、统筹发展越来越明显；城乡文化互相借鉴和学习，呈现出共同繁荣、共同进步的良好局面。在社会统筹发展的新背景下，弱势、边缘地区快速发展，农民的主体地位得到加强。在这种背景和新形势下，农村职业教育也必将被人们关注并蓬勃发展，主要表现在以下几个方面：农村职业教育定位多元化；城乡职业教育统筹发展的制度配置和创新；农村人力资源的开发和利用受到重视；成人教育将日益受到重视；逐步实施农村义务职业教育；区域职业教育体系一体化。

二、研究内容与核心概念

（一）研究内容

首先，对我国农村职业教育理论研究进展与主要成果进行归纳，从社会分层理论、人力资本理论和职业教育理论等方面，对农村职业教育的理论基础进行梳理，并对农村职业教育理论研究的现存问题与发展趋势进行分析；其次，对我国农村职业教育的发展历程与政策实践进行回顾和综合分析；再次，选取湖北、贵州、重庆等地的职校和农技推广机构为调查对象，对我国农村职业教育发展进行个案调查分析，对新时期我国农村职教发展的成就、经验与现实困境进行审视和剖析，同时对美、英、德、日等发达国家发展农村职业教育的先进经验进行反思和归纳，以便为我国的农村职业教育发展提供有益参考和启示；最后，在上述研究基础上，从理论启示与路径选择两个纬度对我国农村职业教育发展提出前瞻性的看法。

（二）农村职业教育的内涵

1. 相关概念的厘定

（1）农业职业教育、农村职业教育、农民教育及农村教育之间的区别。这几个概念容易混为一谈，而且关系到本研究范围的确定，因此有必要进行界分。农业职业教育，是以农村学生或农业劳动者为教育对象，以农业生产方面的技术技能、知识、职业态度及道德等作为教育内容，以受教育者获得农业生产的资格和能力、提高生产效率、节约生产成本以及增加生产收入为目的的教育类型；是专门针对农业的职业教育，作为一种终生教育而存在于就业前后。农民教育，虽然也以农民及后继农民为教育对象，但其内容不仅包括农民的职业教育，还包括对农民的高等教育、社区教育、基础教育以及各类培训等。农村教育的教育对象较为宽泛，指向于不同年龄、不同性别、不同民族及不同层次的所有农村人口，不仅包括农村学校教育（高等教育、职业教育、基础教育），还包括各种形式、各级各类的社会教育（社区教育等）。从上面的表述和定义中，我们不难发现几个概念的区别：农民职业教育的分类标准是培养对象，农业职业教育的分类标准是行业；农村职业教育仅仅是农村教育中的一种，旨在培养掌握农村职业技能的人才；农业职业教育在农村职业教育、农民教育和农村教育这三类教育中各占一部分，但不是全部。

（2）农村职业教育对象的厘定。我们习惯将农村职业教育的对象狭义地理解为农村职业学校的学生，其实，如果从广义及终身教育的视角去审视，生活及生产在我国广大农村地区的学生、成年劳动者甚至儿童，都应该属于农村职业教育的对象，因为他们才是真正的农业生产践行者、农村生产力的体现者与承载者，只有他们才对相关的职业技术技能最渴求，一旦离开了他们，农村、农业的现代化就是"无源之水、无本之木"，农村职业教育就会迷失方向。因此，我们要开展见效快、期限短的技能培训，帮助广大农村劳动者解决生产中的实际问题；开设与当地社会经济紧密相关的专业与课程，为职业学校学生奠定坚实的基础；将职业技术教育适当加入到普通农村中小学教育中，使学生及早培养兴趣，掌握几项实用技术，使之终生受用。

（3）办学宗旨的厘定。农村职业教育是为农村服务还是为农业服务，决定了农村职业教育的宗旨。农业职业教育尽管是农村职业教育的一大特色，但我们不能将其简单划等号，因为前者是从行业教育的角度来定义，而后者是从区域的角度来定义。我们要清楚地看到，农村不仅有农业还有其他行业，如乡镇企业就是以工业形态存在于农村，因此不能将农村职业教育局限于农业职业教育，农业职业教育是农村职业教育的重要部分而非全部。目前，越来越多的身怀技术的农民，在城市实现着自身的价值，闯出了另一番天地，所以为进城务工人员提供科学合理的职业教育培训，也成为农村职业教育面临的重要课题。从长远发展来看，农业生产总值占国民生产总值的比重会逐渐下降，仅从事农业生产的劳动力也将逐渐减少以适应农业现代化的需要，许多农村富余劳动力将从农村和农业中转移到城市和工业中去，我们甚至可以大胆预测：农业类职教将不是农村职教的主要方面。

2. 农村职业教育的性质

教育不仅是全面建设小康社会的目标和任务，也是我国加快全面建设小康社会的基础，在国家经济社会发展中处于基础性、先导性的重要地位。职业教育既是我国整个教育事业不可或缺的一部分，也是社会发展、经济发展、劳动与就业的重要支撑，更是实践"三个代表"重要思想、落实科学发展观的必然要求和具体体现。因此，农村职业教育在全面建设小康社会的战略中背负着非常重要的使命。我国是农业大国、人口大国，虽然农村劳动力资源十分丰富，但农村劳动力综合素质普遍不高，特别是劳动技术技能低下，严重制约着我国农业发展、农村经济繁荣以及农民收入的提高，提高农村劳动力的技术和技能显得十分重要。对农村职业教育的理解，既不能局限于农村之中，也不能局限于农业本身，它是以农村地区为依托，将农村人口作为教育对象，以教育和培训出农村发展所需要的技术技能型人才为目标的教育。因此，可将"农村职业教育"定义为：以一定的文化知识为基础，对广大农村求业者进行种植、养殖、加工、运输和服务等方面的专业知识和职业技能的教育。这种定义，之所以是科学的并具有现实意义，是因为不但没有把农村职业教育局限于农村，而且还把农村职业教育的范围从农业扩大到加工、运输和服务等第二、三产业。

农村职业教育，不仅要传授职业技术技能、传授职业知识，还要注重职业态度的培养。尽管由于看待事物及分析问题的角度不同，人们对农村职业教育的概念存在诸多争议，但重新审视农村职业教育的定义，我们还是可以找出农村职业教育的若干性质：第一，农村职业教育以社会需求、农村经济发展为导向；第二，农村职业教育是针对农村求业人员的一种专业教育，本质上具有技术技能性和社会性；第三，为提高农村职业教育的效率，需要对学校和社会化教育过程做出必要的制度安排。第四，农村职业教育是社会教育不可缺少的组成部分，劳动者的职业素质与技能影响到城乡统筹发展。

三、研究思路与方法

（一）研究思路

职业技术教育具有不以学科体系为逻辑而以生产活动的规律为指导的基本特征，所以，在全球金融危机和经济动荡仍在继续以及我国处于经济社会转型期的现实背景下，我国职业技术教育尤其是农村职业教育，在理论和实践上都面临了新的机遇和挑战。因此，抓住这一战略机遇期，对于加快我国职业技术教育至关重要。笔者根据田野调查时搜集的第一手材料以及所做的个案研究，对我国农村职业教育的发展历程与政策实践进行了梳理和分析，总结其中的有益经验及不足，揭示存在于我国农村职业技术教育中的问题，并借鉴了国外农村职业教育发展中的经验，以期形成对我国发展农村职业技术教育的有益启示，同时还对我国农村职业技术教育理论研究与改革发展的路径进行了展望。如图 0-1 所示。

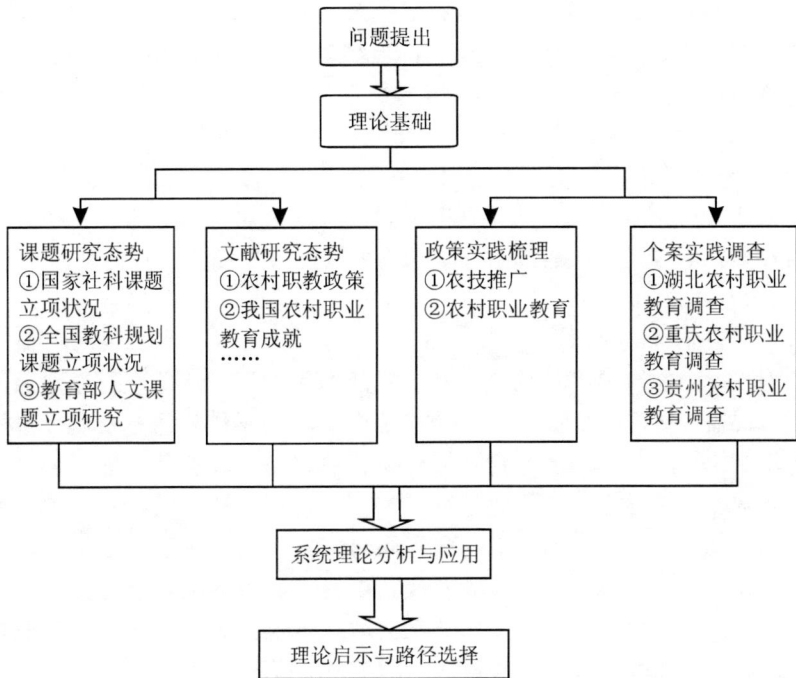

图 0-1 本书研究路线图

（二）研究方法

本书拟采用的研究方法主要有：规范研究、实证研究和比较研究方法。

1. 规范研究法

围绕农村经济社会发展的实际情况及职业教育发展的现状，进行相关数据的整理和分析。

首先，采用文献分析法，搜索、查阅与职业教育及农村职业教育有关的国内外最新理论研究成果和研究文献，在理论研究的基础上对我国农村职教的理论研究现状和主要成果进行归纳；其次，运用演绎分析法，从社会分层理论、人力资本理论和职业教育理论等方面，对农村职业教育的理论基础进行梳理，并对农村职业教育理论研究的现存问题与发展趋势进行分析；最后，在上述研究基础上，从理论启示与路径选择两个纬度对我国农村职业教育发展提出前瞻性的看法。

2. 实证研究法

一方面，应用统计分析法，对近年来我国农村职业教育立项情况进行了统计分析，找出问题，对未来农村职业教育课题研究的发展趋势进行了剖析；另一方面，应用田野调查法，选取湖北、贵州、重庆等地的职校和农技推广机构为调查对象，对我国农村职业教育发展进行个案调查分析，对新时期我国农村职教发展的成就、经验与现实困境进行审视和剖析。

3. 比较研究法

梳理并分析美、英、德、日等发达国家发展农村职业教育的先进经验和有利做法，希望为我国农村职业教育的现实发展提供有益借鉴。

（三）实证研究设计

1. 调研的现实背景

农村职业教育具有培训、教育农民的两大功用，因此农村职业教育的发展状况直接关系到农民劳动力转移的水平、农业科技的普及程度以及农民的培训水平，最终还会影响到政府完善农村职业教育体系能否成功。为农村职业教育培养人才的职业教育学校，可以说是整个农村职业教育的造血机构。如果没有一批初、中、高不同等级的职业学校以及健全的农技推广服务体系支撑农村职业教育的发展，农村职业教育不可能可持续发展下去，对于广大农民的培训和潜在劳动力的培养也就无从谈起。基于此，本研究从农村职校和农技推广服务体系两个方面展开调研。

从现实情况来看，其一，税费改革后，农技推广服务体系在乡镇体制与政府职能转变中进行了前所未有的改革实践。目前，不同地区农技推广服务体系的改革模式是否科学合理及有效，社会各界还存在着较大的争论，需要进一步厘清思路、明确方向。需要指出的是，乡镇一级的改革并不是从税费改革以后才展开的。此前，从1949年新中国成立起至2003年，在党中央政府领导下进行过自上而下的"八次革命"，改革的重心由中央逐步转移到基层。特别是1980年以来，县级综合试点改革在全国200多个县展开，乡镇农技推广站等站所机构开始步入改革，并随着改革的全面推进而逐步深入。其中，20世纪80年代中后期山东莱芜的乡镇改革比较突出，为健全乡镇政权，该市在全国率先实行"简政放权"改革，向乡镇"下放部门"、"下放权力"，这一改革尝试被总结为"莱芜经验"而推广。当然，作为乡镇改革的一种尝试和努力，其改革的成效、措施及后续影响值得我们审慎思考。

农村税费改革后，全国出现普遍性的农村治理危机，其直接诱因是税费改革后紧张的基层财政压力，乡镇改革显得困难重重，改革前期长期隐伏并不断演化的农村社会各种矛盾和问题随之充分暴露。从农业技术推广站所的现实情况来看，特别突出的问题主要表现在：一方面，地方政府尤其是乡镇政府以及农业技术推广站所的公共服务职能薄弱；另一方面，广大农民公共需求的快速增长与农业技术推广及培训服务供给严重短缺之间的矛盾，已成为农村农业公共服务的主要矛盾。如何制定和选择切合实际并行之有效的改革方案？农村农业技术推广服务怎么开展？学界与政府从不同角度提出了具体的改革意见、措施和操作方案，尽管一些设计方案具有较强的实践性，但仍需要根据对已有改革的过程与绩效的分析来评价和讨论，进而才可能探索出较为成熟的改革模式和路径。

引起社会各界普遍关注的是，自2000年国务院决定进行农村税费改革试点工作以来，湖北省在乡镇公益型事业单位改革方面取得了一定成效。[①]然而，基层农技推广的服务水平仍难以满足农民的需要。农技推广服务人员士气低落、素质较低，农村公共服务能力弱化，是湖北省农村公共服务供给和公益型事业单位改革面临的严峻考验。由此可见，追踪调查研究湖北等地近年来推行农技推广服务体系方面的改革，探索改革中存在的问题及其解决路径，积累经验，具有重大的理论和现实意义。

其二，尽管在我国的发展比较平缓，但是群众的认可程度却比较高。目前，由于我国农民的整体素质仍然偏低，主要实施初等职业教育的单位有成人小学和普通小学，这种低门槛的灵活的教学模式正好适合培训这一阶段的农民，他们既可以学到普通的农业常识，也可以通过简单的学习学到许多简单易懂的技术。而对于广大的农村青少年来说，进入初、中等职业教育单位能够较为容易地掌握基础技术，可以谋求继续深造和创业，可以把知识转化为生产力，而转化的速度远远高于普通教育。可以看出，我国初等职业教育的规模总量基本上保持不变，发展势头却不是很明显。我国初等职业教育的发展情况并不如意，从2005年到2009年，中等职业学校的数量总体呈下滑趋势，而培养的学生人数也在逐渐减少。因此，对农村职校进行田野调查并揭示其中存在的问题及原因，同样具有重要意义。

2. 样本选取与研究方法

实证研究中，我们采取分层随机抽样的方法，分别选取改革较为彻底的咸安区的部分乡镇（横沟桥镇）、改革相对滞后的恩施州的宣恩县和来凤县部分乡镇作为调研对象，展开实证调查。

在研究过程中，我们将把实证研究和规范研究、定量分析和定性分

---

① 项继权.湖北乡镇改革的新思维[J].学习月刊,2004(7).

析、系统分析与比较分析等方法结合起来，主要采用经验总结法、案例研究法、调查法和文献法等四种方法进行调查研究。在研究过程中，作者在阅读了大量文献的基础上，对事业单位以及乡镇公益型事业单位的现状、相关理论和存在的问题有了初步了解。为了掌握第一手资料，2008年以来笔者先后三次前往湖北咸安、恩施州宣恩县和来凤县等地，对当地的农村职校、乡镇综合改革的农技推广站等业务主管部门及其领导、乡镇公益型事业单位及其领导、人事及机构改革部门及其领导进行了调查，并对案例进行深入分析，同时加入对新农村建设背景下农村职校和乡镇农技推广服务体系改革研究的理解和研究成果，以期得出具有一定解释力的研究结论。

3. 调研内容与过程

整个调查研究主要包括以下几个阶段：第一阶段，文献分析（2008.10—2009.3），初步构建研究假设和理论分析框架，在既有研究基础上继续收集和跟踪国内外相关文献；第二阶段，问卷、访谈提纲的设计（2009.4—2009.6），结合本课题需要，在整理归纳第一阶段文献资料和2008、2009两年暑期调研所掌握资料的基础上，对问卷、访谈提纲进行设计；第三阶段，实地调研（2009.7—2009.9），课题组分别赴改革相对滞后的恩施州宣恩县和来凤县的部分乡镇、改革较为彻底的咸安区的部分乡镇（横沟桥镇），联系当地相关部门，并与相关人员访谈，查阅资料，以便掌握相关情况；第四阶段，调查资料处理（2009.10—2010.2），根据调查资料分析，撰写了两篇论文，即《湖北省乡镇公益型事业单位改革研究》（发表于《湖北社会科学》2009年第9期）、《农村公益性服务"以钱养事"新机制的问题与对策》（发表于《中国集体经济》2010年第4期上半月刊）；第五阶段，撰写研究报告和本书的部分章节（2010.2—2011.11），根据前期研究结论进行补充性调研，以加强政策建议部分的研究，完成本书的撰写工作。

四、篇章结构与主要观点

本书的篇章结构，包括导论部分，共九章内容。

导论部分，提出本书的选题背景，从中可了解和体会出本书的研究价值；指出了本书的研究内容，厘定了一些关键概念；提出了本书的研究思路、研究方法及技术路线。

第一章，农村职业教育的理论基础。重点从社会分层理论、人力资本理论、公共产品理论和职业教育理论四个方面对农村职业教育的理论基础进行了梳理。

第二章，当代中国农村职教研究态势分析。本章对近些年农村职业教育理论相关的课题研究状况从课题研究保障、课题研究力量及学科视野等方面进行了分析，并对农村职业教育相关的文献从研究主题、研究方法和研究观点综述等方面进行归纳和分析，从而体现出本题研究的进展程度，并努力寻求本书研究的突破点。在指出和分析农村职业教育理论研究存在的问题之后，结合时代背景，对农村职业教育理论研究的趋势进行了展望，主要从研究领域拓展及研究范式发展两方面进行推测和分析。

第三章，我国农村职教发展历程与政策实践的综合分析。本章介绍了改革开放以来我国农村职业教育发展的历程，农村职业教育发展经历了"重构期——快速发展期——萎缩期——非均衡程度加剧期"四个阶段。展现农村职业教育发展历程，有助于我们探寻和锁定影响农村职业教育发展的各种因素。本章还着重从政策实践角度，分析了我国管理体制与招生、财力支持、师资培养、就业与升学等政策及其对我国农村职业教育发展产生的具体和潜在影响，为各级政府部门制定和设计科学合理、符合社会经济发展规律的农村职业教育政策提供借鉴和参考。

第四章，我国农村职校发展的实证调查。本章采用实证分析的方法，对湖北、重庆、贵州三省市展开深入的个案调查，不仅从中比较分析出各省市农村职校发展的现状及特点，同时还总结出农村职校发展的共性问题，梳理出制约农村职校发展的一般及特殊因素，各地促进农村职校发展的举措和成果，帮助研究人员从中总结和提取出影响或制约农村职业教育发展的共同因素，探索农村职业教育发展的客观规律。

第五章，我国农技推广与培训服务体系的实证调查。本章采用实证分析的方法，对湖北咸安等地"以钱养事"改革进行了追踪调查；对湖北恩施州宣恩县派驻制改革进行了个案调查；以湖北恩施州巴东县为例，对三峡库区移民培训试验区农民职业技能培训进行了调查分析。试图挖掘出农技推广与培训服务体系改革所面临的共性问题，梳理出制约相关改革发展的一般及特殊因素，总结各地促进改革发展的举措和成果，探寻其中对农技推广与培训服务体系发展的启示。

第六章，新时期我国农村职教发展的成就、经验与现实困境。本章总结了新时期我国农村职业教育发展的主要成就，并从中提炼出新时期我国农村职业教育发展的主要经验及成果，综合分析出新时期新背景下我国农村职业教育发展的主要现实困境，即招生困境、管理困境、办学质量保障困境和就业服务困境，并对这些无法回避的现实困境进行了具体深入分析。

第七章，国外农村职业教育发展的经验借鉴。本章梳理并分析美、英、德、日等发达国家发展农村职业教育的先进经验和有益做法，希望为我国农村职业教育的现实发展提供有利借鉴。

第八章，我国农村职业教育发展的理论启示与路径选择。本章对我国农村职业教育发展进行前瞻性展望。理论能够指导实践，因此本章首先归纳出理论研究对我国农村职业教育发展的一些有益启示，在此基础上指出我国农村职业教育发展应该选择的路径，并引出本书作者的想法和建议，即构建出"三教统筹"与"农科教"协调机制，供广大研究者思考和探索。

本书的主要观点如下：

社会的进步，经济的发展，为农村职业教育的发展提供了巨大动力，但目前关心和了解农村职业教育的人较少，不少人对农村职业教育的一些基本概念不了解或混淆不清；研究农村职业教育相关理论的研究者不多，农村职业教育相关课题与文献研究偏少，使得农村职业教育的实践严重缺乏理论指导；明确科研课题立题的原则，实现科研立项的科学合理化；要坚持外环问题与内环问题并重、突出重点与兼顾一般的原则；坚持处理好农村职业教育在国家和地区、整体和局部上的课题比重分布和关系的原则；调整科研课题的分配方针，全面实现立项的目的与科研力量的充分利用；促成科研成果及时传播推广，实现科研成果的有效利用；借鉴并吸收外国有益的相关发展经验；推广各地收获实效的政策和举措；着力构建"三教统筹"与"农科教"协调机制。

第一章　农村职业教育的理论基础

第一节　社会分层理论

一、社会分层理论概述

一般意义上，社会分层是社会结构最主要的现象，包含了通常所说的社会分层结构和社会流动两个基本部分，成为社会学研究中最重要的理论领域之一，同时也成为农村职业教育的一个重要理论基础。

由于划分社会阶层所依据的标准难以统一，到目前为止，仍然没有出现让人满意的划分社会阶层的界说。各种有关社会分层的研究，习惯从各自研究目的出发来界定人与人之间的差异。

1. 三重标准说

德国社会学家韦伯（Max Weber）最早提出社会分层理论，他认为社会层次结构具有三重标准：权力对应政治标准，威望对应社会标准，财富对应经济标准。在韦伯看来，以上三条划分社会层次的标准既可以单独作为社会层次的划分标准，彼此又互相联系。[①] 此后，西方社会学家大多继承了韦伯的社会分层标准开展社会分层的研究工作。人们根据不同的研究目的，在韦伯研究的基础上，开始不固守某一特定指标，而采用多种指标研究社会分层。社会学家主要关注权力、技术、财产、职业、声望、受教育程度、收入等指标；人类学家更多地关注种族、可教育性、信仰、族群与接受教育的条件等指标。[②] 社会学家与人类学家承认，在社会分层中，不论是以经济收入和社会地位作为分层的标准，还是以政治作为分层的标准，受教育程度始终是社会分层的一个重要指标。

---

① 中国大百科全书总编辑委员会.社会学[M].北京:中国大百科全书出版社,1991:284.
② 袁方.社会学百科词典[M].北京:中国广播电视出版社,1990:17.

2. 多重标准说

20 世纪 40 年代，美国社会学家 W·L·沃特等人把下、中、上三个阶级各分两层，于是得出六个层次：①下下层，主要包括无固定收入者、失业者以及只能从事非熟练劳动的劳动者；②上下层，包括主要从事体力劳动者，他们的收入其实并不比上中层及下中层的人少；③下中层，主要包括一些小店员和神职人员等；④上中层，主要是由一些成功的企业家和专业技术人员组成，他们拥有舒适的住宅；⑤下上层，他们的财产并不比上上层少，可他们没有上流社会的生活方式；⑥上上层，这些人世代为富有者，他们不但拥有大量的物质财富，而且过着上流社会特有的生活方式。[①]

3. 阶级体系说

马克思从社会生产关系的视角出发，提出阶级体系分层理论，在该理论中他认为，社会逐渐划分为资产阶级和无产阶级两大阶级，其中产权是确立资产阶级或无产阶级的首要基础和依据。西方社会学家提出了一些类似的观点，正是受马克思阶级体系学说的影响，例如：①米尔斯（C. W. Mills）的阶级模式。他认为工人可以分为蓝领和白领两个阶级。蓝领主要指非熟练的体力劳动者。白领不仅包括管理者阶层，还包括从事脑力劳动的技术熟练工人。在现代资本主义社会的阶级出现了一个庞大的中间阶级，即所谓的管理者阶层，其结构呈现出一种多元化的趋势。由于生产关系的变革，生产力的发展，在社会主义社会中，阶级结构发生了重大的变化，有的社会主义国家出现知识分子、农民阶级和工人阶级一体化及融合趋势，这种趋势与教育的普及有着很大关系。②林德的两个阶级模式。分为工人阶级与企业家阶级，企业家阶级通常包括工商管理者以及专家，其他人归为工人阶级。③三个阶级理论。即把人归并为下等阶级、中等阶级、上等阶级三个阶级。[②]

4. 续谱排列说

美国社会学家帕森斯（Talcott Parsons）主张将职业作为社会分层的标准。他认为，职业是社会最重要的分层标准，因为职业在一定程度上决定了财富和声望等指标。社会对个人成就的认定与酬赏可通过职业等级看出，帕森斯根据人们在声望、工资收入、职业分工等方面的细小差别，把社会成员划分成连续排列的多个小层，称为续谱。[③]

---

①②③　中国大百科全书总编辑委员会.社会学[M].北京：中国大百科全书出版社,1991：284.

二、社会流动

社会流动是研究社会阶层结构分化的量变过程，是从动态的角度分析和描述社会阶层结构分化中各层次间的互动、动力机制、时空范围、方向和速度。社会分层是研究社会阶层结构分化的质变过程，是从静态的角度分析和描述社会阶层结构形成的层次、分布形态、形式和分化内容。社会流动研究与社会分层研究，互为表里，不可或缺。

社会成员从某一种社会地位转移到另一种社会地位的现象，称为社会流动。[①] 水平流动，是指社会成员虽然从一种职业转移到了另一种职业，但其声望、收入和社会地位却基本相同，是在同一水平上流动。上升流动，是指在一个既定的社会阶层结构里，转移流动的方向由较低社会地位流动到较高社会地位，反之，则称为下降流动，这两种流动统称为垂直流动。

社会学认为，影响人们收入上升、下降或地位上升、下降的规则通常有两种。[②] 一种是获致性规则，根据后天自己的努力获得的条件决定一个人的社会流动和阶层归属；另一种是先赋性规则，即根据先天获得的条件（长相、年龄、出身、性别以及父母的社会地位等）进行流动，先天获得的条件决定一个人的社会流动方向和所处阶层。其中，总有一些规则与一定时期的基本政治、经济、社会构造相适应，支配着社会分层和流动，成为一种最主要的社会流动机制，因此这两类规则总是基于不同的政治、经济和社会构造。[③]

现代社会是一个城市化、工业化和市场化的社会，由个人后天努力获得的条件决定其社会地位和实现社会流动的机会，与此相适应的是获致性规则。先赋性规则由个人与生俱来的社会因素决定其社会地位和实现社会流动的机会，与传统的农业主导的政治、经济、社会构造相适应。

美国著名社会学家科林斯（Collins）就指出，存在一种"文凭社会"或"文凭主义"，人们所受的教育（通过学校证书来体现）被用来限制那些竞争社会和经济领域中具有优厚报酬职位的竞争者的数量，并帮助那些享有"教育专利"的人垄断这些职位。[④] 个人受教育程度和教育类型，既

---

① 陆学艺.当代中国社会流动[M].北京:社会科学文献出版社,2004:1.
② 邱泽奇.社会学是什么[M].北京:北京大学出版社,2002:241—242.
③ 陆学艺.当代中国社会流动[M].北京:社会科学文献出版社,2004:24—25.
④ 刘精明.教育与社会分层结构的变迁——关于中高级白领职业阶层的分析[J].中国人民大学学报,2001(2).

是重要的获致性因素，更是影响个人社会地位变化的关键因素。在现代市场及社会中，教育是既得利益阶层筛选同伴的重要标准，教育阶层及既得利益集团的利益自然且紧密地联系在一起，可以说教育的阶梯对应着社会阶层。教育在很大程度上影响着人们的阶层分布和流动机会，是现代社会的一个不可忽视的重要特点。

三、职业教育与社会分层

一些学者提出了"以职业分类为基础，以文化资源、经济资源和组织资源的占有状况为标准来划分社会阶层"的理论框架。[①] 社会分层是依据一定的同一性标准，把社会成员划分为高低有序的不同等级、层次的过程，属于社会学的研究范畴。职业作为多层次社会的契合点，在一定程度上决定了个人相应的社会地位，在现代社会，只有接受教育才能获得职业，接受较高层次的教育就能从事社会地位较高的职业，因此，社会成员为了改善或维护自己的社会地位，就会想方设法接受教育。这样，整个社会对教育的需求就更加旺盛。近年来，我国社会分层和社会结构变迁的研究发现，社会成员通过职业获得与职业相关的职业权利，并获得一定收入。

中国社会科学院"当代中国社会结构变迁研究"课题组认为，可以以职业为标准，将当代中国社会阶层结构分为 10 个社会阶层和 5 种社会地位等级。这 10 个社会阶层是：国家与社会管理者阶层、产业工人阶层、商业服务业员工阶层、个体工商户阶层、办事人员阶层、专业技术人员阶层、私营企业主阶层、经理人员阶层、城乡无业失业半失业者阶层和农业劳动者阶层。5 种社会等级，分别是底层、中下层、中中层、中上层、社会上层，而职业教育所培养的技术应用型人才是社会中间阶层的主要构成成分。

职业教育的重要功能，就是引导学生从事与原有家庭背景和所处阶层相符合的职业，为社会培养技术技能应用型专门人才，使他们接受并适应社会中间阶层的主导规范。针对目前的社会分层状况，高等职业教育要以培养高技能人才为任务，培养对象应该包括社会中层及以上人员；农村职业教育要以培养高素质劳动者为任务，培养对象应该包括社会中下阶层人员。

---

① 陆学艺.当代中国社会阶层研究报告[M].北京:社会科学文献出版社,2002.

第二节 人力资本理论

人力资本理论得以迅速发展的重要背景是，新技术革命的兴起，技术和知识在经济中的作用日益提高，人力要素受到前所未有的重视。

一、人力资本理论概述

（一）人力资本理论产生的背景

1. 理论背景

人力资本理论，是建立在边际效用论和边际生产力论基础上的新古典理论体系，将经济增长简单归因于劳动、资本等生产要素投入数量的增加。尽管源于西方传统经济理论，但是它的产生却是基于对新古典理论缺陷的反思。如，哈罗得-多马模型也认为，经济增长主要依赖物质资本的数量和增长速度；罗斯托的"经济成长阶段论"，也把物质资本的形成即足够的储蓄率看作经济起飞的前提；柯布-道格拉斯生产函数 $Q=AKL$ 中，资本 K 和劳动 L 是可以相互替代的，同时它们都仅仅只有量上的规定。第二次世界大战后，索洛在分析西方国家经济增长原因时，发现单从资本和劳动投入两方面很用难完美地解释经济增长的全部，他认为还存在一个无法解释的"余值"。因为传统经济理论中资本决定论或技术决定论在"经济增长之谜"面前却显得苍白无力，人力资本论者的解释是：人力要素对经济增长方面具有不可估量的作用。这个无法解释的"余值"被舒尔茨称为"经济增长之谜"，它包括传统理论无法解释的三个事实[1]：第一，第二次世界大战后工人的实际工资大幅增长，但工资的"增量"部分到底源自何处，传统理论难以做出合理的解释。类似的问题还有，第二次世界大战之后，德、日两国的复兴速度超过经济学家最初的设想，在短短几年时间中，不但恢复了战争的创伤，而且还超过了战前的水平。以日本为例，在短短 30 年的时间里完成了英、美花费了上百年时间才完成的工业化进程，这些现实都难以用传统理论作出合理的解释。第二，根据传统理论，国民收入是与资源消耗同步增长的，但实证研究表明，国民收入远远大于投入的土地、物质资本和劳动力等资源总量。[2] 舒尔茨认为，这个差额一部分

---

[1] 舒尔茨.论人力资本投资[M].吴珠华等，译.北京:北京经济学院出版社,1990:5—7.

[2] 这一悖论从国际贸易的角度则表现为人们常说的"里昂惕夫之谜"（Leontief Paradox）。里昂惕夫在 20 世纪 50 年代研究国际贸易时发现,根据比较优势理论,资本丰裕的美国应该出口资本密集型产品,进口劳动密集型产品,但事实却正好相反。

来自规模收益，另一部分则可以用人力资本作用来解释。第三，根据传统理论，资本—收入比率是随经济增长而提高的，但实证研究表明这个比率却在不断下降。舒尔茨认为，有关资本—收入比率的估计只包括了全部资本的一部分，因为人力资本被排除在外了，而且它在按照比生产性（非人力）资本高得多的速度不断增长着。按传统理论的逻辑，一个国家积累的再生产性资本比其土地和劳动更多，如果这类资本越来越多且更加便宜，那么这个国家就会以更大的深度利用这类资本。但是，实际情况表明，这类资本与收入相对而言使用得越来越少了。在这样的背景下，舒尔茨提出了人力资本理论，在解释"经济增长之谜"的同时，也解决了新古典经济学在现实中所面临的一些理论难题。人力资本理论在某种程度上得到了一部分人的认同，而且美国 20 世纪初期到中期有关农业发展的研究结果又似乎使他的理论获得了有力的实证支持，因为新古典增长理论曾将其归于技术进步，但是始终难以使人信服。从此，人力资本理论逐渐为人们所接受。

另外，宏观经济学的兴起，统计、计量方法的不断成熟，使人们开始更多地关注总投资、总收入、总储备与总消费这些总量的相互作用关系。对这些总量的分析显示，在相同的实物投资条件下，不同的国家和地区，其收益增长差额悬殊。后来的的研究表明，这种差额的产生主要在于人力资本的存量与质量上的差异。战后的经济理论及其研究方法的不断演进，也为人力资本理论的产生提供了土壤。以上这些，也可以说是现代人力资本理论的产生原因。

2. 社会经济背景

在第二次世界大战后，由于科技的进步，人的因素在生产活动中的地位和作用发生了很大变化，知识经济模式替代了传统的工业经济模式，以计算机和信息技术的开发和广泛应用为标志的知识经济时代的到来，对人的思维方式、交流方式甚至经济发展模式都产生了不可估量的作用。人力资本理论的产生与发展，与这种深刻的社会经济变革有密切关联。舒尔茨认为，人力资本产生的根本原因是人的经济价值的上升。国民的知识和技术水平，越来越成为国家经济发展的最重要的决定因素。在传统的工业经济模式下，人的经济价值得不到应有的承认，工人的经济价值和经济地位受到机器的应用程度和先进水平的影响。可是，新的社会经济状况反映，这种现象已出现逆转趋势。计算机和信息技术"符号化思维的实践意义在于它赋予人以一种行动的能力，一种不断更新人类世界的能力"，"首要的意义不再是对自然的超越，而是对人的自身作为文化动物存在的思维空间和传统的符号空间的内在突破和超越"。①

在新的经济背景下,高新技术产业成为社会的主导产业,因此人的经济价值和地位顺理成章地得以提高。有人甚至把计算机领域这种革新看作是继公路、运河和铁路的修建为手段市场大扩张之后的又一次市场扩张,具有相同的意义。不同的是前者是地理层次的沟通,而后者是在虚拟层面的对前者的拓展和超越。

(二)人力资本理论的产生

人力资本理论的倡导者们认为,经济学说史上的许多著名经济学家都曾论及过人的经济价值问题,人力资本思想的源头其实可以向前追溯数百年,但是现代意义上的人力资本理论兴起于20世纪五六十年代。

人力资本的思想最早可以追溯到英国古典政治经济学创始人——威廉·佩蒂(William Petty)。事实上,在其代表作《政治算术》中,就已经出现人力资本思想的萌芽。该书明确提出"土地是财富之母,劳动是财富之父"的著名论断。同时他还认为,由于人口素质的差异,他们所提供的生产力是不可能相同的。一个技艺高超的人,是有能力同许多人相抗衡的,而且他能够提供更多的产品。同时,他在分析生产要素创造劳动价值的过程中,就已经将人的"技艺"列为除了土地、物力资本和劳动以外的第四个特别重要的要素。显而易见,在这里,威廉·佩蒂认为人尤其是有技艺的人是可以创造更多财富的重要要素。

1776年,亚当·斯密(Adam Smith)作为西方经济学的鼻祖,把资本划分为流动资本和固定资本,在《国民财富的性质和原因的研究》一书中进行了阐述。亚当·斯密指出:"学习一种才能,必须接受教育,必须进学校,必须做学徒,花费肯定不少。所掌握的才能,不仅是他个人的财产,也是他所在的社会的财产。"② 在这里,亚当·斯密把学习、受教育获取知识当作能获得丰厚回报的投入,当作一种不会消失的固定资本。在他看来,固定资本不仅包括传统意义上的固定资本,也包括"可以学到的一切才能"。工人增进的熟练程度,可以跟便利劳动、节省劳动的机器及工具一样被看作是社会上的固定资本。继亚当·斯密之后,约翰·穆勒(Mill John)在其《政治经济学原理》一书中认为,"技能与知识是对劳动生产率产生影响的重要因素",他不但强调人的能力应该与工具、机器一

①　刘树成等."新经济"透视[M].北京:社会科学文献出版社,2001:313—314.

②　亚当·斯密.国民财富的性质和原因的研究(上卷)[M].郭大力等,译.北京:商务印书馆,1972:257—258.

样被视为国民财富的重要部分，而且强调了教育支出的重要性。学习的时候，固然要花费一笔费用，但这种费用，可以得到偿还，赚取利润。[①]

19世纪40年代，在《政治经济学的国民体系》一书中，德国经济学家弗里德里希·李斯特（Friedrich List）区分了"物质资本"与"精神资本"这两个概念，强调在经济发展过程中科技与教育的重大作用。李斯特的"精神资本"概念与后来一些经济学家所阐释的"人力资本"概念比较接近。

舒尔茨将亚当·斯密、欧文·费雪（Iring Fisher）和H·冯·杜能（Thunen）列为有关资本研究的"三位杰出的人物"。[②] 欧文·费雪试图提出一个完整的资本概念，即"能够产生一个收入流的任何资产"，1906年他在其出版的《资本的性质和收入》一书中首次提出人力资本概念，虽然这一概念的提出比较早，但是主流经济学并不认可人力资本的概念。H·冯·杜能认为，将资本概念应用于人不会贬低人格，也不会损害人的自由和尊严，相反，在战争中若不用这个概念则是极其有害的：为了一门大炮，会不加思索地牺牲100个年富力强的人的生命，因为"购买一门大炮要花费公共资金，而只须颁布一项征兵法令，就会无偿地得到人"。同时，他认为在同样的生产条件下，受过高等教育的人创造的收入更多。1935年，美国经济学家沃尔什（J.R.Walsh）在其《人力资本观》一书中，真正将这一概念纳入经济理论分析，首次通过将个人教育费用和个人收益相比较计算了教育的经济效益，对人力资本概念做出了正式阐释。西方经济学界受到较大影响，人力资本逐渐形成了理论体系并成为一种学说，一直到20世纪50年代中期和60年代初期，舒尔茨以大会主席的身份于1960年在美国经济学年会上发表了题为《人力资本投资》的演讲，人力资本理论才被研究者所了解和关注。

人力资本已成为经济发展和社会进步的决定性因素，人力资本既包括人力资本存量，也包括人力资源质量（生产能力、受教育程度和科技文化水平），两者均与其国内人均产出及劳动生产率呈正增长关系。舒尔茨指出："人类的智力开发决定了人类的未来，而不由耕地、能源及空间决定。"舒尔茨在《对人投资的思考》（1962）、《教育与经济增长》（1961）、《人力资本投资》（1960）等著作中解释了这一问题。在舒尔茨看来，人力资本指的是凝集在劳动者身上的知识、技能及其所表现出来的劳动能力，

---

① Mill John. Principles of Political Economy[M]. New York, 1969:40;187.
② 舒尔茨.论人力资本投资[M].吴珠华,译.北京:华夏出版社,1990:3.

是促进现代经济增长的最主要因素。对人力资本宏观上的基础理论研究，是舒尔茨研究的重点所在，其中在人力资本投资方面的研究相对较多，他通过研究说明，教育投资极大地促进了经济增长。他的这些研究成果，为现代人力资本理论奠定了坚实的基础。舒尔茨的人力资本概念主要有以下几点：①对人力进行投资会获得收益，人力资本已成为提高劳动收入的最主要途径；②人力资本是对人力的投资而形成的资本，是投资的结果；③在前者既定时，人力资本体现在工作的总人数及劳动市场上的总工作时间；④人力资本体现在具体人的身上，主要包括人的资历、经验、技能、素质、知识以及熟练程度。舒尔茨认为，只从土地、物质资本及自然资源增加的角度出发，无法解释生产力提高的全部原因。掌握了知识及技能的人力资本是所有生产资本中最为重要的，它比规模经济和物质资本重要得多。在考察了经济增长过程中物质资本总量与人力资本之间的对比关系变化之后，舒尔茨将人力资本投资分为五个方面：①个人和家庭进行迁移以适应不断变化的就业机会；②非商社组织的成人教育计划，尤其是农业方面的校外学习计划；③正规初、中等和高等教育；④在职培训，包括由商社组织的旧式学徒制；⑤影响人的体力、耐力、精力、预期寿命的全部开支。在人力资本投资的上述五个方面中，第一项与最有效的生产率以及最能获利地利用人力资本相关，后面四项是增加一个人所拥有的人力资本数量。[①]

除了舒尔茨，雅各布·明塞尔（Jacob Mincer）、爱德华·F·丹尼森（Edward Fulton Denison）、加里·S·贝克尔（Garys Becker）等人早期也对人力资本理论的产生做出了重要贡献。雅各布·明塞尔第一个建立起了个人经济收入与受教育培训量之间的数学模型；在研究劳动者个人收益率的基础上，估算出整个美国在职培训方面的投资总量以及每个投资者收获的个人收益率。爱德华·F·丹尼森和加里·S·贝克尔的研究，主要集中在对人力资本投资的诸项因素的具体化、数量化分析上，他们认为舒尔茨的研究只注重宏观分析而忽视微观分析，并对其存在的理论缺陷加以弥补。其中，加里·S·贝克尔在深入分析正规教育成本及收益的基础上，着重讨论了在职培训的重要意义，主要从微观层面研究了个人经济收入与人力资本投资之间的相互关系。爱德华·F·丹尼森对人力资本理论的贡献在于对人力资本要素作用的计量分析，其精细化计算结果表明，美国从1929年到1957年之间，教育所做的贡献在整个国家经济增长中占23%。

---

① 舒尔茨.论人力资本投资[M].吴珠华,译.北京:华夏出版社,1990:2.

尽管产生于西方的人力资本理论还存在许多不足，但它证明了掌握专业知识和技术的人是社会不断发展进步的最重要因素，使人在物质生产和提高劳动生产力方面的作用受到前所未有的重视，并将消费看做必不可少的投资，给资本理论、增长理论及收入分配理论带来了新的活力。这个阶段的人力资本理论的主要特征是，客观全面地解释了人力资本的有关概念，分析了人力资本的深层含义，归纳了人力资本的形成途径，阐述了人力资本的"知识效应"。

二、人力资本的内涵

（一）人力资本的定义

舒尔茨将因后天获得的人口质量的特质看作是人力资本，认为它具有价值，并可以通过适当的投资来增进；人力资本存量，包括具有经济价值的才能和知识；技能和知识是一种资本形态，这种资本在很大程度上是慎重投资的结果。在将人的健康、技能和知识等称为资本这方面，舒尔茨认为，之所以称这种资本为人力，是因为它已经成为人的一个部分，又因为它可以带来未来的满足或者收入，所以将其称为资本。他认为，相对于非人力资本而言，人力资本是更为重要的一种资本形式，人的知识、能力、健康等人力资本的提高，对经济增长的贡献远比物质、劳动力数量的增加重要得多。概而言之，高收入国家和低收入国家经济现代化的共同内容是，耕地的经济重要性在下降，而人力资本，即知识和技能的经济重要性在提高。

舒尔茨认为，人力资本是投资的结果，其投资有中小学教育和高等教育、卫生保健、在职培训、人员迁移及经济信息几种形式。劳动者成为资本拥有者，是由于劳动者掌握了具有经济价值的知识和技能，而不是由于公司股票的所有权扩散到民间。这种知识和技能的提高，在很大程度上是投资的结果。

舒尔茨的定义在国内流传较为广泛，即人力资本是体现于人身体上的知识、能力和健康，同时有些学者对其作了进一步的引申，其中具有代表性的观点可以概括为：第一种观点认为，人力资本的外延具有宽广性。人力资本，不仅包括人的知识、技能和健康，还应包括人的信誉、个人魅力、社会关系和公共知名度等。[①] 第二种观点认为，人力资本内涵具有伸缩性。狭义的人力资本只包括凝聚在人身上的知识和技能两部分，广义的

---

① 丁栋虹.从人力资本到异质型人力资本[J].生产力研究,1999(3).

人力资本则包括人的知识、技能、智力和体质四部分。第三种观点认为，人力资本具有群体和个体共存性。群体人力资本，指存在于一个国家或地区人口群体每一个人体之中，后天获得的具有经济价值的知识、技术、能力及健康等质量因素之整和；个体人力资本，指存在于个人身体之中，后天获得的具有经济价值的知识、技术、能力和健康等质量因素之和。[①] 第四种观点认为，人力资本具有质态差异性。人力资本具有同质和异质之分，后者指在特定历史阶段中具有边际报酬递减质态的人力资本，前者指在特定历史阶段中具有边际报酬递增质态的人力资本。第五种观点认为，人力资本具有某种属性。人力资本的属概念是人，这种概念是资本，整个定义应体现这种"种"、"属"差别，因此可将人力资本分为效率性人力资本、动力性人力资本和交易性人力资本。第六种观点认为，人力资本具有层次性。人的生产知识、健康、经验、体力和技能等属初级层次的人力资本，人的智慧、才能和天赋等属高级层次的人力资本。[②] 也有人持一种广义的人力资本概念，这种概念包括了共同的、非有形化的知识，诸如共同的价值观、共同的习俗、法则和法律（即"制度"）。人力资本一词，有时只与体现在个人身上的那些资产（诀窍、知识、技能）有关，因此，人力资本包含着各种不可言传的非正式知识、习性和基本价值观，各种全社会共有的规则体系，它远远超出了知识分子所了解的知识。

（二）人力资本的实质

通过对形成理论与西方人力资本投资的分析可以发现，所谓的人力资本投资的对象难以像物质资本一样直接成为"资本"，人力资本"投资"根本不具有投资的特征，人力资本投资在本质上更合乎人力资源开发的内涵规定。因此，有学者从服务于人力资本的角度认为，人力资本实质上是对已经开发了的人力资源、人力资本的投资，实际上就是对人力资源开发与配置的过程，使其从原始状态转变成人力资本。人力资本理论中的"人力资本投资"实质上讲的应该是人力资源开发。因其理论目的不同，关于人力资源开发的内涵，国内外有代表性的观点多达十几种。

鄂万友等人认为，人力资源开发可从两个方面来说，不仅要以提高人的素质为基础，注意人的潜在能力，挖掘人的工作态度、创造性、积极性、技术、智力和体力等各方面的潜在能量，而且同时要从降低成本的角度来提高人才的投资效益。人力资源开发分为人力群体开发与人力个体开

① 王建民.人力资本生产制度研究[M].北京:经济科学出版社,2001:49.
② 吴震栅,韩文秀.人力资本概念的扩展[J].天津大学学报(社会科学版),2004(4).

发。人力群体开发的核心问题是使人力资源的宏观结构与社会、经济、科技发展相适应，同时有利于发挥人的潜能。人力个体开发的核心问题是人力素质的形成和人力潜能的发挥。[1]

潘金云等人认为，人力资源开发的基本内容是，通过 HRD 能使人具备有效地参与国民经济发展所必备的体力、技能、正确的价值观和劳动态度、智力，能合理配置和使用人力资源，能挖掘人的潜能、提高人的素质。人力资源的质量，不能只按技能和教育来度量，还应按营养标准、健康及分配管理资源和进行合理经济决策的能力来度量。[2]

陈全明、陈远敦等人认为，人力资源开发主要是指企业、国家对所涉及范围内的所有人员进行职业培训、智力开发、全社会性和正规教育的启智服务，包括使用、培训、调配和教育等全过程。[3]

宋晓梧等人认为，从经济学角度看，人力资源开发既是通过投资形成或增值人力资本的过程，也是通过提供稀缺资源和服务，使初始形态的人力资源得到加工改造，成为具有相当知识水平、健康水平以及社会适应能力的合格人力资源的过程。人力资源开发可以分为人力资源质量开发与人力资源数量开发两大类。人力资源质量开发，是指为提高人力资源利用效率和人力资源质量而付出的活动或费用，包括用于人力资源的职业经济信息、人员流动、医疗保健、教育培训等方面的费用和活动；人力资源数量开发，是指用于人力资源数量变动（增加或减少）上的费用或活动。[4]

根据不同观点，可以把人力资源开发的本质内涵概括为：人力资源开发是借助于培训与教育等形式，通过一定的费用支出，挖掘人的潜能、提高人的素质的过程。人力资源开发的途径，是教育、培训等；人力资源开发的对象，是人的知识、技能、体力、智力等；人力资源开发的最终目的，是提高人的素质、挖掘人的潜能。

从人力资源开发的内涵可以看出，人力资本理论中的人力资本形成过程与投资，实质上就是人力资源开发的过程，只是二者的不同之处在于，前者强调过程或活动结果的使用价值，是人的能力或素质的提高，其能否体现为价值或在多大程度上其价值得到实现需要经过市场的检验才能确定，而后者强调过程或活动的结果是价值，是人力资本存量的增加。因此可以说，人力资源形成理论本身存在难以克服的缺陷，人力资源开发在理

① 鄂万友.人力资源开发战略研究[M].北京:经济日报出版社,1989:2.
② 潘金云.中国第一资源:人力资源开发利用与实践[M].北京:机械工业出版社,1991:1.
③ 陈远敦,陈全明.人力资源开发与管理[M].北京:中国建材工业出版社,1996:20.
④ 宋晓梧.中国人力资源开发与就业[M].北京:中国劳动出版社,1997:122.

论上则显得严谨和具有科学性。

三、人力资本理论对农村职业教育的意义

（一）农村职教是农村人力资本积累的重要手段

生产力的三要素中，具有一定劳动技能的人是决定性的因素，人的劳动能力决定着生产力水平。农村职业技术教育是我国教育体系中的重要组成部分，是与经济社会发展有最直接、最密切联系的教育，它使先进的科学技术在广大农村地区生产和实际工作中得到及时的推广应用，职业技术教育可以使劳动者的劳动素质和劳动技能得以提高，大力发展农村职业技术教育，对于促进农村人力资本质的提升和量的增加具有重大意义。要提高农村地区的现实生产力水平，开展针对农村职业技术教育，有利于农村劳动者素质的提高，有利于促进科学的进步、新技术的发明和制度创新，引起物质资本、资金和技术投入使用效率的提高，全面推进农村职业技术教育的跨越式发展，可以使同样多的物质资本、资金和技术获取更多更大量的产出。

（二）农村职教是"科教兴国"和"人才强国"的战略选择

现今世界，人力资本的竞争可以说是经济竞争的主要方面，现代社会将科学技术转化为生产力的速度和质量，受劳动者的劳动素质和能力的直接影响，并影响综合国力和竞争力的提高。大力发展农村职业技术教育，是推动我国服务业、制造业乃至整个国民经济现代化建设和解决我国技能人才严重缺乏的客观需要，加快培养农村技能性人才是我国产业结构调整和现代化的要求。胡锦涛主席在全国人才工作会议上指出："实施人才强国战略，就是要造就数以亿计的高素质劳动者，数以千万计的专门人才和一大批拔尖人才。"① 目前，农村职业技术教育在我国高等教育体系中具有举足轻重的作用，可以使先进的科学技术在生产和实际工作中得到及时的推广应用，从而使投入同样多的物质资本、资金和技术可以获取更多更大量的产出，进而提高现实生产力水平。此外，还可以使劳动者的劳动素质和劳动技能得以提高，劳动者的素质提高了，就会引起制度创新、科学的进步和新技术的发明，引起物质资本、资金和技术投入使用效率的提高。从某种程度上来讲，农村职业技术教育是与我国经济和社会发展联系最密切、最直接的一种教育。

---

① 2010 年 5 月全国人才工作会议在京召开胡锦涛总书记作重要指示。

（三）农村职教是促进农村地区社会经济发展的需要

农村职业技术教育的发展，直接影响到区域经济和社会发展的总体水平。第一，农村职业技术教育可以促进区域产业结构的调整升级。人力资源结构决定着区域产业结构能否顺利调整和升级，是产业结构优化升级的重要基础，当二者一致时，将促进区域产业结构的优化和升级，加快经济增长，提高经济效益。农村职业技术教育是一种面向社会、面向市场的教育，其人才培养、课程建设和专业设置都应该以市场需要为导向，紧密围绕本地区产业、企业发展的需要来设置和调整，因而，职业技术教育对于促进产业结构的调整和升级具有显著的作用。第二，农村职业技术教育可以在提升农村劳动力综合素质和文化水平的同时，为使农村劳动力市场由单纯的体力型向智力型、技能型转变，还可以提高他们的技能水平。第三，农村职业技术教育可以降低区域对自然资源的消耗，实现可持续发展。大力发展农村职业技术教育，可以直接促进转化和创新、科学技术的吸收，进而提高可持续发展的能力。走新型工业化道路，降低区域对自然资源的消耗，使我国经济发展改革由粗放型经济增长方式向集约型经济增长方式转变，实现可持续发展，这些都依赖于科技进步。第四，农村职业技术教育可以为技术革命提供创造基地，并带动区域高新技术发展。高职院校具有一批科学技术人才和较为先进的实验设备，是一个参与技术贸易、技术转化、技术交流和技术创新的基地，可以通过技术市场，把自己的先进技术、先进工艺、发明创造和科研成果转化为生产力，推动区域经济的发展。同时，高职院校还可以主动和企业的工程技术人员合作，解决、开发和研究企业生产经营中碰到的难题，还可以利用人才优势，接受企业的委托，或者使企业科技人才和学校相互渗透，推动企业的发展，增强地区经济发展的活力。

第三节　公共产品、公共服务供给理论

一、公共产品的涵义

所谓公共产品，就是无法排除未购买者使用它或享受其收益，并且由许多消费者分享其收益的特殊产品。在梳理公共产品理论发展轨迹的过程中，不难发现，是财政学家林达 1919 年在他的博士论文《公平税收》中最早提出"公共产品"（public goods）这个概念的。在他看来，公共产品是国家对其人民的一般供应与给付，个人或其他组织并不是没有支付费用，只是支付的方式是赋税。在此基础上，他建立了林达尔均衡模型，通过这个模型可以分析出两个在政治上完全平等的消费者一起决定公共产品的供应及其税后份额分担的问题。他的均衡模型试图解释的的问题是：不是每一个消费者面对一个相同的或公共的价格，而是所有消费者拥有一个公共的数量；不是全部消费者对产品进行按比例分配，而是对产品的总成本进行消费者之间的分摊，从而使所有消费者承担的价格与每个消费者对其真实价格的评价一致，从而使得所有单个消费者愿意支付的价格总额与生产公共产品的总成本相等。在每个消费者对该产品的真实价格进行评价之后，再根据不同的评价价格收取不同的费用。评价低，收取的费用就低；反之，消费者评价较高，收取的费用也就较高。

保罗·萨缪尔森（Paul A. Samuelson）1954年11月在《经济学与统计学评论》上发表的《公共支出的纯理论》（The Pure Theory of Public Expenditure）一文中，正式使用"公共产品"（public goods）这一概念，此后，公共产品（public goods）概念逐渐被人们所了解和关注。萨缪尔森还对私人产品和公共产品的本质区别进行了细致分析，他为"公共产品"下了一个更加严格的定义：该产品一定是由组织中每一个成员均等消费的商品，假如组织中的任意一个成员可以得到一个单位产品，那么这个组织中的所有成员也一定可以得到一个单位产品。依据萨缪尔森的定义，人们一般很难明确公共产品的单人消费量，每一个消费者一般都可以获得同样的公共产品利益，并承担个人愿意支付的成本，他还指出，公共产品一定是组织进行消费的产物，既无法被分割，也不能进行私人定价。当然，这个更加严格的定义有一个不能被忽视的前提：所有人对公共产品的使用或分享享有均等权。在该前提下，假如公共产品能均等地供应给每个人，那么就会出现公共产品的需求与供给相对称，此时的价格（税收价格）和产量都处于均衡状态。在此基础上，他建立了萨缪尔森模型来分析和判断最佳的公共产品供应状态。萨缪尔森有关公共产品的定义，当时在社会上引起了很大的混乱，因为当时除了国防产品外，竞争性几乎是所有公共产品都具有的性质，使用者的不断增加，拥挤争抢的局面必然会出现，也就不存在非竞争性了。因此，我国经济学家张五常认为，"public goods"这个词其实本身不是非常准确，"公共产品"既不是"共用品"，也不是"公共财产"，公共产品惟一的特征就是：边际费用＝0。其实，从本质上来看，张五常的解释和说明与萨缪尔森的定义并没有太大区别，只不过张五常是从生产或供给的角度强调私人供给公共产品的不可能性，而萨缪尔森是从消费的角度说明和强调纯公共产品的不可分性。两者虽然分析角度不同，但结论却是是一样的，也就是政府是公共产品的提供者。此后，萨缪尔森在其所著的《经济学》一书中，对私人产品和公共产品的属性进一步进行区分，他将私人产品清楚地定义为："私人产品意味的是某个人对它的消费就会阻止其他人对它的消费，这也就意味着某个人可以排除其他人吃面包的权利；公共产品意味的是对其消费是非排他的及非对抗的。"①1959 年，马斯格雷夫（R. Musgrave）将私人产品这样的特性，定义为"排他性原则"。② 而与私人产品完全相反，公共产品具有可共同消费、不可分割的特征，不能仅向愿意支付费用的人出售。"与纯粹来自私人产品的效益所不同的是，产生于公共产品的效益往往涉及到不可分割的一人以上的外部消费效果。两者相比较，假如一种产品能够被分割而使每一部分都能够分别按市场竞争的价格卖给不同的消费者，并且对其他人没有带来任何外部效果的话，那该产品就可以确定为私人产品。要求集体行动是公共产品具有的特征，而私人产品可以在市场中被有效率地提供给消费者。"③

萨缪尔森不仅做了上述努力，他还试图把私人产品、公共产品与市场产品、集体产品大致上对应起来。他这样说："如果某种商品是什么、怎么样及为了谁的问题全部都可由非集权性的市场确定，那这种商品就可以称为纯市场产品；相反，假如这些问题的确定是由集体共同行动，如投票来作出决定，那么就可称它为集体产品。"④不仅如此，萨缪尔森还注意到并不是所有的产品都能归结为私人产品和纯公共产品，有许多不同的产品具有不同的市场程度和公共程度。他把基础科学研究、防疫、警察、空间研究和国防归为纯公共产品；把电影、面包、住房和旅行等产品归为私人产品；而水利设施、医疗卫生、道路和教育等是介于私人产品和纯公共产品之间的产品。

二、公共产品和公共服务的特性

通常情况下，国家通过政治程序实现公共产品和公共服务的供给，其

---

①④　［美］B·A·萨缪尔森,W·D·诺德豪斯.经济学［M］.高鸿业等,译.北京:中国发展出版社,1992:1198.

②　Richard Musgrave. The Theory of Public Finance［M］. New York:McGraw-Hill,1959.

③　［美］B·A·萨缪尔森,W·D·诺德豪斯.经济学［M］.高鸿业等,译.北京:中国发展出版社,1992:1194.

产量不是通过市场来决定的。政府提供公共产品和服务，意味着这些服务和产品与用于市场上出售的产品不同，它们是所有人都可以使用和享用的，而生产公共产品和公共服务的成本的来源就是税收。一般来说，与私人产品相比，公共产品和公共服务具有以下的一些特性。

效用的不可分性，指的是公共产品并不是向某个或某些人提供，而是向整个社会共同提供，它具有联合消费或共同受益的特点，其效用在为整个社会的所有成员所共享的同时，并不能将其分割成为若干小部分而被某些厂商或个人单独享用。例如，国防安全是一个典型的公共产品，因为一国国内的所有公民都能享有国防安全带来的益处和效用且国防安全作为一个整体不可能被分割，而私人产品的效用明显就具有可被分割性，可以将其分割为若干份能够在市场买卖的单位产品，其效用只为购买者所享用，按照谁付款谁受益的原则，其他人没有享用的权利。萨缪尔森对公共产品的分类和定义，见解鞭辟入里，深入本质，特别是他强调纯公共产品具有不可分的特性，对其后的研究者产生了较大影响。其他许多研究者和学者一般都在认同萨缪尔森看法的基础上，进行进一步阐释和研究。布坎南在其《公共财政》一书中强调，公共产品具有集中消费的特性。他认为，公共产品就像个灯塔，一个明显的特征就在于它的非排他性和不可分性，非排他性是指"要付出很大代价才能排除服务的潜在使用者，并且是无效的，不可分性是指可以由众多共同使用。①

此外，布坎南对公共产品公共性程度的差异性也较为关注，他指出："公共产品是一个外延十分广阔的范畴，它不但包括了萨缪尔森所定义的纯公共产品，公共性程度从 0 到 100％的其他一些商品也可以被称为公共产品。"② 奥斯特洛姆（Vincent Ostrom）也是从使用或消费的角度来考察产品的属性，他认为："私人产品一定是'可分的'，也就是说它作为商品或者服务，是能够且易于被分割的，以便在市场进行买卖；没有付费就会被排除其享受私人产品效用的权利。"③

① ［美］J·M·布坎南.公共财政［M］.张成福，译.北京：中国财政经济出版社，1991：17.

② ［美］J·M·布坎南.民主财政论-财政制度和个人选择［M］.穆怀朋等，译.北京：商务印书馆，1993：20.

③ ［美］V·奥斯特洛姆，C·M·蒂伯特，R·瓦伦.大城市地区的政府组织［M］//M·麦金尼斯.多中心体制与地方公共经济.毛寿龙，译.上海：上海三联书店，2000：45.

第四节　职业教育理论

一、职业教育学的学科归属

目前，我国职业教育存在一个不争的事实，即职业教育作为我国教育事业的一部分，缺乏吸引力和发展动力，成为我国整个教育体系发展中的一个显眼的"短板"。但是，不可否认的是，职业教育为我国经济社会发展、促进充分就业、调整和优化教育结构也做出了不可磨灭的贡献。大力发展职业教育，不仅需要国家意志和基本国策、基本法律提供发展保障，而且需要全体公民提高认识并转化为自觉行动。对职业教育学学科身份的研究，对于帮助人们转变观念、提高认识无疑具有重要的启示意义。只有正确地探索和研究出职业教育学学科的本质内涵和身份归属，才能为职业教育的理论研究提供坚实可靠的支撑。

（一）职业教育与职业教育学

职业教育有较为漫长的发展经历，而职业教育学的形成和发展则较为短暂。早期的职业教育可大致描述为：长辈们将其在日常生产生活中累积的具体技术技能、经验常识传授给下一代，而另一方面，青年一代要想在恶劣的生存环境中生存下来并不断发展，就一定要向长辈学习，以获得生产劳动、生产发展所依赖的技术和技能。因此，职业教育作为人类生产活动与生活的组成部分，是伴随着人类劳动出现而产生的，而作为一种社会现象，它是伴随着人类社会的出现而出现的。如果这种经验与技能的代际传递可以称为早期的教育活动，那这种教育活动必然首先具有职业性的特征，这种"职业性教育"（自然形态的教育）与生产劳动有着密不可分的关系。与早期"职业性教育"不同的是，现代职业教育不仅传授与学生将来生存和发展紧密相关的技术技能、知识、态度、职业意识以及职业道德，更是一种有目的、有组织、有计划和有固定场所的教育活动。因此，也可以将其称为"制度性教育"。18世纪发起于西方的工业革命，是"制度性教育"产生的根源，以科学技术为基础的大机器工业生产彻底改变了先前代际传递或传授的直接生产经验和劳动技艺的方式，因为后者无法适应和满足大幅度提高的劳动效率和生产力水平。由此可见，工业革命以后，科学技术脱离了直接经验成为独立的体系，而现代职业教育从一开始出现就成为连接科学技术与生产的纽带。

　　为此，我们可以从教育制度与类型、职业教育的概念与结构嬗变、职业教育形态的历史发展轨迹这三个方面来理解和把握职业教育的内涵。具体而言，可将职业教育形态发展的历史轨迹概括性地描述为：早期自然形态的职业教育——学徒制职业教育——制度性职业教育。通常情况下，可以从狭义和广义两个方面，来对职业教育的结构嬗变和相关概念进行诠释。广义的职业教育，主要是指职业教育、技术教育与培训三方面的范畴，是与普通教育社会地位相等的教育类型。狭义的职业教育，主要包括三个方面的内容：①职业教育的内容，主要是与学生将来生存和发展紧密相关的技术技能、知识、态度、职业意识以及职业道德；②职业教育的任务，是培养社会需要的初级或中级技术、管理人才；③职业教育是按照教育事业内部的结构与分工进行划分的，是整个现代教育制度的一个重要的有机构成部分。采用广义的表述，其意义在于：一方面，强调了从抽象理论到实践过程的教育与训练或培训之间既有联系又有区别；另一方面，职业教育已经不只是单纯的职业培训或训练，还应该包括职业教育的技能、情感和认知。以中等职业教育为例，职业教育的功能不仅包括发展性和形成性，还包括基础性和教育性。发展性，是指学生不仅努力掌握与专业相关的基础知识，同时还注重培养能力、发展智力、锻炼体魄和发展身心，使个性得以充分发展；形成性，是指学员以掌握专业基础知识为基础，通过积极参加实践训练，以形成较为熟练的专业技能和胜任专业结构调整和职业发展所必备的应变能力；基础性，是指学生在学习正规的全日制职业教育课程的同时，掌握必要的专业基础知识和普通教育知识，使个体职业生涯的发展、专业技能技巧的形成以及智力能力的发展具有坚实的基础；教育性，作为教育共有的职能，目的在于激发和培养学生的创业意识、自我就业意识或职业素质。在将来，职业学校的毕业生不仅仅是求职者，还是就业机会的创造者。以上这些，其实也是职业教育最主要的四大功能。如果说教育学在 20 世纪初从哲学体系中分离出来并作为独立学科发挥其作用，那么校企合作和工业革命则共同催生了职业教育，而职业教育学是产生于职业学校教育的一门学科。职业教育学的概念，最初是伴随着职业学校（Berufsschule）的兴起和发展而出现的，并不断变化、延伸与拓展。

　　舍尔腾（Andreas Schelten）在《职业教育学导论》一书中，从区分培训（Ausbildung）、教养（Bildung）和教育（Erziehung）三个概念为起点，进行了细致阐述：教育的任务，是为了使受教育者的行为得到不断改善，使其具备对自己负责的意识和态度，促进人的学习与发展。培训作为一种塑造人能力和资质（Qualifikation und Qualifizier-ung）的教育方式，其任务是为已有的职业活动做前期准备，培训类型不仅包括职前培训、岗位培训，还包括晋升培训、职业继续教育和转岗培训等方式。教育的任务，包括道德教育（善的价值判断）、文明教育（社会文明与文明习惯养成）、文化教育（通过传统的读、写、算的强化学习，具备个性化发展的能力）和纪律教育（自我行为控制和自律）。所谓教养，分为实质教养和形式教养两大类。职业教育学根据教育的领域及类型来划分，不仅有职业学校教育学、普通职业教育学，还有比较职业教育学、企业教育学、劳动教育学、特殊职业教育学、职业性康复教育和第三世界职业教育等。具体而言，职业教育学未来的发展方向和趋势主要包括以下几方面：①在社会转型及经济社会快速发展的背景下，职业教育学呈现动态性变化特征。职业教育是什么？为何实施职业教育？谁应该成为职业教育的对象和在什么场所接受职业教育？适应经济社会发展的职业教育其具体目标和衡量标准是什么？回答这些有关职业教育的基本问题，无疑是发展职业教育的基础与前提。②比较教育学运用比较研究法，分析他国与职业教育相关的政策、制度、措施、发展与运行机制等，总结和思考他国职业教育的经验与教训。③目前，职业教育的实施地点主要是在学校和企业。在整个职业教育结构中，学校教育与企业教育由于功能定位、责任和义务的不同，两者分工就有所不同，在此基础上派生出了职业学校教育学和企业教育学（劳动教育学）④对不同的职业或专业，除了要体现出教育的共同因素，还要根据每个专业的不同特点以及不同的职业领域，研究和探索出具有针对性的教学策略和教学论思想。⑤在职业性康复教育学或特殊职业教育学方面，将残疾或障碍人员等社会特殊群体作为职业教育或康复性学习的对象，既能帮助这些社会特殊群体和弱势群体真正融入社会，也能顺应当今世界的"全纳教育"思潮。事实告诉我们，特殊群体也应该成为教育和人力资源开发的对象。⑥在第三世界职业教育方面，通过派遣职业教育方面的专家与世界其他发展中国家合作开展项目、建立职业教育合作研究机构和培训教师等方式，在支持和促进其他发展中国家职业教育发展的同时，研究发展中国家职业教育的发展规律。到目前为止，有关职业教育学的文献中还出现了与文化、行政管理学、经济学、社会学、哲学相结合的交叉学科、新兴学科，这不仅为职业教育学的不断拓展与完善提供了更加广阔的视阈与研究领域，也缩短了职业教育学学科从产生到成熟的过程，将成为我国职业教育健康快速发展的强大引擎。

（二）职业教育学的学科归属与学科意识

职业教育学的学科归属主要是回答：职业教育学是什么？职业教育学

的逻辑起点是什么？职业教育学在学科之林中的地位与作用如何？职业教育学或职业教育科学的理论基础主要包括哪些？职业教育学的分支学科包括哪些？职业教育学的学科发展是职业教育基本理论的一个核心问题，而职业教育学学科归属问题的研究，对于明晰职业教育的本质内涵、占据与其他学科对话的话语优势，有着非常重要的意义。只有厘清了职业教育学的本质内涵，才能构建出完整的职业教育学体系、探寻出职业教育学的发展动力、把握住职业教育学的发展趋向、带动职业教育学的自觉行动与自我意识。也只有占据一定的学科"话语权"，才能够明晰和突出学科地位与角色、促进"学科自觉意识"在学科研究工作者及职业教育工作者中的生发与膨胀、促进"学术共同体"的建立、提高学科发展的质量、明确学科发展的方向。因此，我们在研究职业教育基本理论以及职业教育学学科发展的过程中，着力研究其基本概念、范畴、命题、问题及理论基础，努力从各个分支学科中汲取丰富营养，倾力构成和完善学科结构体系，从而实现职业教育学理论层面的高度综合与建构。此外，还要对职业教育学学科结构的学术传统及演进规律进行深入揭示，对职业教育学的自身发展保持密切关注。作为学科学理论专家，陈燮君认为，知识纤维、理论板块、学科体系的有机融合和组构，都是学科内部要素的逻辑反映，体现出了学科在空间上的分布与时态变换的结合方式的选择性，彰显出了学科与时俱进的精神。结构作为所有事物自身所具有的结构属性在本质上的概括，反映出事物的内部构造以及事物间、系统内部各要素之间相互联系、相互影响、相互作用所形成的特殊的结合形式及组织方式。陈燮君在《学科学导论——学科发展理论探索》一书中，在强调学科结构概念的同时，认为可以将学科的演进规律划分为三类[1]：一是学科结构相关协同律（学科结构相互联系、协同发展的规律）；二是学科结构动力内激律（结构内在动力之间的相互作用、外部激发学科结构运行的各种动力、结构拓展活力以及结构变革能力等规律）；三是学科结构整体作用律（学科结构整体运筹、全时态思考、整体建构、全盘运动的规律）。如果不对职业教育学学科身份进行深入研究和确认，就会存在学科"碎片"，也就无法构建出完整的学科结构体系。

从职业教育的学科归属来看，我们既要关注学科自身建设和发展历程中存在的现实问题，对职业教育事业发展相关的重大理论保持密切关注并进行把脉，以创造出职业教育理论与实践双向发展和互动建构的良好局

---

① 陈燮君.学科学导论——学科发展理论探索[M].上海：上海三联书店,1991.

面，也要注意总结学科结构演进规律、梳理学术传统、追溯和理清职业教育学发展的历史轨迹。目前，我国关于职业教育的研究领域及问题有了较大的拓展，卓有建树，成果颇丰，研究者的研究视野从社会学层面的职业研究扩展至教育学层面，产生了将职业科学或职业领域科学作为职业教育基准科学的理论创新。因此，基于职业教育发展历程和职业教育学结构体系的演进过程，我们可以将职业教育学的基础理论结构归纳为五个方面，即经济学、社会学、技术学或技术哲学、职业学或职业科学和教育学。

二、职业教育的对象

任何学科都需要有具体明确的研究对象，如果对研究对象的了解不明确、不全面，就会导致学科迷失发展方向。尽管如此，对研究对象的明晰不是短期完成的，而是伴随学科自身不断成熟而逐渐明了，是一个从不明确到不全面、不具体，再到较全面、较深刻的不断发展的过程。目前，职业教育学的研究者们对职业教育学的研究对象大致有以下一些认识：第一，"关系论"。影响较大的是，纪芝信在《职业技术教育学》一书中提出，职业技术教育学的研究对象，主要包括职业技术教育内部各要素及其之间的相互关系、职业技术教育与经济社会发展之间的相互关系、职业技术教育与科技进步之间的联系。[①] 第二，"现象论"。我国解放后正式公开出版的第一部《职业技术教育学》中提出，"客观的职业技术现象"是职业技术教育作为一门独立学科的研究对象。[②] 第三，"规律论"。有研究者提出，职业教育学的研究对象是职业教育规律。如在《职业技术教育原理》一书中，国家教委职业技术教育中心的编者们认为，职业技术教育原理是以一定的经济社会发展为背景，在研究包括职业岗位及职业群在内的整个社会职业对人的发展提出的要求、人对职业产生的需求的基础上，研究如何通过教育与培训培养出社会职业急需的技术技能型一线应用型人才、如何满足公民对社会职业的需求，以实现供需平衡目标。[③] 这些研究本质上是对教育规律的研究。第四，"问题论"。有学者认为，职业教育学是研究和分析职业教育中存在的问题、内部各要素及其之间的联系，并探寻问题解决方法的一门学科。又如，张家祥和钱景舫（2001）把科学的职业技术教育学定义为，以马克思主义理论的方法和观点来研究和分析目前

---

① 纪芝信.职业技术教育学[M].福州:福建教育出版社,1995.
② 刘鉴农,李澍卿,董操.职业技术教育学[M].济南:山东教育出版社,1986:4.
③ 国家教委职业技术教育中心研究所.职业技术教育原理[M].北京:经济科学出版社,1998.

所出现的职业技术教育问题的学科。[①]

上述几种观点，从不同角度指出了职业教育的研究对象，但仍存在将职业教育研究对象"窄化"的问题。具体而言，"关系论"的不足在于，没有将职业教育作为一种社会现象进行单独研究与考察，使职业教育的独立性受到很大质疑；"现象论"的不足在于，只是简单地认同"研究对象必须是客观存在"的观点，只认同实践或物质形态的存在属于客观存在，不承认被外化的观点也属于客观存在；"规律论"的不足在于，将职业教育研究任务中的"部分"与"对象"混为一谈，同时使研究对象"泛化"，如将"职业人"作为职业教育的研究对象；"问题论"的不足在于，在职业教育研究对象的可能范围与现实范围上混淆不清，现实研究对象往往起始于问题的出现，可能研究对象的范围大于现实研究对象的范围。

在讨论教育研究对象时，有学者将教育活动、观念及反思作为教育的研究对象。也有学者运用历史与逻辑统一原则纵向分析指出，教育研究对象形态为教育活动、教育事业与教育思想（观念）。以此为借鉴，我们可将"职业教育存在"作为教育研究对象。职业教育存在的形态特征可以分为三类：第一类称为"职业教育理念存在"，包含了人类职业教育活动中多方面的"认识成果"，这些理论观点、思想意见等"认识成果"一般以报告、讨论、文件、论文和著作等方式表现出来。第二类称为"职业教育制度存在"。思想力量确实能推动职业教育发展，但制度却能为职业教育发展提供保障。一般只有当职业教育达到较大的规模且具备了较高的组织化程度时，制度形态才会随之产生。我国真正独立的职业教育制度形态，一直到清末出现"壬寅学制"时才正式登上历史舞台。第三类称为"职业教育活动存在"，它包含职业教育中最丰富多元的"存在"，包括一切影响职业、职业生活世界和职业人的人类实践活动。应该说"职业教育存在"作为教育研究对象较为全面，但是否科学合理有待进一步研究。

---

① 张家祥,钱景舫.职业技术教育学[M].上海:华东师范大学出版社,2001.

第二章　我国农村职业教育的研究态势

第一节　我国农村职业教育体系

从执行机构运行和管理主体情况来看，目前，除了国家发展和改革委员会、科学技术部、财政部、水利部、农业部、国家林业局以及国家粮食局对所属的涉及农村职业教育的项目负责外，我国农村职业教育主要有三大行政管理部门，即教育部、国务院扶贫办、人力资源和社会保障部。因此，可以根据管理主体不同将我国农村职业教育大致分成三类。

一、以职业学校为主体的农村职业教育

农村职业教育以学校为主体，主要包括：成人教育学校，农村初、中等职业教育学校，县级职业教育中心，技术学校，等等。图 2-1 为我国学校农村职业教育的框架图。

在职/普通研究生			
高等专科学校	高等职业教育	成人高等教育	大学教育
职业技术学院			
职业大学			
普通高职院校			
县级职教中心	中等职业教育	高中教育	
中等技术学校			
技工学校			
职业高中			
初等职业教育		初中教育	
小学教育			

图 2-1　我国现行学校农村职业教育框架图

如图 2-1 所示,我国高等职业教育尤其是农村职业教育,虽然从总体上来说还是一个非常薄弱的环节,但我国目前已经形成了从低到高的学校职业教育。同时,与农技推广体系为主体的农村职业教育相比,以学校为主体的农村职业教育其知识储备能力、知识技能传授的稳定性都大大增强,为农村职业教育的发展提供了充分的可能,通过中、高等职业教育将培养出大量具有现代科学技术和理论知识的农村职业技术人才。

二、以农技推广体系为主体的农村职业教育

以农村技术推广体系为主体的农村职业教育,承担着我国农村技能培训的重要任务,是我国农村职业教育的重要组成部分。它不仅包括绿色证书、跨世纪青年农民科技培训、新型农民创业培植培训、农村富余劳动力转移培训以及农业远程培训等多种项目,而且可以定义为依托几乎覆盖全国所有乡镇的农技推广机构对广大农民和农村剩余劳动力推广先进农业技术和进行技能培训。图 2-2 为我国农技推广机构的组织管理图,显示了我国农技管理机构的管理状况和执行步骤。

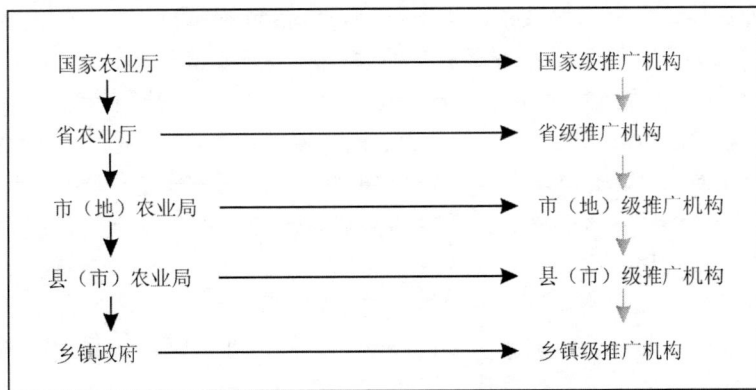

图 2-2　农技推广组织双重管理体系图

注:实线代表直接领导关系,灰线代表业务指导关系

农技推广机构在政府行政部门的指导下进行工作,是国家在省、市、县、乡为推广畜牧、渔业、农业、农机、水利、林业和经营管理技术而设立的全民事业单位。其中,县乡两级的农业技术推广部门是一线部门,直接为农民提供服务。

在管理情况方面,负责全国范围内有关农业技术推广工作的是国务院和分管农、林、牧、渔、水等行业的行政部门,同级人民政府相关行政部门对农业技术推广工作进行指导。在同级人民政府的领导下,县级以上地方各级

人民政府的农技推广行政部门负责本行政区域内有关的农技推广工作。

同时，《农业技术推广法》第十一条归纳出了农业技术推广体系具备的五项基本职能：①组织农业技术的专业培训；②参与制定农技推广计划并组织实施；③对确定推广的农业技术进行试验、示范；④提供农业技术、信息服务；⑤指导下级农技推广机构、群众性科技组织和农民技术人员的农技推广活动。不难看出，农村技术推广体系承担的主要任务，就是对农民的技能培训和对新技术的推广，并试图把农技水平的提高转化成为生产力，其服务对象主要是从事农业生产相关产业的农民和那些农村富余劳动力。可以说，农技推广体系是农村职业教育中主要针对农村从事农业生产的青壮年劳动力和即将从事二、三产业的农村剩余劳动力的教育和培训，负责现有劳动力水平的提高和开发，因此它是农村职业教育的主要执行机构之一，属于农村职业教育中技能教育的重要组成部分。

三、以政府为主体的农村职业教育

中央财政支持的国家计划，如"丰收"、"星火"、"燎原计划"都是以政府为主体的农村职业教育。我国农业，包括牧业和渔业，总体技术水平和抵御自然灾害的能力还不高，在很大程度上还要依仗老天的恩赐，"靠天吃饭"。在依靠政策和增加物质、资金的投入之外，还要下大力气依靠科学技术进步，加快科研成果的推广和实用技术的普及，让先进适用的科学技术在农业丰收中显示强大威力。在这样的背景下，国家实施了"丰收计划"。

"丰收计划"，以提高经济效益为中心，要把国内外现有科研成果和先进技术综合应用到大面积、大范围生产中去，以达到稳产、低耗、高产、高效的目的。1987年3月，农牧渔业部和财政部共同制定和组织实施了"丰收计划"，其项目实施范围包括种植业、畜牧业、水产业和农机等各业的先进实用科研成果和先进技术的推广。凡是可以使农牧渔业生产增加产值，改进品质，降低成本，减轻劳动强度，减少消耗，有利于环境保护和提高资源利用，提高社会效益、生态效益、经济效益，并能在大范围内应用的先进技术和科研成果，均可列入"丰收计划"。

《农牧渔业丰收计划实施办法》第五条中规定了丰收计划的管理和具体执行机构：由农、财两部组成全国农牧渔丰收计划指导小组，全面负责丰收计划的部署和组织领导工作。此办公室设在农业部科技司内。各有关省（区、市）及计划单列市农业、畜牧、水产、农垦、农机化等厅（局）分别负责本省本行业丰收计划项目的组织实施和管理，由其丰收计划办公室具体组织项目的统一管理。经过多年的努力，从项目申报到划拨资金、执行项目、监督，已经形成了从中央到地方完整的领导体系和执行机构。

除了中央政府在不断制定和推行与农村职业教育相关的各种计划、工程之外，各地方政府也在不断探索着因地制宜的农村职业教育发展方式，形成了一些具有地方鲜明特色的地方职业教育。我国职业教育的改革借鉴和吸收了其中一些积极成果，成为目前我国农村职业教育的一部分。

第二节　相关课题的研究状况

一、国家社科基金研究项目

（一）以职业教育为主题的立项课题

2011 年度国家社科基金项目评审结果于 6 月 17 日正式公布，2883 项课题获准立项资助。从表 2-1 中可以看到，专门以职业教育为研究主题的立项课题 2011 年仅 1 个，1998—2011 年以职业教育为研究主题的立项课题共 3 个。从立项类型来看，项目类别多样，包括一般项目、西部项目和青年项目，但无重点项目；从研究视角来看，既有从社会学角度进行研究，也有从应用经济学角度进行研究；从研究单位来看，既有高校也有党政机关；从研究级别来看，既有正高级，也有中级研究者。尽管三个获准立项资助中有两个属农村职业教育理论研究，但立项总数还是偏少，这意味着国家级社科基金项目对职业教育研究尤其是农村职业教育研究的保障力度不够。

表 2-1　1998—2011 年国家社科项目中以职业教育为研究对象的立项课题

专家姓名	工作单位	专业职务	省市	所属系统	所在学科	课题名称	立项时间	项目类别
戴烽	江西师范大学传播学院	正高级	江西	高校	社会学	农民工职业教育评估研究	2011	一般项目
袁旭	广西大学商学院	正高级	广西	高校	应用经济	中观研究——突破高等职业教育发展的第三个瓶颈	2006	西部项目
汪雁	国家发展和改革委员会小城镇改革发展中心	中级	机关	各级党政机关	社会学	建设社会主义新农村背景下的中等职业教育体制与农村人力资源开发研究	2006	青年项目

（二）与农村职业教育紧密相关的立项课题

从表 2-2 中可以看到，从 1998 年到 2011 年，国家社科基金项目中与农村职业教育密切相关的立项课题有 22 个项目。从立项类型来看，项目类别多样，包括重点项目、一般项目、西部项目和青年项目；从研究视角来看，既有从社会学、管理学、民族问题角度进行的研究，也有从政治学、马列·科社、应用经济学、理论经济学以及人口学角度进行的研究；从研究单位来看，既有高校，也有党政机关；从研究级别来看，既有正高级，也有副高级和中级；从研究地来源来看，立项课题来自吉林、山东、湖北、广西、河南、浙江、云南、重庆、陕西、青海和贵州等 13 个省区。但是，1998—2011 年的立项数目平均每年不到 2 个，立项总数偏少，这与农村职业教育对社会经济的推动作用差距较大。

表 2-2　1998—2011 年国家社科项目中与农村职业教育紧密相关的立项课题

专家姓名	工作单位	专业职务	省区	所属系统	所在学科	课题名称	立项时间	项目类别
秦燕	西北工业大学	正高级	陕西	高校	马列·科社	马克思主义大众化的实践研究——以延安时期农民教育为考察对象	2011	西部项目
蒋蓉华	桂林理工大学	正高级	广西	高校	管理学	生态移民背景下西部民族地区人力资源开发与反贫困研究	2011	西部项目
邬志辉	东北师范大学农村教育研究所	正高级	吉林	高等院校、其他学校	社会学	当前农村教育发展现状、问题与对策研究	2010	重点项目
张济洲	鲁东大学教育科学学院	副高级	山东	高等院校、其他学校	社会学	社会分层背景下农村教育与社会流动研究	2010	青年项目
沈鸿	桂林工学院	中级	广西	高校	民族问题研究	西南少数民族地区农村人力资源开发研究	2009	西部项目
巢小丽	中共宁波市委党校	副高级	浙江	各级党校	应用经济	沿海发达地区新农村建设中的妇女人力资源开发研究	2009	一般项目

专家姓名	工作单位	专业职务	省区	所属系统	所在学科	课题名称	立项时间	项目类别
杨林	云南师范大学	正高级	云南	高等院校、其他学校	应用经济	新农村建设中的少数民族贫困乡镇政府人力资源开发研究	2008	一般项目
李燕萍	武汉大学经济与管理学院	正高级	湖北	高等院校、其他学校	应用经济	培养新型农民与新农村建设研究——基于人力资源开发的理论分析、作用机制与政策建议	2007	一般项目
罗哲	四川大学公共管理学院	副高级	四川	高校	政治学	西部民族地区新农村建设中的"特色人力资源开发"与政府机制研究	2007	西部项目
龚继红	华中农业大学文法学院社会学系	中级	湖北	高等院校、其他学校	社会学	农村教育问题的社会学研究	2006	青年项目
李锐	陕西理工学院学报编辑部	正高级	陕西	高校	社会学	农村教育问题的社会学研究	2006	西部项目
汪雁	国家发展和改革委员会小城镇改革发展中心	中级	机关	各级党政机关	社会学	建设社会主义新农村背景下的中等职业教育体制与农村人力资源开发研究	2006	青年项目
李忠斌	中南民族大学经济学院	正高级	湖北	高等院校、其他学校	民族问题研究	人口较少民族地区人力资源开发战略研究	2006	一般项目
焦国栋	中共河南省委党校	正高级	河南	各级党校	人口学	我国欠发达地区农村人力资源开发研究	2005	一般项目

续表 2-2

专家姓名	工作单位	专业职务	省区	所属系统	所在学科	课题名称	立项时间	项目类别
杨林	云南师范大学	副高级	云南	高校	人口学	边疆少数民族地区人力资源开发及其可持续发展研究——以云南为例	2005	西部项目
沈双一	重庆师范大学涉外商贸学院	正高级	重庆	高校	应用经济	西部开发中少数民族群体人力资源开发研究	2005	西部项目
王冲	四川师范大学经济学院	副高级	四川	高校	理论经济	中国西部经济增长质量与农村人力资源开发研究	2005	西部项目
窦鹏辉	西北农林科技大学	中级	陕西	高等院校、其他学校	社会学	我国农村青年人力资源开发的新特点及其长效机制研究	2005	青年项目
郭宁	石河子大学政法学院	正高级	新疆	高校	社会学	新疆城乡协调发展与农村人力资源开发研究	2004	西部项目
张和平	青海民族学院学报编辑部	正高级	青海	高等院校、其他学校	民族问题研究	西北少数民族地区人力资源开发的特殊性研究	2004	一般项目
陈浩	中南财经大学人口经济研究所	中级	湖北	高等院校、其他学校	人口学	中国农村贫困地区人口脱贫与人力资源开发研究	1998	青年项目
王礼全	贵州省人民政府发展研究中心	中级	贵州	其他	民族问题研究	少数民族地区人力资源开发与减轻贫困研究	1998	一般项目

从表 2-3、图 2-3 中可以看到，国家社科基金项目中 1998—2011 年与农村职业教育紧密相关的 22 个立项课题的专家中，正高级占 50%，副高级占 22.73%，中级研究者占 27.27%。从职务来看，正高级专家负责的国家社科基金项目最多。由于农村职业教育问题研究具有一定难度，所以课题得以立项的正高级职务者居多，但随着新兴研究者的加入以及国家项目对中级、副高级研究者的倾斜，正高级以下的研究者在不断壮大。

表 2-3　国家社科基金项目相关课题研究者的职称级别比较

	正高级	副高级	中级
立项数	11	5	6

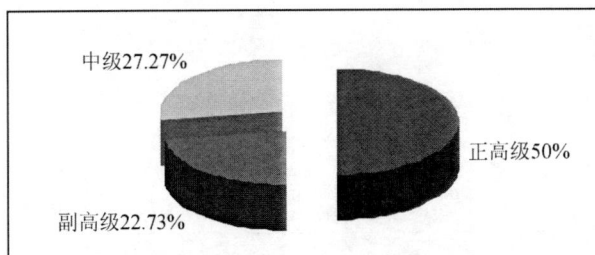

图2-3　国家社科基金项目相关课题研究者的职称级别比较

从表 2-4、图 2-4 中可以看到，国家社科基金项目中 1998—2011 年与农村职业教育紧密相关的 22 个立项课题的研究单位中，高校占 81.82%，党校占 9.09%，其他研究单位占 9.09%，高校显然成为国家社科基金项目的主要研究力量。

表 2-4　22 个与农村职业教育紧密相关的立项课题的研究单位比较

	高校	党校	其他
立项数	18	2	2

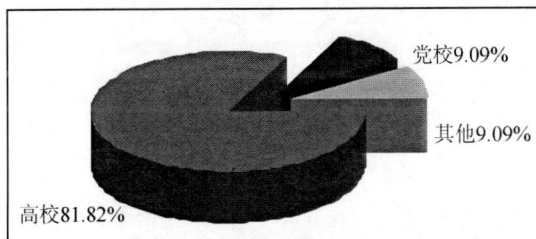

图 2-4　22 个与农村职业教育紧密相关的立项课题的研究单位比较

从表 2-5、图 2-5 中可以看到，国家社科基金项目中 1998—2011 年与农村职业教育紧密相关的 22 个立项课题的研究视角中包括 8 个学科，其中从社会学角度进行研究的项目最多，占了 31.82％。农村职业教育问题作为一个复杂的综合性问题，一直是多个学科关注的对象，本研究只将有明确学科类别的项目进行汇总并归类。

表 2-5　22 个与农村职业教育紧密相关的立项课题中研究视角比较

	社会学	应用经济	民族问题	马列·科社	人口学	理论经济	政治学	管理学
立项数	7	4	4	1	3	1	1	1

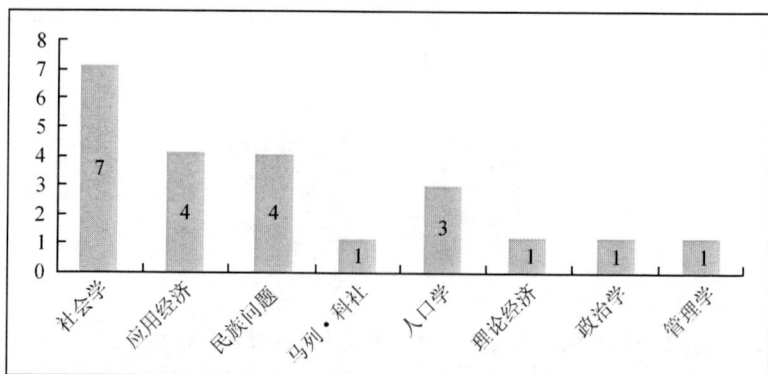

图 2-5　22 个与农村职业教育紧密相关的立项课题中研究视角比较

本研究样本数据来自全国哲学社会科学规划办公室网站的"立项查询"系统，以"农村职业教育"和"农村人力资源开发"等作为关键词进行搜索。研究者根据该网站近几年公布的国家社科基金项目评审结果，汇集了所有立项课题题目中包含有"农村职业教育"和"农村人力资源开发"等名称的项目，总的来看，国家社科基金项目中与农村职业教育相关的立项课题总体偏少，随着我国经济不断发展，产业升级加快，可以预见，国家社科基金项目中对农村职业教育相关课题的研究将会越来越多。

二、全国教育科学规划项目

（一）全国教育科学规划项目职业教育专项研究立项分析

从表 2-6 、图 2-6 中可以看到，全国教育科学规划项目中 2007—2010 年职业教育研究专项立项课题共 97 个，从职业教育研究专项立项课题数目来看，2008 年立项数目有较大幅度增长，是 2007 年的两倍，2009、2010 两年的立项数目均保持在 25 个以上，立项数目在总体上升的情况下保持稳定。

表 2-6 2007—2010 年全国教育科学规划项目中职业教育专项研究立项纵向分析

	2007	2008	2009	2010
立项数	15	30	25	27

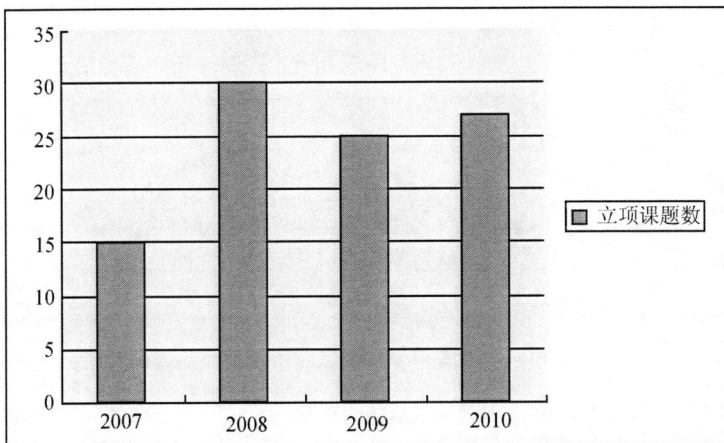

图 2-6 2007—2010 年全国教育科学规划项目中职业教育专项研究立项纵向分析

从表 2-7、图 2-7 中可以看到，全国教育科学规划项目中 2007—2010 年职业教育研究专项立项课题的研究单位具有多元化特点，包括职业院校、普通院校、职教研究所、行政部门和行业协会等。职业院校和普通高校是主要研究力量，立项数分别占总数的 41.24％、40.21％，普通高校研究力量中又以师范类学校为主，师范类高校立项数占普通高校立项数的 53.85％，占立项总数的 20.62％。从获得资助的单位来看，近年来在职业教育研究方面较有成绩的分别是天津工程师范学院、教育部职业技术教育中心研究所、天津职业技术师范大学，这些单位获得立项数较多。

表 2-7 2007—2010 年全国教育科学规划项目中相关立项课题的研究单位比较

	职业院校	普通高校	职教研究所	行政部门	其他机构
立项数	40	39	10	4	4

从表 2-8、图 2-8 中可以看到，全国教育科学规划项目中职业教育研究专项立项中课题的研究角度有多种。其中，从人才培养角度进行研究的课题数最多，占总立项数的 35.05％，从教学理论角度进行研究的立项课题数占总立项数的 20.62％，而单独从农村职业教育角度进行的研究仅 2 篇，包含在其他项中。

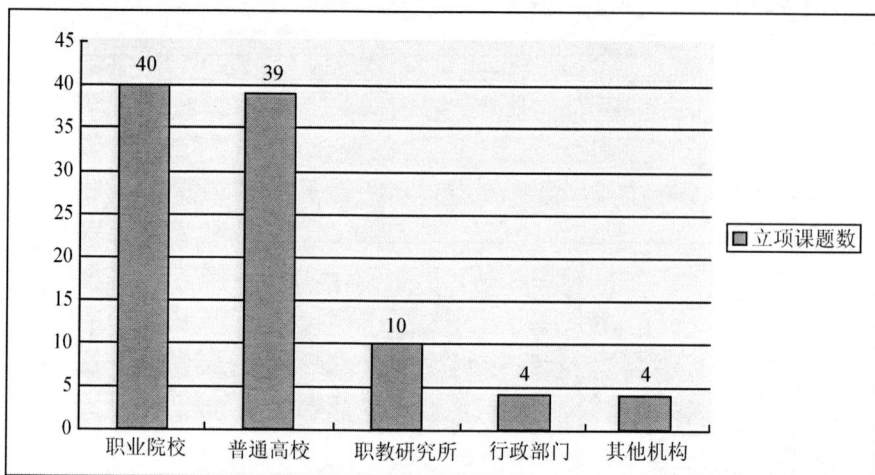

图 2-7 2007—2010 年全国教育科学规划项目中相关立项课题的研究单位比较

表 2-8 2007—2010 年全国教育科学规划项目中相关专项立项的研究视角比较

	人才培养	教学理论	改革与发展理论	师资培养	办学模式	招生就业	其他
立项数	34	20	14	14	7	4	4

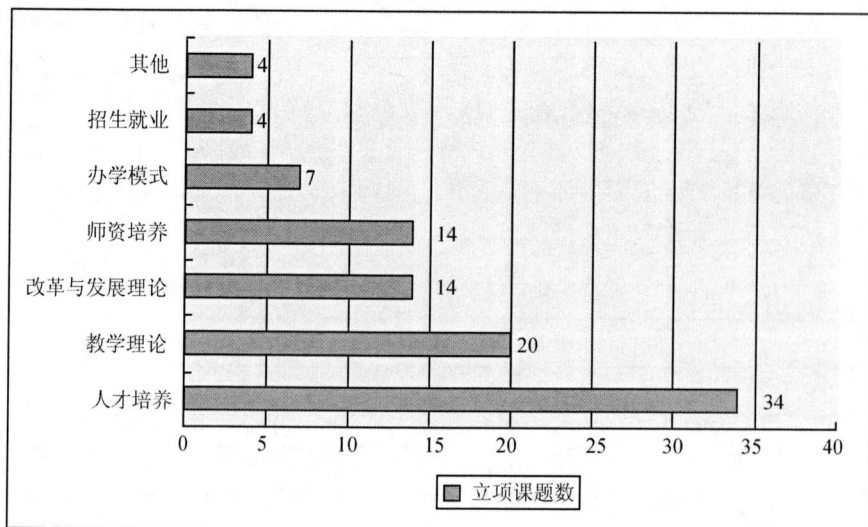

图 2-8 2007—2010 年全国教育科学规划项目中相关专项立项的研究视角比较

从表 2-9、图 2-9 中可以看到，按研究机构来源地的不同进行统计分析，天津、北京、浙江、广东四地的立项数相对较多，分别占总数的 19.59%、17.53%、10.3%、8.25%，其他省市的立项数较少。

表 2-9　2007—2010 年教育科学规划项目相关专项立项的研究机构来源地比较

	天津	北京	浙江	广东	重庆	江苏	河北	湖南	广西	辽宁	其他
立项数	19	17	10	8	6	6	5	5	4	4	13

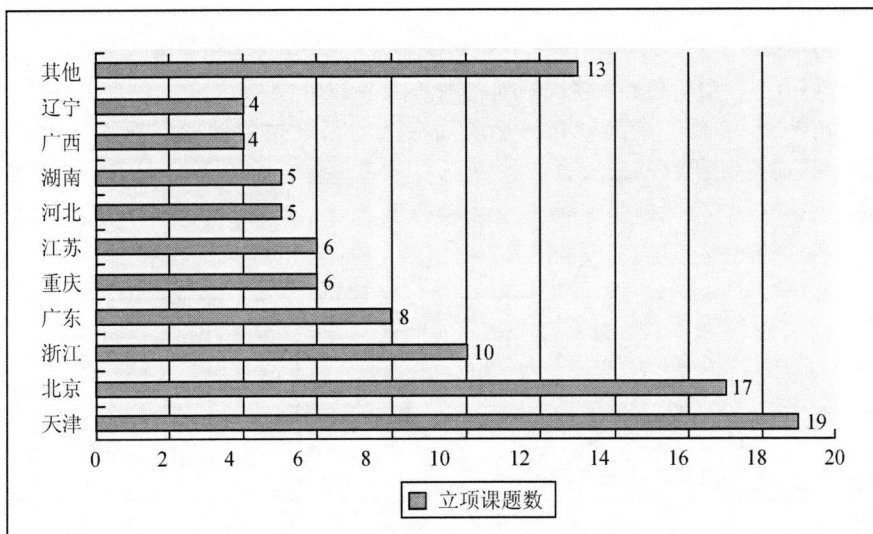

图 2-9　2007—2010 年教育科学规划项目相关专项立项的研究机构来源地比较

从表 2-10 中可以看到，全国教育科学规划项目中 2007—2010 年职业教育研究专项立项课题中与农村职业教育相关的研究课题仅 5 篇，占职业教育专项立项课题数的 5.15%，从研究级别来看，既有研究员、教授，也有副研究员、副教授。

表 2-10　2007—2010 年职业教育研究专项课题中相关立项情况

课题名称	课题时间	姓名	工作单位	级别
推进农村中等职业教育逐步实行免费的政策研究	2007	张志增	河北省职业教育研究所	研究员
服务"三农"背景下中西部农村职业学校发展困境及出路的实证研究	2008	王建梁	华中师范大学	教授

续表 2-10

课题名称	课题时间	姓名	工作单位	级别
高等农业职业教育人才培养模式与创新研究	2009	郝婧	北京农业职业学院	副研究员
新生代农民工职业教育培训研究	2010	赵宝柱	河北科技师范学院	副教授
农民工教育培训政策研究	2010	王春林	江苏大学	副教授

（二）2010 年全国教育科学规划项目专项立项以外立项情况分析

2010 年全国教育科学规划项目专项立项以外立项数总共 242 个，从图 2-10 中可以看到，全国教育科学规划专项立项之外的课题按学科来划分，可分成高等教育、基础教育、教育经济与管理等十多个学科，其中高等教育学科类的立项课题最多，占总立项总数的 23.97%，职业技术教育学科类立项课题数占立项总数的 8.26%。

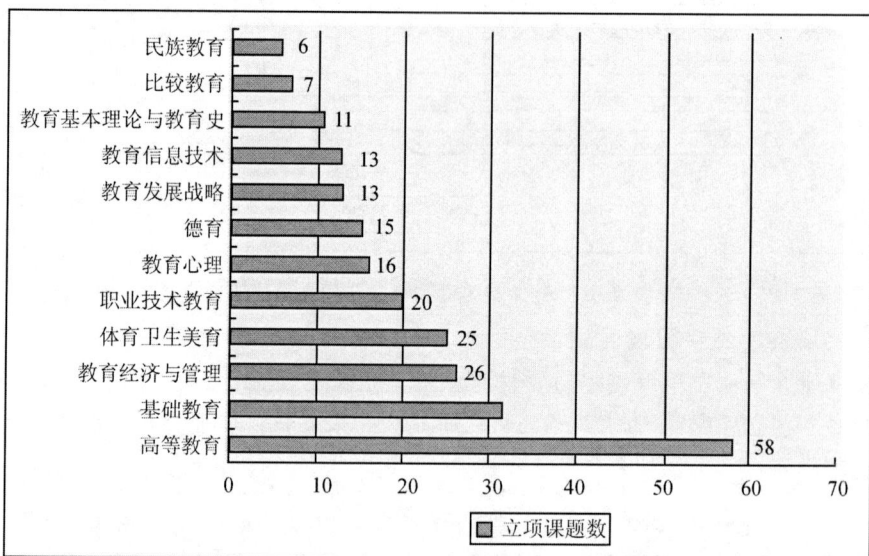

图 2-10 2010 年我国教育科学规划专项立项以外立项课题按研究视角分类

从表 2-11、图 2-11 中可以看到，职业技术教育学科中已立项的 20 个立项课题，按立项类别来划分，可分为国家青年、国家一般、教育部规划、教育部青年以及教育部重点。教育部重点项目数量最多，占 20 个立项数的 35%，国家一般项目最少，占 20 个立项数的 5%。

表 2-11 2010 年职业技术教育学科立项情况按类别划分

	国家青年	国家一般	教育部规划	教育部青年	教育部重点
立项数	2	1	6	4	7

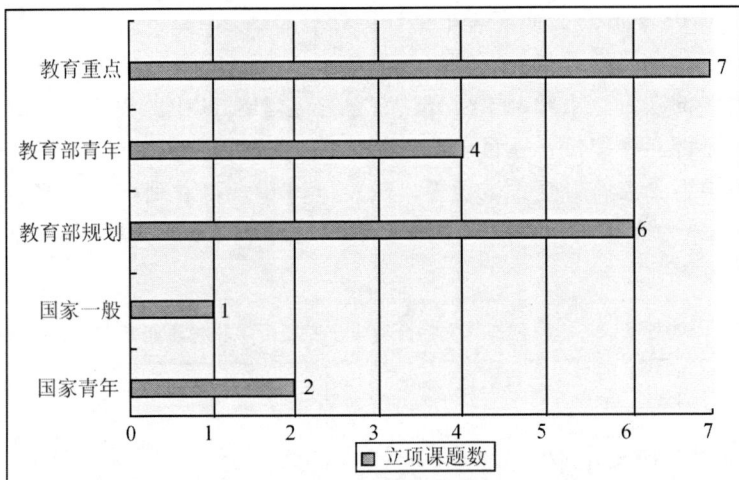

图 2-11 2010 年职业技术教育学科立项情况按类别划分

在 2010 年全国教育科学规划项目专项立项以外立项课题中，与农村职业教育相关的立项课题数仅 6 个，占 2010 年全国教育科学规划专项立项以外立项课题数的 2.4%，研究的学科视角可分为职业技术教育、成人教育、基础教育和教育发展战略。从表 2-12 中可以看到不同学科视角对应的立项数，其中从基础教育学角度进行的研究最多。

表 2-12 2010 年相关课题立项情况按研究的学科视角划分

	职业技术教育	成人教育	基础教育	教育发展战略
立项数	1	1	3	1

注：以上统计数据均来自全国教育科学规划领导小组办公室网站

三、教育部人文社会科学研究项目

从 1997 年到 2008 年 6 月，教育部人文社会科学研究项目中以职业教育为研究对象的立项课题共 493 个，其中以农村职业教育为研究对象的项目共 39 个，仅占职业教育立项总数的 7.91%。

（一）农村职业教育研究立项情况分析

从表 2-13 中，可以看到 2001—2008 年教育部人文社会科学研究项目中农村职业教育研究立项的详细情况，对农村职业教育研究紧密相关课题立项情况数据的搜集研究样本数来自中国高校人文社会科学信息网站的"常用速查"系统，以"农村职业教育"作为关键词进行搜索。由于 2011 年中国高校人文社会科学信息网站的"常用速查"系统查询数据库中的数据截至 2008 年 6 月，研究者根据该网站公布的 2008 年 6 月以前的教育部人文社会科学研究项目评审结果，汇集了所有立项题目中包含有"农村职业教育"的项目。由此，本研究共获得有效样本 39 个。由于立项查询系统只能够查询立项年份、项目名称、所属院校、负责人，所以本研究的样本未包括学科分类和研究者级别等。从表 2-13 中还可看到，以研究者所在区域为背景，或以新农村建设为背景，结合当地特点的区域个案研究在立项课题中占多数。

表 2-13 2001—2008 年教育部人文社会科学研究项目中农村职业教育研究的立项情况

立项年份	项目名称	所属院校	负责人
2008	河北省农村职业教育发展对策与体系建设研究	河北职业技术师范学院	曹晔
2007	我省农村职业教育现状及城市帮扶对策研究	中原工学院	赵茜
2007	河南农村剩余劳动力转移与农村职业教育发展研究	焦作师范高等专科学校	张好收
2007	陕北农村职业教育与农村经济互动研究	延安大学	孙刚成
2007	新农村建设背景下的农村职业教育功能与发展模式研究	江西科技师范学院	陶军明
2007	中部崛起背景下农村职业教育创新体系与江西实践间的研究	江西科技师范学院	潘建华
2007	重庆地区农村职业教育制度建设及创新研究	西南师范大学	赵云芬
2006	中国近代职业教育与当代农村职业教育改革研究	东北师范大学	曲铁华
2006	新农村建设视野下的农村职业教育定位及发展模式的研究	江苏技术师范学院	马建富
2006	临沂市农村职业教育对农村转型的作用及发展模式研究	临沂师范学院	翟秀海
2006	四川农村职业教育与农业产业化发展不平衡计量研究	成都纺织高等专科学校	金珺

立项年份	项目名称	所属院校	负责人
2006	农村职业教育面临的困境及对策研究	河南纺织高等专科学校	刘慧翾
2006	新型农民培养与农村职业教育的研究	江西农业大学	苏力华
2006	中国与发达国家农村职业教育:比较及启示	上饶师范学院	范安平
2006	引导农村剩余劳动力就地转移策略下的农村职业教育与农业现代化的关系研究	信阳农业高等专科学校	王善芝
2006	新农村建设与农村职业教育发展问题研究	鹤壁职业技术学院	杨用成
2006	农村剩余劳动力转移与农村职业教育发展问题的研究	江西科技师范学院	王子原
2006	培训与创业的农村职业教育和江西实践的研究	江西科技师范学院	潘建华
2006	发展黑龙江省农村职业教育与"三农"问题解决的研究	哈尔滨师范大学	杨世君
2006	吉林省新农村建设与发展农村职业教育研究	东北师范大学	金兆怀
2006	中国与发达国家农村职业教育比较研究	上饶师范学院	范安平
2006	安徽农村职业教育就业导向性研究	铜陵学院	蔡立安
2005	"三农"背景下农村职业教育发展透视	平顶山工业职业技术学院	裴朝阳
2005	探索农村职业教育为"三农"服务的新思路	河南纺织高等专科学校	孙长锋
2004	农村职业教育资源的调整研究	江西科技师范学院	王小军
2004	农村职业教育发展模式的症结与创新	衡阳师范学院	谭忠真
2004	欠发达地区农村职业教育状况调查及其发展模式研究	东北师范大学	于伟
2004	农村职业教育改革和发展问题研究	河北师范大学	孙志河
2003	农村职业教育与农业产业化、农村城镇化、农村现代化互动研究	四川师范学院	黄育云

续表 2-13

立项年份	项目名称	所属院校	负责人
2003	江西省农村职业教育与地文科技文化建设若干问题的研究	江西师范大学	胡青
2003	山西省农村职业教育与农业产业化、农村城镇化及农村现代化关系研究	山西师范大学	闫建璋
2003	小康社会建设与农村职业教育的制度创新	河南职业技术师范学院	张社字
2003	入世后江西农村职业教育发展对策研究	江西财经大学	邹宽生
2003	构建中国特色农村职业教育体系的探索	华南农业大学	张日新
2003	山西省新时期农村职业教育师资队伍建设的研究	山西师范大学	史冬萍
2003	农村职业教育力学体系与机制创新研究	江西农业大学	刘步英
2002	西部地区农村职业教育发展战略实证研究	西南师范大学	赵云芬
2001	河南省农村职业教育与剩余劳动力转移研究	河南职业技术师范学院	张社字
2001	重庆地区农村职业教育改革的理论与实证研究	西南师范大学	赵云芬

从表 2-14、图 2-12 中，可以看到 2001—2007 年教育部人文社会科学立项课题中以农村职业教育为研究对象的立项情况，2001—2007 年的立项数目波动较大，其中 2006 年的立项数目最多，有 15 项，是 2005 年的 7.5 倍，2007 年又下降到 6 个，立项数的不稳定无法保证对农村职业教育的持续研究。

表 2-14 2001—2007 年以农村职业教育为研究对象的立项数量纵向比较分析

	2001	2002	2003	2004	2005	2006	2007
立项数	2	1	8	4	2	15	6

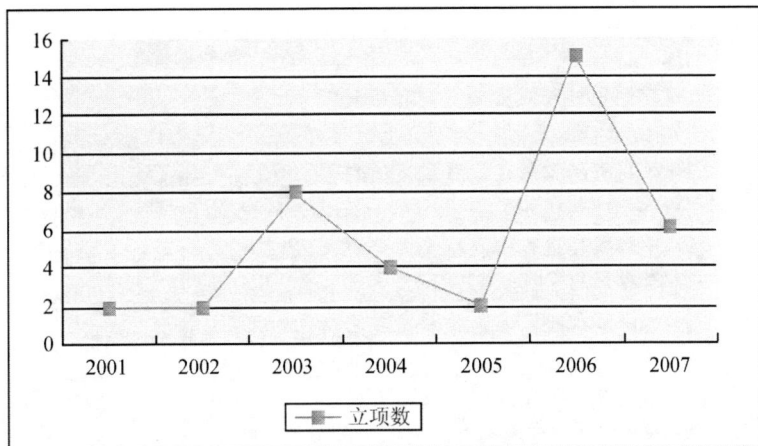

图 2-12 2001—2007 年以农村职业教育为研究对象的立项数量纵向比较分析

（二）教育部人文社科项目中相关课题的立项情况

教育部人文社会科学研究项目中，农村职业教育相关课题立项数据来自中国高校人文社会科学信息网，在该网站的"常用速查"系统中以"农村人力资源开发"、"农村职业技术教育"、"农民教育"和"农业教育"作为关键词进行检索。由于 2011 年中国高校人文社会科学信息网站的"常用速查"系统查询数据库中的数据截至 2008 年 6 月，研究者根据该网站公布的 2008 年 6 月以前的教育部人文社会科学研究项目评审结果，汇集了所有立项题目中包含有"农村人力资源开发"、"农村职业技术教育"、"农民教育"和"农业教育"的项目。由此，本研究共获得有效样本 717 个。由于立项查询系统只能够查询立项年份、项目名称、所属院校和负责人，所以本研究的样本未包括学科分类和研究者级别等。从表 2-15、2-16、2-17、2-18 中还可看到，以研究者所在区域为背景，或以新农村建设为背景，结合当地特点的区域个案研究在立项课题中占多数。

表 2-15 2001—2007 年教育部人文社科项目中农村人力资源开发研究的立项情况

立项年份	项目名称	所属院校	负责人
2007	基于农民增收的农村人力资源开发研究——以福建省为例	福建农林大学	刘宜红
2007	互联网视角下的农村人力资源开发	赣南师范学院	曾平生
2007	构建农村人力资源开发、培训、转移一体化模式研究	吉林化工学院	刘世刚

续表 2-15

立项年份	项目名称	所属院校	负责人
2007	广西农村人力资源开发利用研究	广西大学	阎世平
2007	四川省新农村建设背景下的农村人力资源开发	成都信息工程学院	邹永红
2007	中部崛起进程中农村人力资源开发理论与实践	湖南农业大学	刘志成
2007	庆阳市农村人力资源开发对策研究	庆阳师范高等专科学校	马永祥
2007	依托农村人力资源开发加快重庆市统筹城乡进程研究	西南师范大学	吴江
2006	新农村人力资源开发与县级社区学院发展研究	浙江师范大学	刘尧
2006	临沂市农村人力资源开发与利用	临沂师范学院	刘前进
2006	农村人力资源开发与管理研究	山东理工大学	郄鹏
2006	江西省农村人力资源开发现状与对策研究	南昌水利水电高等专科学校	肖高明
2006	吉林省农村人力资源开发模式及对策研究	吉林特产高等专科学校	丁喜胜
2006	西部农村人力资源开发研究	西南师范大学	欧文福
2006	西部农村人力资源开发软环境研究	商洛师范专科学校	黄书民
2006	建设新农村背景下的西安郊县农村人力资源开发模式研究	西安外国语学院	杨鹏鹏
2006	农村人力资源开发与农民工职业教育培训研究	宜春学院	喻均林
2006	欠发达地区农村人力资源开发及劳动力转移研究	零陵学院	刘湘辉
2006	永州市农村人力资源开发研究	零陵学院	刘湘辉
2006	贵州民族自治地区农村人力资源开发的制度创新研究	贵州大学	申鹏
2005	中国西部经济增长质量与农村人力资源开发研究	四川师范大学	王冲

立项年份	项目名称	所属院校	负责人
2005	农村基础教育投资 体制研究——农村人力资源开发与应付"三农"问题的对策选择	湖南大学	向志强
2005	农村人力资源开发：加快苏北发展的对策研究	淮阴师范学院	赵炳起
2005	农村人力资源开发与 21 世纪中国产业结构调整	山东理工大学	张志新
2005	江西省贫困地区农村人力资源开发对策研究	南昌水利水电高等专科学校	肖高明
2004	吉林省农村人力资源开发与转移及教育对策研究	东北师范大学	孙彩平
2004	黑龙江省农村人力资源开发问题研究	黑龙江科技学院	李晓燕
2004	农村人力资源开发的途径、方式及长效机制研究	西北农林科技大学	窦鹏辉
2004	新疆城乡协调发展与农村人力资源开发研究	石河子大学	郭宁
2004	江苏"统筹城乡"社会发展中农村人力资源开发问题的研究	江南大学	钱枫林
2004	北京城乡一体化村级农村人力资源开发研究	北京农学院	李华
2004	福建省农村人力资源开发与劳动力转移问题研究	福建农林大学	许文兴
2004	雅安农村人力资源开发战略研究	四川农业大学	舒永久
2004	湖南城镇化建设与农村人力资源开发研究	湖南商学院	朱斌
2004	教育体制创新与贫困地区农村人力资源开发研究	湖南农业大学	刘纯阳
2004	东北农村人力资源开发研究	吉林大学	李华
2004	湖北省农村人力资源开发途径与对策研究	华中农业大学	冯中朝
2004	西部农村人力资源开发研究	商洛师范专科学校	黄书民
2004	我国农村人力资源开发与农业发展的相关性研究	河南师范大学	韩云昊

续表 2-15

立项年份	项目名称	所属院校	负责人
2004	安徽省农村人力资源开发研究	安徽农业大学	张贵友
2004	陕西农村人力资源开发及其可持续发展战略研究	西北农林科技大学	张晓妮
2004	我国农村人力资源开发	北京物资学院	肖为群
2004	渭南地区农村人力资源开发研究	渭南师范学院	马群侠
2003	四川农村人力资源开发研究	西南科技大学	卢黎霞
2003	农村人力资源开发与农村小康社会建设	福建农林大学	许文兴
2003	重庆市三峡库区农村人力资源开发现状与对策的实证研究	重庆大学	曾国平
2003	重庆农村人力资源开发与全面小康社会建设问题研究	西南师范大学	吴江
2002	农村人力资源开发	厦门大学	湛柏明
2002	职业教育促进农村人力资源开发的研究	常州技术师范学院	马建富
2001	西部开发与重庆农村人力资源开发战略研究	重庆商学院	邓涛
2000	农村人力资源开发工程的对策研究	四川工业学院	吴薇利
1998	农村人力资源开发研究	南京大学	杨东涛

表 2-16 2001—2007 年教育部人文社科项目中农村职业技术教育研究的立项情况

立项年份	项目名称	所属院校	负责人
2007	西部农村职业技术教育与县域经济发展互动研究	西华师范大学	陈树生
2007	吉林地区农村职业技术教育发展问题研究	吉林特产高等专科学校	杨中青
2006	农村职业技术教育与新农村建设问题研究	淮北煤炭师范学院	段学慧
2006	吉林省农村职业技术教育综合研究	东北师范大学	谷峪

续表 2-16

立项年份	项目名称	所属院校	负责人
2004	浙江省农村职业技术教育与农业产业化、农村现代化研究	浙江工业大学	皮江红
2004	农村职业技术教育内容与形式研究	湖北大学	解飞厚
2002	当前农村职业技术教育的困境与出路研究	曲阜师范大学	庞守兴

表 2-17　2001—2007 年教育部人文社科项目中农民教育研究的立项情况

立项年份	项目名称	所属院校	负责人
2007	当代农民教育史	河北农业大学	黄长春
2007	我省新型农民教育培养模式的调查与研究	河北农业大学	国万忠
2007	天津市农民教育与滨海新区开发劳动力需求对策研究	山东财政学院	潘寄青
2007	河北省新型农民教育研究	河北大学	赵喜文
2006	吉林省西部农民教育培训现状及其对区域经济发展影响研究	白城师范学院	楮伶俐
2006	安徽省新型农民教育培训研究	安徽师范大学	鲁可荣
2006	"新农村建设"视野中的农民教育问题研究	零陵学院	王泽林
2006	加强农民教育培训与新农村建设研究	焦作工学院	侯菊英
2006	新农村建设时期的农民教育研究	河北农业大学	黄长春
2005	农民教育与农民弱势处境改善的研究	天津科技大学	赵志勇
2005	新农村建设背景下的农民教育研究	中国农业大学	朱启臻
2005	农民教育模式研究	北京农学院	李华
2005	天津市农民教育问题与对策研究	天津理工学院	潘寄青
2005	农民教育与就业适应能力研究	浙江大学	黄祖辉
2005	新形势下河北省农民教育模式创新研究	河北经贸大学	王素君

续表 2-17

立项年份	项目名称	所属院校	负责人
2004	西部地区农民素质及农民教育研究	渭南师范学院	付俊贤
2003	农民教育、农业企业家培养与农业私营企业成长互动机制	扬州大学	成新华
2003	新时期农民教育发展战略研究	西北农林科技大学	樊志民
2002	新阶段中国农民教育战略研究	中国农业大学	朱启臻
2002	21世纪初农民教育体系分析与研究	山东财政学院	潘寄青

表 2-18　2001—2007 年教育部人文社科项目中农业教育研究的立项情况

立项年份	项目名称	所属院校	负责人
2007	日本农业教育研究	河北大学	李文英
2007	新农村建设与广东高等农业教育发展研究	华南农业大学	王丽萍
2007	高等农业教育与当代中国生态文明建设研究	福建农林大学	曹仁稳
2006	高等农业教育服务社会主义新农村建设的研究	云南农业大学	刘福军
2006	科学发展观视野下云南高等农业教育发展研究	云南农业大学	田静
2005	农业教育创新的理论基础研究	安徽农业大学	黄邦汉
2005	福建农业教育与发展对策	福建农林大学	童庆满
2004	农业教育在亚洲农村发展中的作用——中国案例研究	中国农业大学	周圣坤
2004	全面建设小康社会与高等农业教育发展战略研究	湖南农业大学	杜祥培
2004	高等农业教育部门国民待遇问题的政策研究	南京农业大学	龚怡祖
2003	云南高等农业教育产业化研究	云南农业大学	郭颖梅
2003	农业与高等农业教育协调发展的实践研究	华南农业大学	陈羽白

续表 2-18

立项年份	项目名称	所属院校	负责人
2003	安徽"三农"发展中的可持续农业教育研究	安徽农业大学	黄邦汉
2003	高等农业教育与农业协调发展的探索	华南农业大学	陈羽白
2003	山西农业教育	山西农业大学	李长萍
2002	农业教育教学改革	山西农业大学	董常生
2001	都市型高等农业教育教学体系构建	北京农学院	史亚军
1998	福建高等农业教育专业调整及专业类课程体系改革方案	福建农林大学	尤民生

第三节 农村职业教育相关文献分析

一、研究主题分析

笔者对 2000 年以来知网数据库中涉及职业教育类的研究论文进行了初步梳理和分析。以职业教育为研究对象并收录在知网数据库的论文共 24 655 篇,其中中国期刊全文数据库 23 933 篇,中国优秀硕士学位论文全文数据库 456 篇,中国博士学位论文全文数据库 23 篇,中国重要会议论文全文数据库 243 篇。以农村职业教育为研究对象并收录在知网数据库的论文共 959 篇,其中中国期刊全文数据库 902 篇,中国优秀硕士学位论文全文数据库 30 篇,中国优秀硕士学位论文全文数据库中以特定地区为研究对象的有 10 篇,中国博士学位论文全文数据库 1 篇,中国重要会议论文全文数据库 26 篇。

从表 2-19 中可以分析出,农村职业教育研究类论文总数仅占职业教育研究类论文总数的 3.89%;在职业教育类论文中,博士学位论文占仅占论文总数 0.09%;在农村职业教育类论文中,博士学位论文占仅占 0.1%。研究农村职业教育政策的博士学位论文几乎是空白,反映出我国对职业教育尤其是农村职业教育的研究严重不足。

表 2-19　职业教育与农村职业教育的论文数量比较

	职业教育类	农村职业教育类	农村职业教育类占比
论文总数	24 655	959	3.89％
期刊论文	23 933	902	3.77％
优秀硕士学位论文	456	30	6.58％
博士学位论文	23	1	4.35％

　　笔者以"农村职业教育"、"农村职业教育发展"、"农村职业教育政策"、"农村职业教育管理"、"农村职业教育投入机制"、"农村职业教育结构体系"、"农村职业教育课程与教学研究"、"农村职业教育比较研究"为关键词进行搜索，搜索出以农村职业教育为主题而研究角度不同的论文。从表 2-20、图 2-13 中可以看出，农村职业教育论文中对农村职业教育改革与发展方面的研究最多，达 212 篇，而有关农村职业教育投入机制、国际农村职业教育比较研究的论文各有 4 篇，仅占前者数量的 1.89％，这从一个侧面反映出农村职业教育各研究角度研究力量的不均衡。

表 2-20　农村职业教育论文中不同研究主题的论文数比较

	期刊论文	优硕学位论文	博士学位论文	论文总数
农村职业教育发展研究	202	10	0	212
农村职业教育政策研究	10	3	0	13
农村职业教育管理研究	7	0	0	7
农村职业教育投入机制研究	4	0	0	4
农村职业教育结构体系研究	6	0	0	6
农村职业教育课程与教学研究	11	0	0	11
国际农村职业教育比较研究	4	0	0	4

表 2-21　农村职业教育类论文分类比较

	论文总数	期刊论文	优硕学位论文	博士学位论文	重要会议论文
农村职业教育研究	959	902	30	1	26

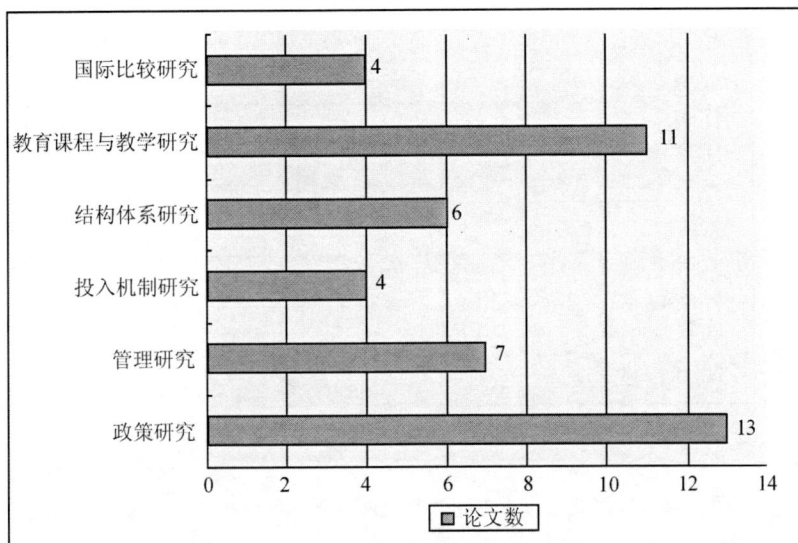

图 2-13 农村职业教育论文中不同研究主题的论文数比较

从表 2-21 中可以看到，目前农村职业教育类优秀硕、博士学位论文占农村职业教育研究论文的数量很少，分别仅占农村职业教育研究论文总数的 3.13%、0.1%。

笔者以"高等职业教育"、"中等职业教育"、"初等职业教育"、"成人职业教育"和"农民职业教育"为关键词进行搜索，搜索出以农村职业教育为主题而研究角度不同的论文。从表 2-22、图 2-14、图 2-15 中可以看出，职业教育中高等职业教育方面的研究论文最多，达 6 474 篇，而与农村职业教育紧密相关的中等职业教育、初等职业教育、成人职业教育和农民职业教育较少，其中农民职业教育类论文仅占高等职业教育类论文总数的 2.38%，从一个侧面反映出对农村职业教育研究力度不够。

表 2-22 知网数据库中不同类别论文数量的横向比较　　（单位：篇）

	论文总数	期刊论文	优秀硕士论文	博士学位论文	重要会议论文
高等职教	6 474	6 276	133	10	55
中等职教	1 937	1 822	95	1	19
初等职教	14	13	1	0	0
成人职教	66	65	1	0	0
农民职教	154	143	9	1	1

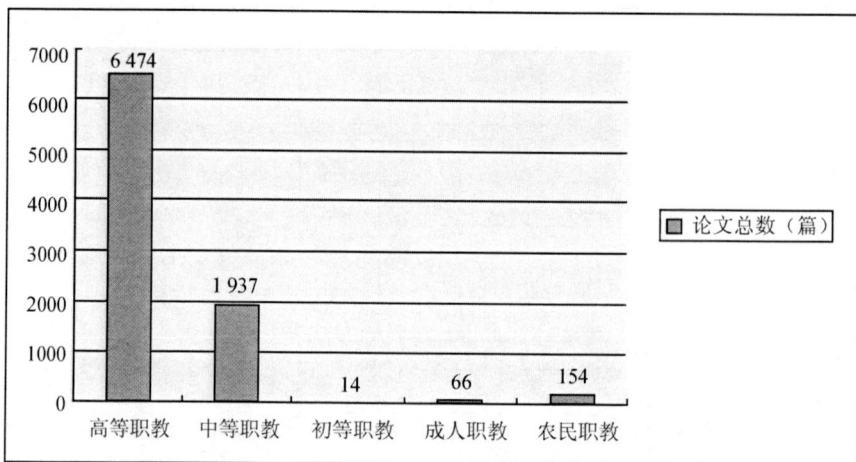

图 2-14　知网数据库中不同类别论文数量的横向比较（单位：篇）

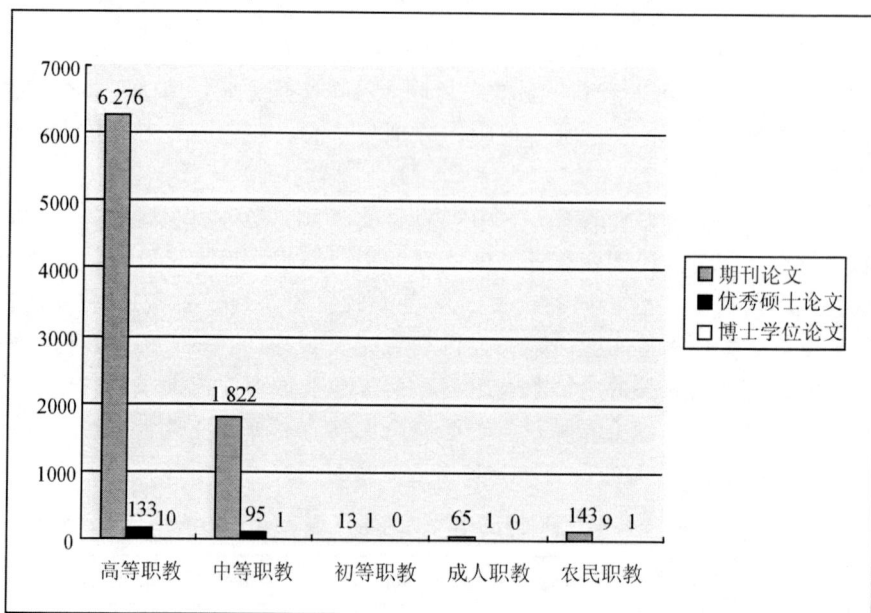

图 2-15　知网数据库中不同类别论文数量横向比较（单位：篇）

二、研究方法分析

从 2000—2011 年以农村职业教育为研究对象并收录在知网数据库论文所采用的研究方法来看，有超过一半的文章采用了多学科、多元化的综合研究方法。以优秀硕士学位论文为例，以农村职业教育为研究对象并收录在知网数据库的优秀硕士学位论文共 30 篇。其中，采用规范研究法的有 20 篇，占总数的 66.67%；采用实证研究法的有 9 篇，占总数的 30%；采用比较法的仅 1 篇，占总数的 3.33%。如表 2-23、图 2-16 所示。

表 2-23　2000—2011 年相关主题优秀硕士论文的研究方法比较

	规范研究法	实证研究法	比较研究法
论文数	20	9	1

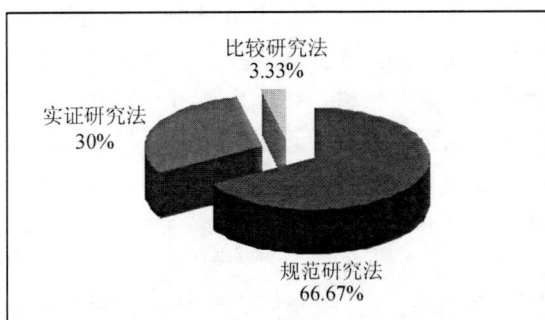

图 2-16　2000—2011 年相关主题优秀硕士论文的研究方法比较

三、相关研究综述

（一）乡镇农技推广体系改革的研究

在我国事业单位改革的大背景下，基层乡镇作为社会公共服务的最后一站，受到各界的广泛关注。研究者重点分析了当前乡镇公益型事业单位存在的问题及其原因，并提出了一些对策。如河南社科院课题组（2005）认为，乡镇公益型事业单位体制主要存在以下一些问题：人员结构比例失调；设置过多过散；部门干预严重；自身职能难以发挥；超编严重。课题组将以上问题主要归因于：人事制度改革政策措施不力；自上而下的管理体制；没有简政放权及干部任用中的不正之风。该课题组还提出了乡镇行政体制改革的战略步骤与乡镇事业体制改革的对策：要撤并乡镇政府，搞好乡镇行政体制改革；精简乡镇机构富余人员；理顺管理体制，归并乡镇公益型事业单位。[①] 河南社科院、河南省编办联合调查组（2003）对乡镇公益型事业单位存在的问题以及改革的对策和措施进行了研究，提出要理

---

① 河南社科院课题组.乡镇事业单位体制改革研究[J].中州学刊,2005(3).

顺管理体制，实现政事分开；适当归并站所，精简人员、编制；疏通分流渠道，合理安置人员。^① 徐毅（2001）指出，乡镇公益型事业单位人员分流存在如下几个问题，如新老干部交替、业务工作问题多、乡镇公益型事业单位人员分流途径少等。另外还提出，要进一步完善养老保险制度，要解决好聘用制干部解聘后的经济补偿问题，聘用制干部解聘后要按录用制干部办理退休手续。^② 沈晓红（2003）分析了乡镇公益型事业单位的现状，指出乡镇公益型事业单位主要存在以下问题：一是机构庞杂，关系不顺；二是新农村建设背景下乡镇公益型事业单位改革研究人员众多，素质不高；三是经费困难，负担加重；四是政事不分，职能错位。她认为，人员膨胀的原因在于：事业机构的演变、升级；经济条件的制约；"近亲繁殖"的加剧；区划调整的影响。同时，还提出了五个对策：精简机构，综合设置；加强编制管理，调整经费渠道；亮起红灯，控制入口；采取措施，疏通出口；发展地方经济，增加就业门路。^③ 项继权（2003）分析了"条块结合"体制的制度不足和危害，并指出必须实行"条块分离"，改革"七站八所"。首先，要精简"条条"，对"七站八所"进行分类精简、重新清理；其次，要打破"块块"，按照统一、效能、精简的原则，重新设置专业管理机构；最后，实行条块分离，政事分开、各司其职、政企分开。^④ 项继权、罗峰、许远旺（2006）通过对湖北乡镇公益型事业单位改革的深入调查和分析，探讨了我国县域乡镇公益型事业单位改革的内在逻辑及发展方向。他们认为，传统的农村乡镇公益型事业单位（"七站八所"）体制是对乡村社会事务实行部门化、计划化和集权化管理的产物，不适应日益增长的农民群众的公共需求以及农村市场经济和社会发展的需要，必须进行根本性的改造，构建适应市场经济发展，以农民需求为导向，政府主导、多元供给的新型农村公共服务体系。^⑤ 艾日飞（2005）对湖北咸安改革进行了高度评价，他认为咸安改革有一个比较完整的改革思路和一套系统的、科学的、可操作的改革方案。尤其是在乡镇公益型事业单位改革中，撤销了"七站八所"，将其全部转制为企业或中介服务组织，将乡镇

---

　　① 河南社科院、编办联合调查组.改革乡镇事业体制建立高效基层政权[J].中国农村经济，2003(2).

　　② 徐毅.我省乡镇事业单位机构改革人员分流的调查与思考[J].农村经济，2001(11).

　　③ 沈晓红.乡镇事业单位人员膨胀成因及治理对策[J].行政发展，2003(5).

　　④ 项继权.改"七站八所"为"条块分离"[J].决策咨询，2003(5).

　　⑤ 项继权等.构建新型农村公共服务体系——湖北省乡镇事业单位改革调查与研究[J].华中师范大学学报，2006(5).

公益型事业单位人员买断工龄，置换身份，变"公家人"为"社会人"，改革较为彻底且成效显著。[①] 玛雅（2006）则指出，咸安的乡镇公益型事业单位改革暂时取得了成功，但仍有许多不尽完善的地方，如对农民的公益性服务减少、基层专业技术人员流失、"以钱养人"在一定程度上继续存在等等。而且其改革有着特定的政治和经济背景，这在中国广大农村并不一定具有可复制性。她认为，将农村事业全部推向市场，有可能严重伤害农民利益，并且导致乡村组织的退化，使得乡镇政府的控制力减弱。[②]刘田喜（2007）对湖北省乡镇综合配套改革的动因、内容、做法、障碍、难点和主要成效进行了细致阐述。改革的动因，主要是为了应对农民负担反弹的挑战，巩固农村税费改革的成果；改革的内容，主要包括乡镇行政机关改革和乡镇公益型事业单位改革；改革的做法，主要包括"应对农民科技服务缺乏的挑战，加强农村公益性服务"，"应对基层干部工作方式简单的挑战，建立高素质乡镇干部队伍"，"应对农村基层管理体制落后的挑战，加快转变政府职能"；改革的障碍，主要有政策障碍、认识障碍、资金障碍和法律障碍等；改革的重点和难点，主要有四个方面，即"改革成果如何巩固"，"钱从哪里来"，"公益服务事业如何办"，"人往哪里去"。[③]贺雪峰（2008）认为，湖北因为缺乏市场前提，所以"以钱养事"的改革不具可行性。"当前农村所需要的公益性服务，往往不能够市场化，因为不能形式化和标准化地依据市场对服务进行定价、市场信息不完全、专业化程度不高，服务质量难以量化服务主体强有力的主动精神和创造性服务。在乡镇一级，原来由事业单位改制而来的民办非企业组织提供的服务，恰恰能满足那些市场暂时无法提供、由市场提供不经济以及难以衡全的服务。"由于缺少基本的市场前提，湖北省"以钱养事"政策设计中"考核兑现、农民认可"中的"考核"，就很难落实。"农民是否认可？哪些农民有认可的资格？谁来判断农民是否认可？用什么来判断农民是否认可？农民又凭什么可以认可如此众多的公益性事业服务质量的好坏高低？"因此，他认为，在实际考核过程中，这一政策肯定是走过场。[④] 之后，贺

---

① 艾日飞.咸安改革的路径选择[EB/OL]. http://www. emm. eom. en/zznews/Shownewsl. asp? num＝rsb-200541815219,2005-04-18.

② 玛雅.咸安改革可复制否[EB/OL]. http://www. nfemag. eom/ReadNews. asp？NewsxD＝6535,2006-08-01.

③ 刘田喜:湖北省乡镇综合配套改革的成功实践[EB/OL]. http://www. hbsky58. net/pages/eontentshow. asp？id＝3982,2007-01-25.

④ 贺雪峰.为什么"以钱养事"的改革不可行[J].调研世界,2008(3).

雪峰于 2008 年国庆专程赶到湖北京山调研，通过调研他得出这样的判断：因为大方向错了，所以很难说京山"以钱养事"改革是正确的。

（二）农村职业教育基本理论的研究

1．农村职业教育发展理念的研究

雷世平（2011）认为，农村职业教育发展理念是是农村职业教育改革与发展的先导，是人们对农村职业教育发展实践及其教育观念的理性构建。从时代变迁的角度，以新的现代职业教育理念，来研究和探索职业技术教育的现代特征。他认为，当前农村职业教育发展最为核心的教育理念就是可持续发展的教育理念，因为它具有全面协调的整体性、城乡统筹的集约性、以人为本的主体性等特性。农村职业教育发展的具体理念形态主要有：以农民为本的理念，终身教育的理念，经济、社会、教育一体化发展理念，创业教育的理念，学习化农村社区的理念，等等。[①]

2．农村职业教育发展必然性的研究

原明明（2009）指出，新形势下经济社会的发展为职业技术教育的重新兴起奠定了社会基础，在经济的驱动下社会对那些具备中高级专业技术的人才有了较大需求，同时也使得职业教育的"教育意义"充分凸显。以"一个行动发生的可能性是行动者所期望从多种可能的行动结果中获得的功利函数"为理论依据得出，为追求利益最大化，行动者在行动选择的过程中，将会进行目的与手段之间的效用计算，农民在这种"理性化"扩大和延伸过程中对职业技术教育发生了认知转变："排斥——接受——认同"。那些已经选择或将要选择"职业技术教育"的一代年轻人，他们自身也会因"技术资本"和"知识资本"的获得而逐渐在寻求工作及工作过程中占有优势。另外，父母将不仅认同子女接受职业技术教育，并在某种程度上将其看做是一种具有积极意义的投资。一方面，随着"职业技术教育"在农村社会获得广泛认同，职业技术工人群体的规模将会呈现出扩大之势，他们作为区别于"传统农民工"的新生劳动力群体，对推动我国城市化的进程产生不可估量的作用。另一方面，他们享有了更多"扩展自由"的机会以实现人生价值。[②]

徐咏文、段萍、许祥云（2007）从农村职业教育的社会功能角度，来审视农村职业教育发展的必然性，认为发展农村职业教育能带来以下积极

---

① 雷世平.农村职业教育发展理念的内涵、特性与具体形态研究[J].职教通讯,2011(11).

② 原明明.社会学视域中的农村"职业技术教育"选择行为探析——基于 Y 村教育选择行为的研究[EB/OL].社会学视野网,http://www.sociologyol.org/,2009-01-23.

效应：促进农村剩余劳动力的转移，促进农村物质精神文明建设的发展，提高农产品竞争力，加速实现农村现代化以适应农业发展的需要，提高民族素质和开发人力资源，实现农民增收和农业增效。如果没有农民素质的全面提高，就很难实现全面建设小康社会的目标。实现农业产业化与现代化要求加强农村职业教育，而农村职业教育将对推进工业化与城镇化建设作出重要贡献。[1]

3. 农村职业教育内外部因素及其相互关系的研究

蒋作斌（2005）将注意力集中在农村职业教育的内外部因素及其相互关系的研究上，主要涉及以下内容：第一，市场与政府之间关系的研究。农村和农业职业教育，不仅需要政府保护性干预，还需要市场调节，前者在于促进公平，后者在于提高效率。也就是说，发展农村和农业职业教育的基本策略，是既要保护又要竞争。第二，农村职业教育与经济发展关系的研究。不同时期、不同地域的农村职业教育，对经济发展的推动作用不同。1952—1997年间，我国GDP与职业教育的规模呈现出正比例关系。然而，在这一时期的不同区域和不同时段，并不都具有正相关性。尽管各地的就业结构和经济结构、职业教育的质量和办学水平是引起这种不确定性的主要因素，但最重要的原因还在于国家宏观教育战略和政策。农村职业教育的历次波动，主要是政策变更导致的结果。第三，农村职业教育与农村、农业现代化关系的研究。农村职业教育与农村、农业现代化，具有相互依存、相互促进的关系。第四，农村职业教育双重属性（职业性和基础性）的研究。基础性是指农村职业教育与其他类型的教育具有共同点，都是为了促进人的全面发展，都是培养人的社会活动。由于我国国情特殊、农村教育还比较薄弱，农村职业教育就更需要加强基础性。但是职业教育是直接为人的就业服务的，是直接为地方经济和社会发展服务的，与市场特别是劳动力市场联系最紧密，所以还应当看到它的职业性。忽视职业性，职业教育就失去了特色，而不讲基础性，职业教育就不能履行它作为教育的职能，因此农村职业教育具有基础性和职业性双重属性相统一的特征。第五，技术进步、经费投入、人力投入和制度创新的研究。技术进步、经费投入、人力投入和制度创新，是农村职业教育发展的四大要素。一般来说，职业教育的外延式增长主要靠经费和人力投入，内涵式增长则主要取决于制度创新和技术进步。第六，质量和效益关系的研究。质量和效益是决定农村职业教育生存和发展的关键因素之一。坚持质量提高与数

---

[1] 徐咏文,段萍,许祥云.农村职业教育的地位与作用[J].安徽农业科学,2007(10).

量增长相统一，坚持抓好"两头"，坚持为生产一线培养应用型人才，不断延伸农村职业教育的办学环节，是每一所职业学校提高质量和效益的基本准则。[①]

（三）农村职业教育结构体系的研究

吴瑞祥（2002）认为在具体办学上，要两条腿走路，既要有公立职业学校，也要有民办职业学校，因此要鼓励和支持社会力量和相关政府部门开展职业教育，一方面尤其要鼓励社会力量进行职业教育的产业化运作，另一方面县乡政府各部门可以依靠自己的实力在职责范围内开办实用技术培训基地和职业培训学校，走联合办学、多渠道、多层次之路，这样不仅可以给职教体系注入新的活力，形成竞争，还能部分解决政府财力不够的困难。另外，有条件的农村职校可以发挥自身的技术优势，在创办校办企业、自行开发产品、实行半工半读教学方面进行拓展，为当地农村社会发展理念和方式做出示范。农村贫困的一个重要内隐原因，就在于落后保守的农村贫困文化，职校的一些改革举措必将对其产生强有力的冲击。[②] 柳园（2010）认为，农民的作息特点决定了职业教育应避开农忙时节和白天主要工作时段，不能以全日制为主，应该以灵活多样和分散的方式安排教学。农村职业学校作为农村教育的中心，应与文化教育统筹、农村成人教育相协调，成为农业科技研究推广中心、农村社区的技术和技能培训中心、创业和就业指导中心、市场信息中心以及实训基地。农村职业教育还需要和城市联手，以构建农村职业教育的城乡联动体系。[③] 广西钦州教育局（2011）在实践的基础上总结出，要建立覆盖广、体制新、机制活、效益好、成绩大的农村职业教育体系，必须改变过去职业教育管理条块分割、职能交叉的混乱状态，还需要领导重视，政府统筹，以县为主体，资源整合，从而改变资源配置不当、项目资金分散、办学效率低、部门重复办学和发展不平衡等问题；要制定职业教育联席会议制度，定期召开联席会议，研究、分析和解决职业教育工作中存在的问题；要成立职业教育管理机构，由分管领导出任主要领导成员，统筹管理和指导职业教育工作。政府统筹集中在两个方面：纵向统筹教育部门职教资源，从县职业学校到乡镇、村成人文化技术学校；横向统筹各职能部门职教资源，以教育、劳动保障、科技和农业等部门的培训机构为主，在政府的领导下进行统一管

---

① 蒋作斌.21世纪初我国中部地区农村职业教育发展理论和模式的研究与实验[J].中国职业技术教育,2005(28).

② 吴瑞祥.发展农村职业教育的几个基本问题[J].职教通讯,2002(7).

③ 柳园.农村职业教育问题与出路[J].职业与教育,2010(11).

理，避免过去政出多门、条块分割、职能交叉和资金分散等现象的发生。[①]
张宏宇（2006）认为，要以市场为导向建立农村职业教育体系，农村职业
教育不仅要面向当地市场，而且要面向国内市场和国际市场。面向三个市
场，调整农村职业技术教育布局，既是农村职业技术教育生存发展的需
要，也是国家经济发展的需要。[②]

（四）农村职业教育招生、专业与就业的研究

柳园（2010）认为，制约当前农村职教发展的一个重要因素是学生的
出路。职教毕业生找不到工作，或所找的工作与所学专业无关，那么农村
职教的作用就无法体现。专业与就业是紧密相关的，农村职教要认真分析
产业结构调整、经济增长方式转变、劳动组织变化以及经营机制转换等方
面的因素，分析由此形成的劳动力需求结构、质量和数量等方面的变化，
以此选择切合区域经济发展的可行的职教发展思路，及时开设符合产业结
构优化与升级的、适应就业层次要求的、农村急需的专业。以市场为导
向，根据社会需求，开设个人与社会需要的专业，同时与产业部门建立广
泛的联系，广拓就业渠道，联手开发合适对口的专业，才能较为有效地解
决好学生的就业问题，同时也可以避免教育资源的浪费。切忌不顾社会实
际需求追赶所谓的"热门专业"，尤其不必过分强调学历，最小的成本换
取最大的价值的市场经济的准则。随着市场经济的发展，用人单位将考察
的重点放在人才可以为本单位创造什么样的价值上，逐渐抛弃过去重学
历、轻能力的观念。教学中要强化实践性，除对学生进行生产技术训练
外，还要进行经营管理、营销服务等训练，进行创业意识教育，鼓励与引
导"自我雇佣"。这已是西方国家职业教育广泛进行的实践，因为社会的
就业状况还取决于其时的社会经济大背景，有了充分的技能并不一定就能
保证就业。[③]

黑龙江省齐齐哈尔市教育局（2011）认为，要改变传统的正规学历教
育的思维定式，不断扩展职业教育生源空间，将成人教育和非学历教育纳
入职业教育的范畴。不管是应届往届，还是进城务工农民，凡接受过九年
义务教育的青年，中等职业学校的大门都可以向他们敞开，最大限度地满
足他们的需要，从而扩大中职招生的对象范围，使职业教育真正成为"面

---

① 广西钦州教育局.创新农村职业教育体系促进地方社会经济发展[J].中国农村职业教育，2011(1).
② 张宏宇.建立以市场为导向的农村职业教育体系[J].学习论坛，2006(4).
③ 柳园.农村职业教育问题与出路[J].职业与教育，2010(11).

向人人"的教育。[1]

王永强（2001）提出要调整专业结构，使农职校的专业设置与农村产业结构相适。第一，应强化农科专业的基础地位，加大农科专业改造力度。改革后的农科专业结构，应包括种植业、养殖业、农产品深加工、农业机械使用及修理、农业经济管理、农产品销售和贸易、自然资源与环境保护以及农业科技信息管理等内容。第二，优化第二、第三产业专业设置，加强特色专业建设。第三，要改革课程，建立适用的农村职业教育课程体系。课程设置要符合农村职业学校的特点，并实现现实性与超前性的统一。[2] 李小金、漆治文（2010）认为，我国现行的农村职业教育体系明显存在着与农村社会经济发展不相适应之处，主要表现在以下几方面：一是对新型农民的培养缺乏有力的支持，脱离农村农民教育学习的特点；二是体系的系统效益不高，未能有效整合城乡各类职业教育资源；三是职业教育体系很难满足群众对职业教育的多样化需求；四是农村的职业教育基础能力薄弱，尤其是师资等优质职业教育资源短缺。同时还提出，要提出构建基于农村社区学习中心的农村职业教育体系，开展以农村社区学习中心为基础的农村职业教育教学方法的改革，建立以社区学习中心为基础的农村职业技能教育课程组织体系，建立综合性信息服务体系。[3] 雷鸣（2008）总结出农村劳动力的走向主要有三个：一是走出农村到城市第二、第三产业及其他管理部门就业；二是到现有农村空间里发展起来的新兴小城镇从事非农产业；三是留在已被改造了的具有现代性质的农业生产领域就业即成为现代农民。农村劳动力走向趋势的分析，给农村教育体系的建立提供了一个科学、合理的定位，构筑普通教育与职业技术教育相融合，初等、中等、高等教育相衔接的适合多元化产业结构发展的农村教育新体系，以适应新农村建设的需要。[4]

（五）农村职业教育发展模式的研究

蒋作斌（2005）对中部5省许多农村职业学校办学经验进行调查与研究，并在一个市、八个县（市）农村职教发展的基础上，总结出四种发展模式。①城乡联合型。它以市场机制为纽带，以互惠互利为原则，在充分发挥自我优势服务城市的同时，依托城市职业学校优势资源联合办学。

---

① 黑龙江省齐齐哈尔市教育局.创新农村职业教育管理体制推进农村职业教育持续快速发展[J].中国农村教育,2011(1).

② 王永强.农村职业教育结构调整之我见[J].河南教育,2001(3).

③ 李小金,漆治文.农村职业教育体系探索[J].边疆经济与文化,2010(12).

④ 雷鸣.浅析农村职业教育体系的构建[J].新西部,2008(20).

②网络开放型。农村职业教育通过建立人才培养培训网络和科技推广网络，实行开放式办学。邵阳实施"十百千万工程"，发展农村职业教育主要就是采取这种模式。③中心效益型。主要特征是调整一定区域内学校的布局，将各类培训机构与相关学校合并，构成职业技术教育中心，实现办学的多功能、综合化、集约化和高效益。这一模式，在中部五省有大量案例。④灵活适应型。这类学校主要是指，以市场为导向，以学生的就业和创业为中心，办学和教学过程具有较强的自我调节能力和弹性，从而适应不断变化的市场需求。这种模式，出现在许多规模较小的民办职业学校。①柳园（2010）认为，要使农村职教获得大的发展，就必须实现职业教育的城乡统筹。城乡教育统筹，需要彻底打破职业教育城乡分割的局面，将城市职业教育资源与农村职业教育资源共享并统筹使用，充分利用城市职业学校的师资、设备和实习基地等资源为新农村建设服务。理想的联动体系应该是，农村职业学校主要承担农民工进城前的职前教育与技能培训，城市职业学校主要承担农民工进城后的继续教育与培训，利用城市职业学校在信息上的优势，农民工在学到实用技术之后，就能在城市就业，还可以对农民工实施订单培养、定向培训，实现城乡联动。② 刘铮、邓先军（2006）针对农村职业教育的生存和发展现状，提出改革农村职业教育发展模式的想法：一是加入民营化的管理发展模式；二是城乡联合办学的"双赢"模式；三是实行政本到校本过渡的教育管理模式；四是实行"农科教"相结合的教育模式；五是用国家财力进行保障的农民终身教育和培训模式。③ 黄龙威（1998）以中部地区的农村职业教育为研究对象，把中部地区的农村分为农村经济不发达地区、农村经济欠发达地区和农村经济发达地区。按农村职业教育在促进农村不同区域经济社会发展中的目标分类，中部地区农村职业教育的发展可分为三种大的发展模式，即适应经济不发达地区的"区域反贫困型"发展模式、适应经济欠发达地区的"资源开发型"发展模式、适应环都市经济圈的"服务都市型"发展模式。④

（六）农村职业教育投入机制的研究

姜群英、雷世平（2007）认为，应建立农村职业教育投入新机制，为

---

① 蒋作斌.21世纪初我国中部地区农村职业教育发展理论和模式的研究与实验[J].中国职业技术教育,2005(28).

② 柳园.农村职业教育问题与出路[J].职业与教育,2010(11).

③ 刘铮,邓先军.构建和谐社会背景下的农村职业教育管理模式[J].河南职业技术师范学院学报(职业教育版),2006(5).

④ 黄龙威.中部地区农业职业教育发展模式[J].教育与职业,1998(10).

加快农村职业教育的发展，在我国已基本具备工业反哺农业的新背景下，建立以国家和地方财政投入为主导、以社会力量投入为补充的机制，使之更好地为建设社会主义新农村服务。这种机制包括我国农村职业教育经费保障措施的法律化和制度化。之所以提出构建农村职业教育投入新机制的问题，是因为旧的投入机制主要存在以下几个方面的问题：一是政府投入规模没有形成稳定的增长机制；二是投入结构不合理，现行体制下有些投入严重缺项；三是投入管理与调控缺乏有效的资源和机制；四是缺乏与我国农村职业教育发展相适应的投入经费保障制度。政府主体的投入增长滞后于农村职业教育发展需要，地方财政对农村职业教育支出比重低，投入总量也严重不足。基于此，作者提出了相应对策：第一，加强对农村职业教育经费投入的监管，确保农村职业教育投入新机制的有效运作；第二，尽快出台《农村职业教育经费保障和筹措办法》，确定中央和地方财政对农村职业教育的支出比例及其规模的稳定增长机制；第三，尽快完善职业教育立法，夯实农村职业教育投入新机制的法律基础。[1] 皮江红（2005）为实现政府农村职业教育投入方式改革，提出可实行教育券制度，教育券已经成为促进职业教育包括农村职业教育进一步发展的重要举措之一。2004 年 7 月 27 日，教育部公布的《关于贯彻落实全国职业教育工作会议精神进一步扩大中等职业学校招生规模的意见》中提出："各类中等学校还将采取设立专项资金、奖贷学金、发放教育券、减免学费以及鼓励社会资助等措施加大对职业教育的经费投入。"教育券不是发给学校，而是一种教育费用的支付形式，指政府以教育券的形式直接发给学生或家长的公共经费，学生或家长可用其作为凭证来支付所读学校的学费和相关教育费用。学校收到这一凭证后可以从政府那里兑换教育经费，作者在此设想之上提出了推进我国政府农村职业教育投入方式改革的三个设想。[2] 周霖、林丹、徐淑杰（2010）通过数据调查和统计分析，认为当下农村职业教育的经费投入水平依旧处于弱势地位。我国面临"职业教育投入"、"农村教育投入"和"教育投入"均处于弱势的客观现状，而农村职业教育投入是一种"弱弱相加"的弱势投入。这种"弱弱相加"迫使农村职业教育的发展举步维艰。[3]

（七）农村职业教育管理体制的研究

黑龙江省齐齐哈尔市教育局（2011）提出，要完善农村职业教育的管

---

① 姜群英,雷世平.关于建立我国农村职业教育投入新机制的思考[J].理论经纬,2007(17).
② 皮江红.教育券与我国政府农村职业教育投入方式改革[J].高等农业教育,2005(11).
③ 周霖,林丹,徐淑杰.农村职业教育投入处于弱势的主要因素[J].吉林农业,2010(12).

理体制，必须加强统筹领导，强化政府责任，强化统筹力度，强化督导评估。① 谢龙建（2008）指出，我国农村职业教育管理体制存在的主要问题是：部门内部补偿机制不完善，制约着农村职业教育发展；农村职业教育管理体制条块分割，导致行政管理成本增加；各类管理部门相互制约，影响农村职业教育发展。基于此，作者提出相关建议：第一，建立高层管理机构，完善职教联席会议制度；第二，加强经费使用管理，提高经费使用效率；第三，以县级职教中心建设为引领，促进农村职业教育管理体制改革。② 丁彦、周清明（2010）阐述了我国农村职业教育发展的历史脉络，并从行为方式、工作理念、工作体制和职责范围四个层面分析了我国农村职业教育管理中政府职能的历史演进，为我国农村职业教育体制改革及政府职能的转变提供新思路。③ 王卫华（2004）认为要彻底改革中等职业教育管理体制，把目前以国办为主改为以民办国助、国办民营或民办民营为主。④

（八）农村职业教育政策的研究

1. 农村职业教育政策历史变迁的研究

李光寒（2009）对改革开放三十年来农村职业教育政策进行回顾与分析，提出了促进农村职业教育发展的政策建议：改革管理体制，提高办学灵活性；在加大对农村职业教育投入的基础上，增强政策的适用性；转移关注点，促进农村职业教育的主体需求。同时，还对这些政策建议的实施细节进行了详细解释说明，具有较大的参考价值。⑤ 罗思杰（2009）介绍，党在农村职业教育问题的政策导向上，先后经历了从带有政治色彩的教育普及到侧重为国民经济、社会发展服务，再到强调以人为本、提高农民素质为重中之重的历程。给我们的启示是：只有正确认识农村职业教育政策变迁，才能在新的历史条件下不走老路和弯路，始终坚持正确的前进方向。⑥ 习勇生、杨挺（2009）将改革开放以来我国农村职业教育政策的变迁历程分为恢复和调整时期、快速发展时期以及全面发展时期，分析了当前我国农村职业教育政策环境发生的变化，指出"产业结构仍以劳动密集

① 黑龙江省齐齐哈尔市教育局.创新农村职业教育管理体制推进农村职业教育持续快速发展[J].中国农村教育,2011(1).
② 谢龙建.当前我国农村职业教育管理的体制性障碍[J].中等职业教育,2008(7).
③ 丁彦,周清明.论我国政府农村职业教育管理职能的历史演进[J].职业与教育,2010(26).
④ 王卫华.农村职业教育发展的必然性与主要对策[J].内蒙古农业科技,2004(6):3—5.
⑤ 李光寒.对改革开放三十年农村职业教育政策的回顾与思考[J].教育与职业,2009(5).
⑥ 罗思杰.浅析建国以来农村职业教育的政策导向[J].传承,2009(6).

型产业为主、农村金融体制改革有利于优化农村职业教育的融资环境、城乡统筹发展是农村职业教育重要的战略背景、农村土地流转制度改革迫切要求农村职业教育发挥更大的作用"，提醒政府去关注政策环境可能带来的新的政策问题。此外，作者还提出了一系列完善政策的建议：正确处理农村职业教育办学规模和办学质量的关系；农村职业教育一方面要为转移农村剩余劳动力服务，另一方面要致力于提高农业生产技术水平；进一步强化政府在发展农村职业教育中的责任，积极探索农村职业教育的有效发展模式。这些观点和建议，对今后的农村职业教育研究无疑具有重要的启示意义。[①]

2. 农村职业教育体制政策的研究

雷世平（2005）介绍了农村职业教育体制政策的变迁经历，指出我国农村职业教育体制政策存在行政管理体制统筹管理弱化、实施机构和供给部分缺位、中央政府对农村职业教育的转移支付和倾斜政策不明确以及职业教育城乡分割未改变的问题，这些问题严重制约了农村职业教育的发展。作者建议强化农村职业教育实施主体及其功能，加大对农村职业教育发展的支持力度，制定科学合理的农村职业教育行政管理体制政策，加快城乡职业教育的协调发展。[②] 刘彬让、陈遇、朱宏斌（2005）为我们展现了我国农村职业教育供给体系中的诸多发展特征与趋势，具体包括保障体系、思想观念、运作机制和供给系统，作者认为这些新特征和新趋势客观上为未来农村职业教育蓬勃发展奠定了良好的开端与基础。[③]

3. 农村职业教育法律保障政策的研究

何云峰（2010）认为农村职业教育政策法规建设事关农村职业教育的兴衰与成败，指出目前农村职业教育政策法规建设仍然存在"政策文本繁荣与现实工作之间反差鲜明"、"执行效力与研究水平较低"等问题，并提出农村职业教育要树立大职业教育视野和国际视野以及需要不断提高研究水平与执行效力等建设性建议。[④] 黎秀川（2008）认为，制约中国农村职业教育发展的有三大重要因素，即资金投入不足、带有身份性质的户籍制度以及教育举办主体的权义不明。作者据此提出，立法应注意明确教育举

---

① 习勇生，杨挺.我国农村职业教育发展的政策变迁、政策环境及路径选择[J].教育与职业，2009(19).

② 雷世平.我国农村职业教育体制政策及其思考[J].职业技术教育，2005(4).

③ 刘彬让，陈遇，朱宏斌.论当前农民职教供给体系发展的基本趋势[J].职教论坛，2005(7).

④ 何云峰.1978—2008农村职业教育政策法规全景扫描与审思[J].山西农业大学学报（社会科学版），2010(1).

办主体的权利、义务和责任；要协调教育管理体制和分税制；要改革户籍制度；为鼓励全社会参与农村职业教育，应充分发挥"促进型立法"在发展农村职业教育中的作用。①

4. 农村职业教育政策实施效果的研究

臧志军（2010）以苏北某传统农业县的一次采访、新闻媒体有关农村职业教育改革的报道以及政府部门公布的数据为材料，以目标—效果为分析框架，对近十年来我国农村职业教育政策进行了客观的描述与分析，认为政策目标均得到了较好完成，但政策本身的模糊性和随之产生的实施过程中的随意性也造成一些预想不到的结果。作者针对农村职业教育政策现存问题所提出的一些建议，具有很强的启发意义。②

5. 农村职业教育改革与发展政策的研究

王海岩（2011）对农村免费中等职业教育政策的实施背景、内涵、意义以及保障措施进行探讨，认为免费的中职教育意义重大，政府应通过一系列扶持措施确保该政策有序落实，并取得实效。作者认为农村免费中等职业教育对我国当前的经济社会发展具有积极意义，并提出了农村免费中等职业教育政策的保障措施。但保障措施过于宏观，如果能统筹各方面因素提出更加细致明确的政策保障措施就更好了。③

6. 农村职业教育政策评价模型的研究

谭崇静（2010）根据模糊数学原理，构建了一个对重庆农村职业教育政策进行评价的模糊综合评价模型，为评价农村职业教育效果提供了新的尝试，增加了政策制定的民主性和科学性，体现了我们对农村职业教育政策的研究手段和方法正朝着多元化的方向发展，启示我们从不同的视角、用不同的方法对农村职业教育政策进行研究。④

7. 国外农村职业教育政策的比较研究

赫栋峰、梁珊（2009）认为，我国已经进入了工业化阶段，西方发达国家也都经历了这一阶段，于是他们将一些发达国家（美国、英国、德国）进入工业化阶段之后实施的农村职业教育政策进行比较，为我国发展农村职业教育提供借鉴。其论文展示了美国为发展农村职业教育在几十年间颁布了数十部法案，实行联邦、州、地方三级预算制度，为每部法律的

① 黎秀川.关于农村职业教育的法律思考[J].河北北方学院学报，2008(6).
② 臧志军.农村职业教育政策的实施效果分析——以苏北某县的职教现状为起点[J].职教论坛，2010(28).
③ 王海岩.农村免费中等职业教育政策保障研究[J].职教论坛，2011(4).
④ 谭崇静.重庆市农村职业教育政策评价模型研究[J].河北农业科学，2010(6).

实施提供经费保障；英国在健全职业教育法律法规体系、建立科学规范的职业资格证书制度方面，做出了不断努力。作者详细介绍了外国保障和促进农村职业教育发展的实施的各项政策和措施，但对如何结合我国国情进行有选择地学习和借鉴并没有给出较为具体的答案。[①] 杨洁、杨颖（2010）通过对发达国家（美国、英国、日本、韩国）农村职业教育政策的比较分析，指出我国农村职业教育存在的问题为经费投入不足、制度建设不够健全、农民教育培训计划不够明确以及办学模式单一等，并提出相应对策。作者对发达国家有特色的农村职业教育扶持政策进行了较为详细的介绍，但对我国农村职业教育存在问题的分析比较笼统，提出的对策较为凌乱，也并没有多少借鉴发达国家的地方，如果能够结合我国国情借鉴发达国家的做法，并提出与政策配套的具有可行性和可操作性的细化措施就更好了。[②]

第四节　相关研究的现存问题与发展趋势

一、理论研究存在的问题

（一）科研立项有待规范

对农村职业教育研究的组织形式主要有三种：一是成立的专门研究职业教育类的研究机构；二是围绕课题组建起来的课题组，课题组成员可以是行政部门、学校、研究机构及其他群众团体中的专职或在职研究人员；三是自发性研究。目前，三种组织形式中前两种占大多数，最后一种较少。农村职业教育相关的研究者为相关教育政策的制定提供了理论依据和可靠资料，为农村职业教育改革过程中出现的各种难题提供了具有针对性和可行性的解决方案。其研究成果，一般通过论文、著作、讲演和报告等体现出来。以中央和地方规划课题为主线组织的研究，与其他教育研究领域比起来，其成绩明显要少；将解决实际问题或质量较高的研究成果数量与研究人员数量进行比较发现，研究效率较低；专门的研究机构参与任务总量不算多。如，2007—2011 年国家社科基金项目中，以"农村职业教育"为主题的立项课题仅 1 项。

---

① 赫栋峰,梁珊.发达国家农村职业教育政策保障及启示[J].湖南工业职业技术学院学报,2009(6).

② 杨洁、杨颖.国内外农村职业教育政策比较分析[J].现代商业,2010(23).

在课题的布局、立题及具体研究中，仍存在急功近利、不全面的现象，研究是否取得预期效果，还有待进一步考察和评估。进一步规范课题研究、发挥课题研究的带动作用，还需要从以下几方面努力。

1. 科研立项要切合实际

对农村职业教育进行理论研究，是一项艰巨的长期任务，不可能在朝夕间完成。这是因为对农村职业教育基本理论的研究必须从实践出发，在持续研究和论证的基础上，探寻规律，推出结论，而闭门造车及推倒重来的研究工作其现实意义不大。农村职业教育事业紧跟国家社会经济发展的步伐，进行农村职业教育理论研究，就不能将其与外部环境割裂开来，而要在密切关注外部环境和条件的情况下，通过立项研究，为农村职业教育完善教育内容、创新教育方式与手段、布局长远战略和调整政策等提供有针对性的理论依据和可靠资料，从而使农村职业教育发展走向健康有序的发展轨道。

2. 科研立项要统筹内部与外部问题

我们可将对农村职业教育相关的宏观发展政策、行政管理政策、国内外农村职业教育比较、师资建设、理论体系建设和史料等方面的研究归并为外部问题研究，将与农村职业教育相关的教育内容、教育方式、教育手段、学校内部管理及相应的支撑保障体系归并为内部问题研究。当然，也存在内外部问题兼有的交叉课题研究。不难发现，近二十年来，总的来说，在统筹农村职业教育相关内外部问题研究方面较为合理，既涉及了发展手段、发展措施和管理政策等宏观外部问题研究，也注重农村职业教育内部过程问题的改进研究。但问题仍然存在，尤其是面对"九十年代后期人民生活水平提高后民众对教育需求的旺盛；信息化、工业化社会对人的素质要求的全面提升和终生教育理念渐入人心；高中入学学生的自然性增长、初中毕业生升学率的提高"等趋势，农村职业教育相关问题理论研究的反应已略显迟缓，没有及时跟上经济社会发展的步伐，对内外部问题的研究布局不太合理，出现前一段时期内研究发展措施和政策等外部问题偏多，后一段时间研究内部问题偏多。为克服研究中的片面性，避免失误，统筹内外部问题研究非常必要。

3. 科研立项要统筹课题分布

统筹课题分布，是指要兼顾共性及个性两方面研究。首先，我国人口多，幅员广阔，城乡及各区域发展状况不平衡，每个地区的农村职业教育发展都存在特殊性和个性，因此在研究全国范围内带有普遍性和共性问题的基础上，要考虑到地区特殊性问题的研究。其次，农村职业教育自身可分为职前与职后两种类型，还可以分为高、中、初三个层次，按照学校类别的不同，中等农村职业教育有高中、技校和中专三个教育点。如何在各层次、各类型的农村职业教育中合理分配研究投入，需要慎重考虑。

（二）科研课题的分配方针不完善

长期以来，教育研究课题分配采用多用于工程分配的招标投标方针法则，分配方针基本上采用"招标投标"制，虽然能激发科研骨干的能量与热情、减少不公，但由于方式太单一，容易产生另外一些弊端，譬如：其一，某些课题由于没人申请，就得不到研究，尽管其很有研究意义；其二，为提高投标成功率，一些人不顾公平甚至法律，不择手段竞争课题，而另一些勤勤恳恳、有真正研究思路和方法的研究工作者由于不善效仿，成为投标竞争失败者；其三，对一些带有共性和普遍性问题的研究，如果忽略各地区的不同背景和情况，就有可能阻碍研究结论的推广及研究目的实现。不同的分配方针会带来不同的研究结果，影响课题的研究目标。笔者认为，在分配方针上除了坚持已有的"择优汰劣、招标投标"原则，还应该按具体需要增加指定性方略进行调配。比如，对农村职业教育中具有周期性的常规课题应与各省市教育行政部门密切协调，指定性地分配有关课题、安排相关任务。对于具有地区特征的课题研究，可指定性地分配给对应地区，并鼓励和促使其在本地进行试验和推广。

（三）科研成果没有得到有效利用

农村职业技术教育规划及其研究尽管还存在一些问题，但经过多年发展，还是取得了不少成果，有些具有较高的实践价值，有些具有较大的理论价值，但被采用的研究成果并不多。

成果利用和推广受到限制的原因有多种。其一，研究成果很多，呈现方式各异，难以搜索获取；其二，专业刊物仅接受文字表述好、观点突出的研究成果，许多小课题、自主研究成果很难见诸于专业刊物；其三，信息传播与推广受阻，立项课题重复率较高；其四，行政部门、教育实践者对研究成果的利用转换及试验推广的积极性不高；其五，研究成果的推广手段落后，推广经费不足；其六，很多课题研究仅停留在表面，以应付检查为目的，很少能吸引赞助商资助出版研究成果。因此，要想促进农村职教研究成果的传播和推广，需要从以上几方面进行认真反思并真正调动各方的能动性。

二、相关研究文献存在的问题

（一）乡镇公益型事业单位改革研究的相关文献不足

许多文献提出事企分离、政事分开、对繁冗的机构进行归并合理、精简机构人员、改革选人用人制度，这些文献都基本认识到了我国乡镇公益型事业单位存在的问题。其中，对湖北咸安乡镇综合配套改革模式的探讨和争议比较多，主要集中在改革中所遇到的困难、改革的弊端和缺陷。因为社会对其他模式的正面报道较多，负面报道较少，社会关注度不够，所以争议相对较少。文献中对改革模式进行的研究探讨，很少从公共管理理论视角展开，很多研究者的论文只是将乡镇公益型事业单位改革作为乡镇综合配套改革的一部分来研究，没有把其放在更高的高度来审视和研究。因此，在乡镇公益型事业单位改革相关文献的论述中，相关的实践性研究较多，而对问题存在的深层原因、机构设置合理性的理论与实践研究较少，论文的理论性显得干瘪。另外，在职能配置上仅提及要明晰职能、政事分开，实质内容并不多。对乡镇公益型事业单位归并时仅凭经验或工作的关联度进行，不是十分科学，容易引起性质和定位不清，对人员结构调整和人员分流上的研究比较粗糙，没有很好地兼顾到细节和可操作性。

（二）农村职业教育基本理论研究的相关文献不足

首先，农村职业教育基本理论研究的相关文献中，对农村职业教育的本质属性、内部要素及相互关系、外部影响因素的研究不够深入。然而，这些正好是农村职业教育研究的基础性问题，对这些基础性问题研究不够深入就会影响对农村职业教育相关问题的研究。

其次，农村职业教育基本理论研究的相关文献中，对投入、产出和效益问题的研究不够深入。农村职业教育需要大量的人力、物力和财力投入，投入能否带来预期的经济效益和社会效益，投入产出比例是否合理，都会影响到农村职业教育的长远发展。

最后，农村职业教育基本理论研究的相关文献中，缺乏对农村职业教育任务和目标的深入研究。明晰农村职业教育的任务及目标，是农村职业教育改革和发展的基础，不断深化对农村职业教育任务和目标的研究，把握农村职业教育的历史使命，对其未来的发展至关重要。

（三）农村职业教育结构体系研究的相关文献不足

许多文献提出，要形成以村级农民文化技术学校为前沿阵地的三级职教网络，即构建县、乡、村三级职教体系，以形成辐射带动效应。尽管这种构想的出发点是好的，但在可行性、实践性方面仍然存在诸多不足。首先，体系化的职教专业及课程内容调整速度太慢，容易脱离市场需求，使其在实际运行过程中常常不能灵活地应对市场的变化及受教育者的需求；其次，在每个村建立农民文化技术学校是一项宏大的项目，是否可能且收获实效有待进一步考察；再次，这种体系化的诉求与中央精简机构和人员的要求不相符。其实，农村职业教育发展的目的不是建立"体系"，而是让广大农民学到实用技术技能，获得直接经济效益。此外，在目前相关的一些文献中，对农村职业教育结构体系的研究缺乏可行性和可操作性，实践性不强是其最大的软肋。

（四）农村职业教育招生、专业与就业研究的相关文献不足

已有的文献大都认识到，要以市场为需求，合理设置专业，扩大招生，强调就业服务的重要性。但如何确保专业设置的科学性，真正实现专业与市场的对接，满足家长和学生的需求，如何应对降低门槛扩大招生后带来的其他负面影响，如何为学生提供更科学的、更人性化的就业指导与服务，缺乏系统的理论实践研究。

（五）农村职业教育发展模式、投入机制与管理体制研究的相关文献不足

有关农村职业教育发展模式、投入机制与管理体制的研究文献中，许多都提出了发展模式、投入机制与管理体制方面的假设和建议，具有较强的启发意义。但是，现有文献也有许多不足之处，即缺乏科学系统论证、缺乏细致微观的具体规范、缺乏严丝合缝的执行机制和措施。

三、研究领域的拓展趋势

20 世纪 70 年代末至 80 年代初，改革开放使得中国的国门打开了，介绍国外的已有经验、阐述职业教育研究的主要工作、浅层次地比较职业教育，成为职业教育研究活动的重要领域。到 20 世纪 80 年代中后期至 90 年代中期，我国的职业教育事业迅速发展壮大，相对滞后的中国职业教育理论尤其是农村职业教育理论，面对迅速发展的职业教育教学实践活动以及社会经济发展对技术技能型应用人才的旺盛需求，一些研究者就对农村职业教育的基本问题进行了初步探索，如农村职业教育的本质属性、社会作用、与人和社会的关系。

进入 20 世纪 90 年代以后，我国开始了根本性的经济体制变革，社会主义市场经济体制初步建立并开始运行，随之出现对职业技术教育适用性问题的研究，以促进农科教结合及农村经济的发展。为帮助农村合理地发展职业技术教育，农村职业技术教育、中国农村教育发展战略等，成为重点的研究方向和领域。此外，对南方少数民族地区农村职业技术教育、农村初等职业技术教育、农村职业技术教育布局与结构、农村创业指导为当地经济发展服务、林业职业技术教育办学基本经验等方面的实验与研究课题，也逐渐多起来。在这个时期，农村职业教育研究的份额比重占据了该时期职业教育类项目总量的 1/4，如同城市与企业职业教育研究一样重要。

　　而到了 20 世纪 90 年代中期，我国农村职业教育面临发展受阻的困境，此时，城乡差距和区域差距进一步拉大。尽管如此，对农村职业教育的理论研究并没有停止，在前一时期投入较多力量对一些基本问题进行探索和研究后，农村职业教育开始了实质性研究，创设了如下两个项目：农业现代化和农村产业多样化过程中的农村职业教育结构研究、21 世纪我国中部地区农村职业教育发展理论和模式的研究与实验。这两个课题，均被列为国家级重点课题。其他三个课题，即三峡库区农村移民职业技术教育研究、贫困地区职业技术教育现状调查与发展对策研究以及农村社区职业技术教育网络构建的研究与实验，都具重大的现实应用价值。以上这些立项课题，多为国家级、国家教委课题，研究视角较为广阔、层次较为宏观。另外一些研究者，将已有理论与所属地区、部门、学科、专业的实际情况和特色结合起来，展开了许多细致深入的研究，取得了丰富的研究成果。因为结合实际，注重解决现实问题，这些研究成果具有较强的应用性和针对性，许多被当地的学校和教育部门所采纳，运用于实践。

　　新时期，结合我国经济社会发展趋势和国家宏观战略布局，以下方面将成为农村职业教育研究的主要方向：农村职业教育办学体系和发展模式研究；工学结合、顶岗实习的农村职业教育人才培养模式研究；农村职业院校学制改革研究；行业企业参与农村职业教育办学研究；农村职业教育院校专业教学研究；农村职业教育实训基地教学模式研究；农村职业教育学生学习能力评价研究；农村职业教育"双师型"教师专业化发展研究；农村职业教育区域合作发展模式研究；中职和高职教育有效衔接研究；国家示范性农村职业教育职业学校建设研究；农村职业教育职业院校"双师型"教师队伍建设研究；职前职后并举、学历教育与非学历教育并举开放式农村职业教育办学研究；中职和高职教育有效衔接研究；职业教育与普通教育融合研究等。

四、研究范式的发展趋势

　　经过三十多年的发展，尽管农村职业教育研究范式在研究视角、研究对象和研究内容上有了很大的突破，但仍存在一定的缺陷。首先，在研究视角上，从体制、机制等方面对农技推广体系改革与农村职教进行探讨和研究的比较多，尽管也注意到供需之间、服务主体与服务对象之间的协调性等问题，但还未将它们统一到一个整体系统中对相互关系和影响进行深入细致研究。其次，在研究对象上，缺乏对不同地区行政生态环境的区别考量和研究。最后，在研究内容上，尽管也涉及到公共投入不足和资源整合等问题，但都较少关注农技推广供应链危机与农村职教的研究与探讨。未来有关研究应以相关服务供应链的外部约束和供应链内部协同服务能力为切入点，将供需各方纳入到统一的分析框架中，以探寻供应链危机诱因的作用机理，并关注民族地区经济社会发展状况对农村职业教育服务需求的影响。在宏观层次上，将更侧重于微观方面的探讨，在方法论上将更加注重量化实证性研究。进一步强化农村职教与农技推广等公共服务危机预警与协同应对机制对民族地区农村社会发展与稳定的功能，也将为农村职业教育研究范式带来新的变化。

第三章 我国农村职业教育的
发展历程与政策实践

第一节 我国农村职业教育的发展历程

回顾改革开放 30 多年来我国农村职业教育发展历程，认真总结其中的经验教训，对于研究我国当前和今后的农村职业教育改革与发展无疑具有重要的现实意义。总的来说，改革开放 30 多年来，我国农村职业教育经历了曲折发展的过程，大致可以分为以下几个阶段。

一、重构与初步发展阶段（1978—1987）

新中国成立初期，国家政府出台了诸多文件，对原有的中等教育进行了全面改革。例如，在《中国人民政治协商会议共同纲领》中就明确提出了"加强中等教育"的要求，1958 年 9 月中共中央、国务院发布的《关于教育工作的指示》也提出办技术学校，并要求在地方教育计划中要有所反映。"两种教育制度"的思想，以及实行普通教育与职业教育并举、国家办学与群众办学并举、全日制学校与半工（农）半读学校并举等一整套关于农村职业教育的办学方针，被制定出来一起指导农村教育事业的开展。职业中学、农业中学以及各种形式的技术学校等，开始在全国如雨后春笋般出现。到 1965 年，各类中等学校在校生总数中，农业中学及其他职业中学的在校生人数已经占到了 31%，农村职业教育有了较大进步。可是到了"文革"期间，相当一部分技工学校和中等专业学校有的被停办，有的被改成了普通中学，中等教育的类型仅剩下普通中学，农村职业教育完全被扼杀在了摇篮里。直到改革开放，我国农村职业教育才进入恢复重建时期。

1978 年 4 月，邓小平同志在教育部召开的全国教育工作会议上发表了关于教育的重要讲话，他指出："要共同努力，使教育事业的计划成为国民经济计划的一个重要组成部分。这个计划，应该考虑各级各类学校发展的比例，特别是扩大农业中学、各种中等专业学校、技工学校的比例。"① 随后，个别省、市开始进行试点工作。截至 1979 年底，全国建成了 2 000 多所农业中学及其他事业性学校，在校的学生达到了 23 万多人，② 我国农村职业教育因此得以恢复，但进展比较缓慢。1980 年 10 月，国家教委、国家劳动总局《关于中等教育结构改革的报告》中指出，改革中等教育结构，发展职业技术教育，适应四化建设需要，是当前亟待解决的问题，并且明确提出下一步改革中等教育结构的方针和要求："……要使高中阶段的教育适应社会主义现代化建设的需要，实行普通教育与职业、技术教育并举。县以下教育主要面向农村，为农村的各项建设服务。在城乡要提倡各行各业广泛举办职业（技术）学校。可将普通高中改办为职业（技术）学校、职业中学、农业中学。经过改革，要使各类职业（技术）学校的在校生数在整个高级中等教育中的比重大大增加。"1982 年 8 月，教育部又向省、市、自治区教育厅（局）转发了山东省《关于加速农村中等教育结构改革问题的报告》及"批语"。山东省的这一报告提出，"力争在近期内使农村技术教育在数量上有一个较大的发展，质量上有一个较大的提高，逐步建立起以县办农业技术中学为主要基地的农业技术教育网。"这一"批语"指出："改革农村中等教育结构，加速发展农业技术教育，大量培养农业技术人才和经营管理人才。普遍提高广大农民，首先是青年农民的文化科学技术水平，是实现农业现代化的重要条件。各级党委和政府一定要把这项工作当作一件大事来抓，决心要大，步子要快些，组织有关部门切实抓紧抓好。"③ "批语"同时还明确指出，发展农业职业教育对于我国农业现代化具有重大意义。同年 12 月，《关于第六个五年计划的报告》在五届人大五次会议上得到了批准，提出了教育事业的发展任务。计划指出，中等教育结构应该继续改革，使各门各类的中等职业学校得到发展，特别是要发展农林牧副渔、医护、财贸、政治、文教等方面的职业学校。适当增设职业技术教育课程在普通中学中的比例。要创造必要的条件，将原有的部分农村普通高中改为农业职业中学。由此，农村职业中学的规模进一步扩大了。

1983 年，中共中央、国务院颁布的《关于加强和改革农村学校教育若

① 中共中央文献编辑委员会.邓小平文选（1975—1982）[M].北京:人民出版社,1983:105.
② 《中国教育事典》编委会.中国教育事典[M].石家庄:河北教育出版社,1994:622.
③ 张健.中国教育年鉴 1982—1984[M].长沙:湖南教育出版社,1986:97.

干问题的通知》（以下简称《通知》）指出："……各地要根据本地区的实际需要与可能，统筹规划，有步骤地增加一批农业高中和其他职业学校。除在普通高中增设职业技术课，开办职业技术班，把一部分普通高中改办为农业中学或其他职业学校外，还要新办一些各类职业学校，力争 1990 年，农村各类职业技术学校在校生数达到或略超过普通高中。"① "要重视对没有升学的高中、初中和小学的毕业生的职业技术教育。通过举办农民技术学校、短期培训、专题讲座等，使他们获得一技之长。"② 《通知》还指出："农村的职业技术教育涉及的部门很多，省、地、县各级党委、政府都要把教育、农业、计划、财政、劳动人事、科技、工业等部门组织起来，明确分工，齐心协力地办好这项工作。"③ 《通知》进一步强调了发展农村职业教育在振兴农村经济、加速农业现代化建设中的巨大作用，指出这是一项具有重大意义的战略措施。随后，职业教育网络在全国部分省、市、地、县开始建立。

国家教委职业技术教育司于 1984 年召开了关于职业技术教育的小型座谈会。会议对职业技术教育师资队伍建设、职业技术教育领导管理体制改革、农村职业教育的现状和发展趋势、毕业生安置和职业教育经费等问题进行了讨论。同年 12 月，受国家教委职业技术教育司的委托，陕西省教育厅召开了关于农村职业中学教学计划研讨会，对农村职业中学的性质和任务、培养目标、课程设置和时间安排、制定教学计划的原则等问题进行了研讨并交流了有益的经验。这些会议，对于我国农村职业教育有较大的意义。

1985 年 5 月，《中共中央关于教育体制改革的决定》突出强调："中等职业技术教育要同经济和社会发展的需要密切结合起来。为城市和农村经济发展服务。要着重职业技能的训练，同时还要重视职业道德与职业纪律的教育。"④ 同年 10 月，在国家教委和农牧渔业部联合举办的全国农村职业技术教育研讨会上，代表们就如何建立我国职业技术教育体系，提出了如下总体思路：①我国职业技术教育的教育体系，应该是多形式的、多层次的、多规格的。省可以设职业技术师范大学，地区办职业技术专科学校，各县的职业教育统筹安排。②在教育部的统一领导下，成立全国职业技术教育机构，在教育事业规划、教育质量管理和评定学校专业设置、学

---

①　张健.中国教育年鉴 1985—1986[M].长沙:湖南教育出版社,1988:989—990.
②　张健.中国教育年鉴 1985—1986[M].长沙:湖南教育出版社,1988:990.
③　张健.中国教育年鉴 1985—1986[M].长沙:湖南教育出版社,1988:991.
④　张健.中国教育年鉴 1985—1986[M].长沙:湖南教育出版社,1988:994.

历、教育立法、教育质量管理和评定、监督等方面起主导作用。各级教育行政主管部门对同级人事、财政、劳动和各业务部门起协调作用。③要办层次分明、学历标准合理、为社会所公认的职教体系。由于受到传统教育观念等多重因素的影响，农村职业教育对学生往往缺乏吸引力，许多家长不愿意把子女送进职业学校，除非中等职业学校毕业后能继续升学。因此，只有完善农村职业教育体系，稳定生源，才能有力推动农村职业教育的发展。1986 年 1 月，在南京农业大学由农牧渔业部教育司召开的农科职业技术教育师资函授工作会议，决定当年首先从华中农大、南京农大、沈阳农大经全国成人高等教育统一招生考试招收 2100 名农村职业技术教育在职教师，并对其进行为期三年的函授教育。学完规定课程并且考试合格者，发给国家承认其学历的大专文凭。这三所大学开设了农学、果林、应用真菌、农经、畜牧和畜牧兽医六个专业。这一措施，有利于提高农村职业教育在职教师的教学水平，进一步促进农村职教的发展。同年 5 月，国家教委下达了《关于普通高等学校试招少数职（农）业中学应届毕业生的意见》，同意并批准辽宁、广西、山东、湖南和武汉市试招少数职（农）业中学毕业生，对口升入高等院校的报告。这一报告解决了许多农村家长担心子女进入职业中学后就不能再升学的问题。同年 6 月，国家教委、劳动人事部联合发出《关于职业高中毕业生作用的有关问题的通知》："各地区各部门在招干招工工作中，根据工作需要和专业对口的原则，可从职业高中毕业生中择优录用或聘用。对农林职业中学毕业生，可在乡镇企业事业单位聘用干部时，择优聘用。"这就给农村职业中学的毕业生指出了一条就业之路。同年 7 月，在北京举行的由原国家教委、国家经委、劳动人事部、国家计委联合召开的全国职业技术教育工作会上，讨论了《关于加速发展农村职业技术教育的意见》、《关于进一步贯彻"先培训、后就业"原则的几点意见》、《职业技术教育管理职责暂行规定》、《关于各类职业技术学校学制的暂行规定》。同年 12 月，在烟台市，国家教委召开了新疆、甘肃、西藏、青海、贵州、宁夏、内蒙古、云南、广西 9 省区关于贯彻《中共中央关于教育体制改革的决定》情况的汇报会。会议认为，改变边远地区落后面貌、脱贫致富的最直接有效的手段之一，就是发展职业技术教育。因此，在边远山区大力发展职业技术教育，要打破传统的学校办学模式，要以短期职业技术培训为主，不要片面追求正规化。办学形式可以灵活多样，因地制宜。职业技术教育不能与基础教育相脱离，有的农村可在初中后或小学后就进行一定的职业技术培训，进而推动基础教育，使教育真正对本地区的精神文明与物质文明建设起促进作用。

1987 年，国务院办公厅转发了国家教委、国家经委、国家计委、劳动人事部《关于全国职业技术工作会议情况的报告》（以下简称《报告》），指出目前职业技术教育需要解决的问题是：第一，职业技术教育的规模、层次和结构不能适应城市经济和社会发展的需要，还没有形成所有经济部门尤其是工业企业都能依靠职业技术教育来提高从业人员素质的格局；第二，农村的职业技术教育还很薄弱，发展很不平衡，许多地方的农村基本上还是单一的普通教育；第三，中等专业学校和技工学校发展缓慢，潜力未充分发挥出来，招生规模同"七五"期间的需求差距很大；第四，教育质量和办学效益不高，相当多的学校师资力量薄弱，经费严重不足，缺少基本的教学设施和实习条件，社会迫切需要的某些专业仍然短缺或十分薄弱。《报告》还指出，办学思想的转变在发展农村职业技术教育中的重大作用。农村教育不应该单纯为了升学，还应该为本地区培养具有实际生产技能和中等专业技术知识的人才而努力，并适当兼顾向高一级学校输送新生的发展目标。农村职业技术教育仍应该以振兴农村经济、发展农业生产和为农民劳动致富服务作为其办学指导思想，并逐步形成培养初级和中级技术、管理人才的能力。城市各类专业学校毕业生，也应有一部分以农村为就业方向。在农村，必须把就业前的职业技术教育和农民成人教育结合起来，统一规划和安排，必须把职业技术教育和生产劳动、技术推广结合起来。《报告》同时还强调了农村职业教育具有的特殊性："发展农村职业教育，不能照搬城市的做法，要根据各地的经济发展水平和文化教育基础，采取更加灵活多样的形式，以发展初、中级职业技术教育为主，长期与短期结合，大力开展周期短、见效快的培训；有条件的县应当集中力量办好一所示范性职业技术学校，作为骨干和基地；普通中学也应根据需要开办职业培训班或开设职业技术课。农村发展职业技术教育应当与普及义务教育结合起来，初级职业技术教育应当看作九年制义务教育的一部分。"[①] 因为我国农村各地区经济发展水平和文化教育基础差异很大，所以我们不能要求所有地区整齐划一地按照某种方式发展，必须根据实际情况，因地制宜地采取不同的发展措施。

经过多年的发展，截至 1985 年末，全国共建立了 8 070 所农业职业中学，1986 年进一步发展到 8 178 所。1986 年，农业职业高中的招生人数为 97.38 万，农业职业初中的招生人数为 1.45 万；农业职业高中的在校生人数为 214.27 万，农业职业初中有 41.73 万人；农业职业中学的毕业生人数

---

① 《中国教育年鉴》编辑部.中国教育年鉴 1988[M].北京：人民教育出版社,1989：487.

达到 57.92 万人，其中，农业职业高中毕业生的人数达到 48.18 万，农业职业初中毕业生人数为 9.74 万。农业职业中学教职工由 1985 年的 21.59 万人增至 1986 年的 25.16 万人，其中专任教师达到 16.36 万人。同 1985 年比较，1986 年的教职工人数增加了 3.57 万人，其中专任教师增加 2.29 万人。[1] 到 1987 年末，我国农村职业中学数量达到 8381 所，与 1986 年相比，增加了 194 所；招生数亦达到 113.17 万人，与 1986 年基本持平；在校学生比 1986 年增加 4.5%，达 267.61 万人；教职工比 1986 年增加 11.8%，达到 28.13 万人。由此可见，我国农村职业中学的规模已在不断扩大。[2] 自改革开放提出改革中等教育结构、恢复发展农村职业教育以来，截至 1987 年全国已取得可喜的成绩。从 1988 年全国推行"燎原计划"以来，我国农村职业教育得到更大发展，农村职业教育犹如星星之火，在全国以"燎原"之势迅速蔓延开来，农村职业教育进入了迅速发展的好时期。这一时期，基层农技推广机构和队伍也得到了迅速发展，到 1989 年末全国县级农业技术推广中心共成立 1 003 个，畜牧技术服务中心 198 个，水产技术推广服务中心 198 个。[3]

二、迅速发展阶段 (1988—1993)

为了探索农村教育的办学路子，贯彻落实"教育必须为社会主义建设服务，社会主义建设必须依靠教育"的方针，1988 年国家教委决定在实施"燎原计划"的县市中，确定 116 个县为全国农村教育综合改革实验县，以便向各地推广经验和起示范作用。到 1988 年底，各省、自治区、直辖市共有 783 个县，2 458 个示范乡实施"燎原计划"。实验区的经验证明，发展职业技术教育和培训，加强智力投入，是帮助农村发展经济、农民脱贫致富的有效途径。

这些农村教改实验区的教育改革，主要从以下几个方面着手进行：

（1）调整教育结构。发展中、初级职业技术教育和成人教育，使之与九年制义务教育同步发展。每县首先办好一两所示范性职业高中，把人才培养和生产经营密切结合起来，将技术推广、信息服务和长短班结合起来，使学校成为多功能基地。

（2）调整专业和课程设置。实验区各县职业学校根据当地资源优势和

---

① 张健.中国教育年鉴 1985—1986[M].长沙:湖南教育出版社,1988:1.

② 《中国教育年鉴》编辑部.中国教育年鉴 1988[M].北京:人民教育出版社,1989:245.

③ 黄季焜,胡瑞法,智华勇.基层农业技术推广体系 30 年发展与改革:政策评估和建议[J].农业技术经济,2009(1).

经济发展的需要，除了开设农学、林果、畜牧等常规专业外，增设了新专业，使学生一专多能，以适应农村商品经济发展的需要。

（3）创新招生方法，加大招生力度。实验区采取尊重学生志愿、推荐和考试相结合的招生办法，扩大招生名额，对贫困乡、村适当照顾。如河北阳原县职业学校为提高学生的巩固率。在招生时提出"四个面向"，即面向贫困户、面向校外基地、面向专业户、面向乡办职业初中。

（4）改革教学方法。职业学校普遍加强了基地建设，建起了校办工厂、畜牧场或农场，以培养学生的动手能力和操作技能。同时，为加强实践教学环节，建立起若干校外基地点，实行校内、校外实习基地相结合。

通过这些改革措施的实行，我国农村教育综合改革实验区的教育及经济发展都初见成效。实践证明，作为农村教育综合改革的一个"突破口"——大力发展农村职业教育，大大地促进了我国农村职业教育的发展。二者联系紧密，相得益彰。1988年5月，中华职教社在北京举行了第四次职业教育理论研究会，会议围绕"社会主义初级阶段职业教育的性质与特点"、"如何发展农村职业教育"、"职业教育改革如何适应经济体制改革"等问题展开了讨论。国家教委副主任王明达在讲话中指出，当农民也要像当工人一样，要经过培训，要树立新的"农民教育"观念。讲民族素质，不仅要讲文化素质，还要包括职业技能。会议强调了职业培训在农民教育中的重要作用。同年9月，国家教委和中央教育行政学院在北京共同举办了农村职业技术教育研讨班。51位来自全国23个省、市、区办学有显著成效的农村职业技术学校校长、省职教处处长等参加了学习。研讨班的任务，一是在学习研讨的基础上，编写一本关于如何办好农村职业技术教育的教材，供各地开展农村职业技术教育工作和干部培训时参考、使用；二是研究如何进一步办好农村职业技术教育；三是总结交流农村职业学校办学的经验。研讨班邀请了全国农村职业技术教育先进县、先进学校介绍经验，研讨班学员在总结经验、学习研讨的基础上，撰写出近30万字的《农村中等职业技术学校教育概论》一书，[1] 让实践与理论得到了充分的结合。

1988年，通过推广实验区的经验以及一些理论研究会议的召开，我国农村的职业技术教育有了新的发展。1988年，全国县镇和农村职业技术学校发展到6 642所，在校生发展到187.8万人。[2] 大多数省都在某些县级地

---

① 《中国教育事典》编委会.中国教育事典[M].石家庄:河北教育出版社,1994:633.
② 《中国教育事典》编委会.中国教育事典[M].石家庄:河北教育出版社,1994:231.

区从促进经济开发、帮助脱贫入手，开辟了教育综合改革实验区，因地制宜地发展各类中、初级职业技术教育和短期实用技术培训，取得了适应不同类型地区的经验。

1989 年，我国农村职业教育坚持"教育必须为社会主义建设服务，社会主义建设必须依靠教育"的方针，深化改革，取得了一些新的进展，主要表现在以下两个方面：①实施农科教统筹，深化改革农村职业技术教育的管理体制，促进了农村经济和社会发展。为了使"燎原计划"、"星火计划"、"丰收计划"密切结合，同步进行，共同促进农村和林区的经济开发和社会发展，大面积提高广大农村劳动者的科技文化素质，发挥农业、科技和教育部门相互结合的整体效益，农业部、国家科委、国家教委、林业部和中国银行于 1989 年 8 月联合成立了农科教统筹与协调指导小组，下发了《关于农科教结合，共同促进农村、林区人才一开发与技术进步的意见（试行）》，提出了当时农科教统筹的任务和措施。其中第五点指出，对职业技术学校的毕业生和经过培训合格的人员，由有关部门发给技术合格或等级证书，技术岗位要优先录用上述人员。对其回乡从事农业生产的要从各方面给予优惠，并制订相应的对策。②根据分类指导的原则，加强了对边远地区、少数民族地区农村职业教育的指导。1989 年 5 月在甘肃省庆阳地区，国家教委职业技术教育司召开了西北、西南地区和山西、内蒙、广西等 11 个省（自治区）农村职业技术教育工作座谈会以推动边远地区和少数民族地区农村职业教育的发展。会议认真研讨了农村职业技术教育的骨干职业学校建设、办学方向和路子以及经费的筹措等问题。会上，甘肃省政府和庆阳地区行署重点介绍了贫困地区如何办好农村职业教育的经验。作为一个经济文化比较落后的地区，甘肃省采取有效措施，大力发展农村职业技术教育，其主要经验有以下两点。

第一，加强地方政府统筹，提高办学总体效益。甘肃省从强化各级政府职能入手，加强政府统筹。提出了 8 个统筹（即培训机构统筹管理，人才需求统筹预测，教育经费统筹安排，发展规划统筹制定，教育设施统筹利用，培训任务统筹布置，各科教师统筹作用，培训质量统筹评估），统筹的重点在县一级政府。具体措施有：①建立统筹管理机构。为解决办学条件，发挥整体效益，甘肃省发挥地方政府的统筹作用，把分散在农村、科技和教育各个部门的办学力量适当集中。②充分发挥各级政府的宏观调控和决策作用。③为保证农村职业教育顺利发展，制定相应法规。如庆阳地区，对职业技术学校的办学经费作了规定，将职业中学事业费提高到普通中学的 3 倍，由县财政单列直拨。从 1988 年开始，连续三年每年给职教

120万元，并从老区扶贫费中划出一定比例用于购置教学设备。地区行署还决定从1989年起，连续两年筹集2 000万元经费用于职业教育，其中财政拨款400万元，群众集资1 600万元。规定地区级干部每年拿出一个月收入的60%，县级干部拿出50%，科级干部拿出40%，一般干部拿出20%，为农村职业教育捐资。

第二，建立适应经济需要的服务体系。甘肃省从建立适应经济需要的服务体系入手，充分发挥职业学校和毕业生的酵母作用，通过学生向千家万户提供良种，推广技术，传播信息，以把职业技术教育提高到新水平，帮助农民致富。目前，一个以在乡初、高中毕业生为骨干，以县、乡科技推广机构为支撑点，以职业中学为中心，以专业户、重点户为纽带的农村职业教育服务体系正在逐步形成，并显示了极强的生命力。对经济不太发达地区的职业技术教育发展来说，甘肃省的经验具有很好的示范作用。

与1988年相比，1989年我国农村职业教育有了进一步发展，农村职业中学已有9 173所，增加219所，在校生282.3万人，增长1.0%。在农村，基础教育、职业技术教育和成人教育"三教统筹"，教、科、农结合的试点取得明显的效果。在786个县、2 870个乡实施了"燎原计划"。过去单纯面向升学的农村教育已开始逐步向为当地经济建设服务的方向转变。农村普通高中在校学生176.4万人，农、职高中在校学生75.1万人，农村中农职高中在校学生占全部高中在校学生的比例由1988年的29.3%上升到29.9%。[①] 我国农村职业教育得到稳定持续的发展。

自1989年以来，我国非常重视对农村职业中学校长的培训工作。1990年3月，国家教委在湖南农学院举办了第一期南方农村职业高中校长培训班。80名来自湖南、湖北、四川、江西和贵州等省的校长，接受了为期一个月的培训。培训内容主要有两方面：一是农村职业教育理论的学习研讨，包括教育科技与农村社会发展、农村职业教育发展的方向道路和"燎原计划"、农村职业教育结构和职高专业设置、职中的教学与管理、职业教育与农村职业教育、职中管理体制与校长素质、教师队伍的建设与管理以及教学生产示范基地的建设和管理。二是联系实际，通过参观、考察与剖析示范学校和交流各地的办学经验，拟定出各校发展和改革的规划，相互交流讨论，修订补充，增强办学的科学性，以促进农村职业教育的全面健康发展。

此外，1990年3月25日至4月3日，中华职教社在北京举办了农村

---

① 李健.中国教育年鉴1990[M].北京:人民教育出版社,1991:15.

职业教育管理干部讲习班，近 300 名来自全国各地的农村职业学校的校长及有关管理干部参加了学习。讲习班上，有关专家、教授围绕农村职业教育阐述了各自的观点，并开展了咨询、答疑活动。讲习班还集中介绍了一些农村职业技术中学的办学经验，并组织实施考察。同年 5 月，60 多名来自全国 22 个省、市职业技术学校的校长、各级教育部门和科研人员等参加了在上海召开的"农村职业教育研究会"。会议期间，代表们交流了各地办学经验，对农村职业教育的办学方向、教学体制改革、思想教育、职业道德教育、内部管理体制改革等问题进行了比较充分的研讨，并参观了上海部分职业学校。

为了进一步指导和推进农村教育改革、实施"燎原计划"，国家教委于 1990 年 7 月印发了《1990—2000 年全国农村教育综合改革实验区工作指导纲要（试行）》（以下简称《纲要》），对农村教育综合改革的方针和任务作了明确的阐述。《纲要》在论述农村职业教育时指出，积极发展职业技术教育，要根据当地经济和社会发展的需要。

每个实验县首先要办好一所起骨干和示范作用的中等职业技术学校，坚持科技试验、技术推广、人才培养、生态示范和经营服务密切结合，农村职业教育发展要重视办好直接为农、林、牧业服务的专业，特别是与发展粮、棉、油生产有关的专业。同时，也要办好为发展乡镇、县办企业以及第三产业服务的各类专业。要增强农村职业教育的灵活性、适应性和实用性，办学形式和层次也要多样。长短结合，产学结合，校内外结合，发展联合办学。要采取多种形式大力发展"三后"（小学后、初中后、高中后）职业教育和培训。此外，还要加快师资队伍建设，职业高中文化课教师的本科学历人数到 1995 年应达到的人应达到 50％以上，要认真做好职业教育专业课师资的培养和选聘工作，要特别重视技能教师的培养，要选聘能工巧匠，担任技艺指导。强调普通教育中要引进职业技术教育因素，实验县在"五四"制后，要因地制宜地在初中 4 年总学时内安排 20％—25％的技术教育内容。1990 年 7 月，由中央教科所《我国农村职业高中目前存在的主要问题、发展趋势与对策》课题组与河北农业技术师范学院培训中心联合举办的农村职业技术教育研讨班在河北昌黎县举行，有 314 名来自全国 25 个省、市、自治区教育部门的领导和县级职教中心的主要干部及农村职业中学校长参加。会议着重讨论了以下三个问题：一是农村职业高中教育的发展趋势与对策；二是当时农村职业高中的主要问题；三是如何评价当时农村职业技术教育的发展形势。对于当时农村职业教育是继续发展还是巩固提高的问题，与会代表有两种意见：一种认为，当时必须继续提倡农村职业技术教育，因为我国十一亿人中有九亿在农村，应该向1∶1的目标奋进，全面提高农村劳动者的素质；另一种认为，当前的农村职业教育，必须调整、巩固和提高，这是因为前几年农村职业教育发展过快，致使一些学校基础设施跟不上，专业师资缺乏，质量得不到保证。调整学校布局、专业设置，集中人力、财力和物力，办好已建的农村职业中学，不断提高教育教学质量，在调整巩固中稳步发展。

1990 年，我国农村职业教育有重大进展。全国几乎县县都办起了职业中学，农村职业学校（含县镇）已达 661 所，在校生 195.5 万人。农业中专和林业中专也发展到 427 所，在校生 21.56 万人。此外，还对不能升学的小学、初中和高中毕业生广泛开展了实用技术培训。① 国家统计局对67 000农户的调查表明，受到职业技术教育培训的农民收入明显高于其他农户，可见农村职业教育的重要性。

为了推动我国职业技术教育事业的进一步发展，国务院于 1991 年 10 月发布了《关于大力发展职业技术教育的决定》（以下简称《决定》），进一步明确了今后我国职教发展的方针、政策、目标和措施，体现了党和国家对职业教育事业的高度重视。全国职教事业在国务院《决定》和全国职教会议精神的推动下，得到了进一步的巩固和发展。《决定》在积极贯彻大力发展职业技术教育的方针中第四点强调"在广大农村地区，要积极推进农村教育综合改革，实施'燎原'计划，实行农科教结合，统筹规划基础教育、职业技术教育和成人教育，采取灵活的方式大力发展职业技术教育。"② 这一方针指明了我国农村职业教育发展的方向。《决定》还指出："在农村，要重视办好直接为农林牧业服务，特别是与发展粮棉油生产有关的专业，同时也要注意培养其他各种专业技术人才。专业设置要适应农村经济需要和农民生产经营体制。"③《决定》强调了农村职业教育一定要适应农村经济的发展。1991 年，农村职业学校（含县镇）已达 6 847 所，在校生达 210.6 万人，全国绝大多数县办了职业中学。农业中专和林业中专已发展到 428 所，在校生 21.6 万人，比 1988 年增加 3.9 万人。1991年，农业和林业中专共为国家培养了 62 104 名合格人才。④ 在提高我国农村劳动力素质和发展农村经济方面，农村职业学校的意义愈益明显。

为了加强农村职业技术教育，尤其是加强老、少、边、山、穷地区的

---

① 《中国教育年鉴》编辑部.中国教育年鉴 1991[M].北京：人民教育出版社,1992:247.
② 《中国教育年鉴》编辑部.中国教育年鉴 1992[M].北京：人民教育出版社,1993:776.
③ 《中国教育年鉴》编辑部.中国教育年鉴 1992[M].北京：人民教育出版社,1993:777.
④ 《中国教育年鉴》编辑部.中国教育年鉴 1992[M].北京：人民教育出版社,1993:159.

职业技术教育。1991 年 11 月，国家教委职教司根据《国务院关于大力发展职业技术教育的决定》中提出的"我国职业技术教育要走符合国情的发展路子，要坚持分区规划、分类指导，因地制宜地确定具体发展目标。要重视并积极帮助老、少、边、山、穷地区发展职业技术教育"的精神，在云南省沪西县召开了少数民族与边远地区职教座谈会。会上交流了少数民族和边远地区职教改革与发展的经验和做法。1992 年，国务院颁发了《关于积极实行农科教结合推动农村经济发展的通知》，强调"农村职业教育要始终坚持为农业和农村经济建设服务的方针，贯彻因地制宜、按需施教、灵活多样、注重实效的原则。特别是适用技术培训更要有很强的针对性，把培训农民与技术推广紧密联系起来。发展农村职业技术教育和进行适用技术培训，必须要有农业、科技、教育等各部门的积极参与和密切配合。"①

1992 年，农村职业学校已发展到 6 973 所，在校生达到 226.4 万人，比 1984 年的 129.7 万人增加 74.6%。1984 年以来，共为社会输送 428.4 万名毕业生，这些毕业生多数已成为科技致富的带头人和农村各行各业的技术骨干，对农村经济发展起到了很好的推动作用。② 我国农村职业教育自 1988 年全国实施"燎原计划"以来，得到了迅猛发展，极大地推动了我国农村经济的发展。这一时期是我国农村职业教育得到空前发展的时期，这与改革开放以来我国经济的飞速发展以及社会的稳定团结有着密不可分的关系。

1993 年，国家级实验县已达 116 个，还有 540 个省级实验县；示范乡已扩展到 7 056 个，分布在 1 553 个县中。116 个全国实验县全部成立了农科教结合领导小组，全国已有 24 个省、自治区、直辖市和 7 个单列市成立了农科教结合领导小组。③ 农村教育综合改革和实施"燎原计划"取得显著成效。首先，农村教育结构改革取得了重大进展，普及了初等教育的地区，职业教育招生数占整个高中阶段招生数的比例已超过 50%；其次，教育的战略地位得以进一步加强。

三、萎缩阶段 (1993—1999)

从 1993 年起，由于受农村产业结构的调整、农村劳动力的大量转移等

---

① 《中国教育年鉴》编辑部. 中国教育年鉴 1992[M]. 北京：人民教育出版社,1993:769.
② 《中国教育年鉴》编辑部. 中国教育年鉴 1992[M]. 北京：人民教育出版社,1993:143.
③ 《中国教育年鉴》编辑部. 中国教育年鉴 1994[M]. 北京：人民教育出版社,1995:91.

因素的影响，我国农村职业教育出现了农业类专业招生滑坡的现象，即农业类专业招生数与在校生数大幅度减少。教育行政部门和专家学者密切关注这一社会现象。1993 年 10 月，国家教委副主任王明达在昆山市主持召开了农村教育综合改革研讨会，并作了题为《坚持不懈地积极推进农村教育综合改革和实施"燎原计划"，为农村社会全面进步服务》的讲话，提出了今后深化农村教育综合改革的几点意见：①要继续抓好农村教育综合改革的理论研究；②要认真研究农村经济、社会发展和建设社会主义市场经济体制对农村教育提出的新要求；③要坚持从实际出发的原则，进一步探索适合不同经济地区农村教育综合改革的路子；④农村学校在改革中要特别重视德育工作；⑤要进一步加强对农村教育综合改革的领导，要加强干部培训工作；⑥要积极组织实施"燎原计划"，加快农村教育改革先进典型的推广。

1994 年 9 月，国家教委在河北省唐山市召开了全国农村教育综合改革工作会议，讨论国家教委《关于深化农村教育综合改革的意见》，进一步动员和部署了新形势下深化农村教育综合改革的工作。国家教委副主任王明达作了《认真贯彻全教会精神，积极推进农村教育综合改革》的报告，报告归纳了 7 条农村教育综合改革的经验，其中有两条是：实行三教统筹，是调整农村教育结构的基本内容；积极推进农科教结合，是促进教育为农村建设服务的基本途径。认真实施"燎原计划"，进一步扩大范围，提高水平；要求各地要按照地区特点，进一步完善三教统筹，积极推动农科教结合；要更广泛地动员高等院校、中专和教育科研部门参与农村教育综合改革。

随着农村产业结构的调整，农村职业学校面向第二、三产业的专业不断发展，这在一定程度上适应了农村经济发展的需要。但是，从 1993 年以来，农村职业学校为第一产业服务的专业在发展中遇到了一些困难，出现了严重滑坡现象，农业类专业招生数由 1992 年的 25 万人下降到 1995 年的 16 万人，下降了 36%。① 这与农村产业结构调整幅度和农民致富对农业技术的需求情况是不相适应的。

以贵州为例，近 10 年来，全省涉及农业教育的职校从 13 所减少到 4 所，涉农专业严重萎缩，种植业专业几乎停办，涉农专业招生人数仅占全省招生总数的 3% 左右，涉农专业毕业生每年不足 3 000 人。涉农专业在农村职业学校渐渐萎缩的背后，是农村职业学校办学基础薄弱。以贵州省畜

---

① 张保庆.中国教育年鉴 1996[M].北京：人民教育出版社，1997：161.

牧兽医学校为例，这是一所国家级重点中专、贵州省唯——所农业部确立的农业教育示范基地，校园里的大多数房子都十分老旧。调研过程中笔者了解到，该校现在的主体建筑都是"七五"时期建设的，"九五"时期建设一栋学生楼，"十一五"期间使足了劲儿建了一栋大教学楼，前前后后花了1 000万。和硬件条件差相比，更严重的是师资的缺乏。从2000年到现在，贵州省畜牧兽医学校只招进了11名老师，现有的110名专兼职教师队伍中，平均年龄为45岁，其中30岁以下的老师大约10人，30—40岁的老师不到30人，年龄结构出现断层。而按照3 000人在校生的规模来计算，师生比大约为1：29，远远高出1：18—1：23的标准上限。由于师资力量不足，学校的老师都承担着繁重的教学任务，原本用于生产实践的时间也被课堂教学占用，"双师型"教师严重匮乏。

总之，1993年以来我国农村职业教育中农业类专业招生滑坡的现象一直存在，为解决农业类专业招生数与在校生数减少的问题，国家教委与农业部等有关部门提出一系列发展职业教育的政策措施，但是1999年高校的扩招对农村职业教育又带来许多不利影响。

这一时期，基层农技推广体系则经历了第一次"三权"下放和队伍精简等重大改革。由于庞大队伍带来的财政压力和各行业尝试市场化改革的影响，这时期开始推广山东"莱芜经验"，将乡镇农技站的人、财、物管理权（"三权"）由县下放到乡。同时，国务院发布的《关于依靠科技进步振兴农业加强农业科技成果推广工作的决定》，允许农技推广单位从事技物结合的系列化服务。其后，各农技单位均成立了自己的农业生产资料销售部门，从事农业生产资料的经营工作。虽然这一做法可以部分解决农技部门当时业已出现的经费紧张状况，但其负作用也极其明显。一些地方政府认为农技部门可以通过经营自己养活自己，从而给农技部门"断奶"，导致农技部门受到了较大的冲击。据统计，1992年有44％的县和41％的乡农技站被减拨或停拨事业费，约1/3的农技员离开了推广岗位，[①] "网破、线断、人散"的现象成为这一时期基层农技推广体系的典型特征。

为了解决20世纪90年代初的粮食生产停滞不前等所带来的问题以及一些地方政府对农技部门"断奶"、"断粮"对农技推广工作的影响，1991年11月国务院发布了《关于加强农业社会化服务体系建设的通知》，以巩固和加强农业社会化服务体系，稳定农技推广队伍。农业部、人事部也于1992年1月联合下发了《乡镇农技推广机构人员编制标准（试行）》，试图

---

① 宋洪远.中国农村改革30年[M].北京：中国农业出版社，2008：56.

稳定乡镇农技人员队伍。此后，国务院及农业部等为加强农技部门的服务工作出台了一系列文件，在基层农技推广部门，特别是乡镇农技推广部门开展"定性、定编、定岗"的"三定"工作，同时将下放的"三权"又收回县农业局管理。"三定"政策使全国基层农技推广人员迅速增加，1998年县乡两级达到99.8万人。然而，由于上述政策的颁布并未得到财政部门的配合，从而导致政府的财政投入跟不上人员膨胀和工资增长的需求，不仅让农技部门不得不通过更多的开发创收来弥补投资的不足，而且使农技部门日常活动的开展更为困难。

四、非均衡程度日益加剧阶段（1999至今）

1999年，为了刺激消费，推动我国经济的增长，同时加快我国人力资源开发的步伐，国家出台了让高校"扩招"的政策。由于从事农业的利益比较低下，农业类专业得不到应有的发展。要在未来竞争中获得比较理想的职业岗位，就要接受高层次、高质量的普通教育，而层次较低和办学条件相对较差的职业教育势必受到社会冷落。高校"扩招"使普高获得了一个极好的发展机会，而职业教育则遇到了极大的挑战，尤其是农村职业教育的发展受到了很大的冲击。农村职业学校出现了明显的两极分化。有一部分专业设置单一、办学声誉差的学校，办学条件不好，招生数量急剧减少，有些甚至遭到市场淘汰，无法开办下去。例如：长沙市1998年招不到学生的学校有8所，1999年增加到28所；益阳市财贸职业中专办学规模曾达到800多人，1999年却因只招到几名新生而不得不停办。再以我国中部地区为例，1999年农村职业高中招生数为19.3万人，比1998年的28.1万人减少了31.3％，出现了较大幅度的滑坡。特别是农林类专业，90年代一直呈下滑态势。以湖南省为例，1990年农林类专业招生1.11万人，到1999年招生只有0.37万人，年递增率为－11.5％；2000年，包括农业中专在内，招生数只有0.23万人，至少有40％的中等职业学校在这一年没有招到农林专业的学生。[①]1999年高校扩招以来，全国各地区都出现了这种农林专业招生滑坡、职校停办的现象。

有些学校在市场竞争中迅速发展壮大，因为他们一直办得比较好，教育主管部门工作指导得力。即使在1999年高校扩招带动普高进一步"升温"后，这部分学校仍然比1998年的招生数有较大增长。这种农村职业学校在全国东、中、西部地区都有，尤以东部地区较多。如江苏省重点职业

---

① 蒋作斌等.农村职业教育发展理论与模式[M].长沙:湖南人民出版社,2001:34.

高级中学开办了纺织、服装、机械和计算机等专业，适应当地经济发展的需要，毕业生就业率都在 99％左右；中部地区湖北省薪春理工中专学校的毕业生，分别在上海新大洲摩托车公司、深圳创维集团、温州人丰集团、广州白云山鞋业公司以及日资的华宇电脑有限公司等二十多家公司就业，公司相当满意，学生供不应求；西部地区如四川省乐山卫校，与国际接轨，为世界各地培养了许多专业精湛的医护人员，新加坡、美国等不断与学校签下合同，希望学校为他们培养一流的医护人员。这些学校生源越来越多，规模越办越大，尽管它们分别处于我国经济发展水平不同的地区，但它们招生持续增长的原因大体是一致的。根据调查结果我们可以看出，这部分职高、中专成功的因素主要有 6 个：招生工作受到重视；专业设置适应社会需求；毕业生推荐就业工作抓得好；学校教育质量高，社会声誉好；当地政府和主管部门支持有力；毕业生对口升学率高。这些因素使这部分职业学校在普高扩招的冲击下仍然得到迅速发展。目前，在市场经济调节下，我国农村职业学校两极分化的现象明显，这是农村职业教育发展的必经阶段，关键是政府部门要给予正确的引导，将一些质量差、不合格的农村职业学校淘汰，而大力支持质量高、社会声誉好，为国家输送合格人才的职业学校。

在这一时期，农技推广部门则经历了"三权"收、放和队伍迅速消减的过程。2000 年底，中共中央办公厅和国务院办公厅联合下发《共中央办公厅、国务院办公厅关于市县乡人员编制精简的意见》（中办发〔2000〕30 号）文件，该文件要求乡镇事业单位在人员精简的基础上进行合并，并将乡镇事业单位的人事权、财务权和管理权（简称"三权"）下放到乡政府管理。这一文件下达后，大部分县将乡镇农技推广单位的"三权"（人事权、财务权、管理权）下放到乡镇政府管理。虽然这一措施减轻了县农业行政单位经费的压力，乡镇农技人员工资的发放在一定程度上得到了保障，但却造成了县乡两级农技推广部门的脱节。乡镇农技人员的工作，由以推广工作为主变为以乡镇"中心工作"为主。同时，乡镇农技人员进一步减少，到 2003 年县乡两级农技推广人员减少到 81.2 万人（其中县级33.0 万人，乡级 48.2 万人）。

2004—2008 年，农技服务部门经历了分离商业活动、第二次"三权"上收、继续精减队伍和多种改革试点时期。2004 年以来，各地开始了各种改革试点的尝试。2006 年，国务院下发了《关于深化改革加强基层农业技术推广体系建设的意见》（国发〔2006〕30 号），要求各地全面开展推进改革。2007 年，在编的农技人员已减少到 74 万人。这一时期，主要有以下一些值得借鉴的改革模式。

（1）"三权"上收，优化布局。2003 年农业部、中编办等五部委组织在全国 12 个省份的 12 个县开展农技推广体系改革试点，以解决乡镇农技部门"三权"下放所带来的一系列问题。该项试点改革要求根据当地农业主导产业和特色产业的要求，结合当地实际情况，选择适宜形式，设置乡镇一级国家农技推广机构。建议将相近行业的农技推广机构适当合并成农技推广综合站（即区域站）。通过分离非公益型职能、明确公益型职能和岗位竞争，优化农技人员队伍。通过创新推广机制、增加财政投入，提高农技推广的效率。

不同的试点县采纳了不同的改革方案，并产生了不同的效果。4 个试点县按照当地的产业特点，建立了跨乡镇的农技推广区域站；在全部 12 个试点县中，有 6 个县将"三权"上收至县农业局管理；另外 6 个试点县将各专业站合并建立了乡综合站。据 2006 年中国科学院农业政策研究中心的调查，建区域站的农技员平均每年下乡的工作时间达到 109 天。当然，改革存在许多问题，面临的形势也很严峻，如笔者对多个改革试点县的调查表明，现行推广体制所存在的自上而下的决策问题、无法满足农户多样化技术需求问题等等，在所有试点县均没有得到根本解决。同时，在笔者近几年的大量调查中也发现，以"区域站"为主要措施的改革，因为增加了农技员的服务半径和成本，所以仅适宜于具备明显生产与生态区域特征的地区。

（2）湖北"以钱养事"的改革模式。2003 年，湖北省开始在农业技术推广系统尝试"以钱养事"改革，即以"花钱买服务、养事不养人"，撤销乡镇的农技、农机、畜牧和水产等专业农技推广单位，将所有乡镇农技人员买断工龄，为所有人员缴纳保险直到改革前，农技站所转变为企业，人员也随之退出事业单位编制，使其转变身份。每年的公益性推广项目，则根据当地政府与农民的需求来确定。推广项目合同的签订对象，通过竞争与招标的方式，从已经买断身份的农技员中选聘约 1/3 的人员，对签订了服务合同的农技员制定出相应的考核办法对其加以考核。

客观上来讲，"以钱养事"改革在某种程度上取得了一定的成效。据笔者对湖北省率先实行这一改革的咸安区等区县的随机抽样调查（主要访谈对象为农业局的相关领导、农技员和农民共计 200 人）表明，该项改革对所招聘的农技员的职责做了进一步明确，农技员的收入有了一定提高；在某些领域减少了农技服务的开支，使乡镇技术推广系统精简了人员，同时强化了政府的公益职能，在一定程度上做到了"养事不养人"。然而，调查也发现，该项改革也存在若干突出的问题。首先，难以解决建立在长期积累、系统观测基础上的基础性农技服务和农民对不同技术的需求，对队伍稳定和后继人才培养还可能会有负而影响；其次，难以解决公益性服务和商业性业务之间的矛盾，在所调查的 40 位农技人员中，包括 25 位通过应聘被招为"花钱买服务"的农技员，其中有 20 位同时也在从事农业生产资料的经营活动；最后，通过"政府采购"所确定的推广项目，其推广的技术比较单一化，满足不了农民对多样化技术需求的服务。

（3）参与式农技服务体系改革。全国农业技术推广服务中心和中国科学院农业政策研究中心合作，开展了"农户需求导向型"的参与式农技服务体系政策改革试验。该试验的核心内容是，以满足农户的多样化需求为目标，构建以"承诺制服务"为主体的技术推广"责任人"制度。其基本思路为：转变职能，农民参与，自下而上，责任制、承诺制服务，有效激励。以"承诺制服务"为主体的技术推广"责任人"制度实施两年来，农技人员的推广服务工作得到了农民的认可，实验村农民对技术人员的欢迎程度超过了以往任何时候。据相关调查发现，这一模式能够较好满足农户对各种技术的需求，提高技术推广效益，农技员对农户的服务频率和服务效果均远远好于对照村。但是需要指出的是，参与式农技服务体系政策改革对农技员的能力和经费投入等有很高的要求，因此短期内难以在全国进行推广应用。

当然，总体上看，在党中央、国务院的高度重视和大力推动下，职业教育发展的政策环境、舆论环境和社会环境得到了明显改善。特别是党的十六大以来，我国职业教育规模迅速扩大。2009 年，全国中等职业学校已经发展到 14 427 所，年招生 873.6 万人，在校生 2 178.7 万人，毕业生 619.2 万人，实现了中等职业教育与普通高中教育招生规模大体相当的规划目标。高等职业院校发展到 1 215 所，年招生 313.4 万人，在校生 964.8 万人，毕业生近 285.6 万人，高等职业院校招生规模占了普通高等院校招生规模的一半，有力地促进了高等教育大众化的发展。与此同时，加快推动成人继续教育发展，农村劳动力转移培训和农村实用人才培训工作取得新进展，积极推进行业企业职工教育，大力发展社区教育，广泛开展面向城乡劳动者的成人继续教育。同年，接受培训的城乡劳动者达 1.6 亿人次，农村劳动力转移培训 3 000 万人次，农村实用技术培训 4 500 万人次，在职职工和下岗职工培训 9 100 万人次。经过多年努力，职业教育具备了大规模培养高素质劳动者和技能型人才的能力。一个学历教育与职业培训并举、形式多样、灵活开放、有中国特色的职业教育体系框架已基本形成，不断满足人民群众多样化的学习需求，覆盖城乡的职业教育培训网络基本形成。

第二节 我国农村职业教育发展的
法律保障与政策探索

一、农村职业教育的法律法规

我国对于农村职业教育的法律保障手段主要分为两部分：一是法律、法规，二是国家、地方政策。由于我国农村职业教育长时间以来得不到重视，而且起步较晚，所以在立法方面比较迟缓，目前可以依据的法律、法规并不是很多。

1993 年《农业法》颁布之初，由于只从如何保障农业发展的角度来考虑农村职业教育，所以对于农村职业教育的重视程度并不高，只是有些条款对农村职业教育提出了一些方向性规定，如提出了"加强农民培训"的方针等。1996 年 9 月 1 日，《中华人民共和国职业教育法》（以下简称《职业教育法》）的实施，标志着我国农村职业教育有了相对具体的完整法律规定。这一法律重新确立了农村职业教育的地位，"县级人民政府应当适应农村经济，适应科学技术、教育统筹发展需要，举办各种形式的职业教育，开展使用技术的培训，促进农村职业教育的发展"。同时，对于各级政府有关农村职业教育的财政安排也做出了方向性规定，"各级人民政府可以将农村科学技术开发、技术推广的经费，适当用于农村职业培训"。此外，还指出"国家采取措施，发展农村职业教育，扶持少数民族地区、边远贫困地区职业教育发展"。

随后，1999 年出台的《农业技术推广法》系统规范了在整个农村职业教育中起到很大作用的农技推广体系，其中还特别提到了"绿色证书"计划：农民职业技能认证培训计划。这对于我国农民走向现代化有非常重大的意义。

2003 年，我国出台了《中华人民共和国民办教育促进法》，开始对我国的民办教育实施法律规范，从中可以清晰地看出政府引导社会其他力量参与农村职业教育的意图。该项法律特别对农村职业教育的促进方面作了相应规定，这对于促进社会力量参与农村职业教育的目标有很大的帮助，同时也为今后农村职业教育的发展提供了法律保障。2011 年教育部等九部门为贯彻落实《国民经济和社会发展第十二个五年规划纲要》和《国家中长期教育改革和发展规划纲要（2010—2020 年）》，联合颁发《关于加快发展面向农村的职业教育的意见》（教职成〔2011〕13号）就加快发展面向农村的职业教育进一步提出指导意见。

二、农村职业教育的管理体制与招生政策

1983年，为了改变中等教育结构单一化发展局面和探索农村职业教育发展之路，中共中央、国务院颁布实施了《关于加强和改革农村学校教育若干问题的通知》。这一政策奠定了改革开放后农村职业教育发展的基本模式，确立了农村各类职业技术学校的发展目标、规模、层次结构和课程目标。1988年的"燎原计划"、1991年的《关于大力发展职业技术教育的决定》以及《关于进一步加强农业和农村工作的决定》，推动了农村职业教育"农科教一体，三教统筹"的综合改革与发展。1992年，国务院发布了《关于积极实行农科教结合推动农村经济发展的通知》，强调农科教结合，建立以技术培训和成果推广为任务、多形式和多部门结合的农村科技培训和推广体系。2002年，国务院颁发了《关于大力推进职业教育改革与发展的决定》，强调了农村和西部地区的职业教育是今后一段时期职业教育发展的重点，提出应根据现代农业发展和经济结构调整的需要，推进农科教结合和基础教育、职业教育、成人教育的"三教统筹"；促进农村职校与农业科研机构、科技推广单位以及企业的合作，发挥专业优势，实行学校、公司和农户相结合，把职业学校和成人学校办成开放型的农民文化科技教育培训体系，建立县、乡、村三级农技推广和富余劳动力转移就业培训与扶贫服务的基地。同时，提出增强职校自主办学和自主发展的能力，扩大其办学自主权，从制度上保障了职校在招生规模确定、专业设置、学籍管理、经费使用及教师聘用等方面享有充分的自主权，并提出了跨区域招生、异地联合办学的思路。

三、农村职业教育的投入保障

1996年，我国的《职业教育法》明确了职业教育经费多渠道筹措体制，其经费筹措的渠道主要包括：主办方投入资金、国家贷款、收取学费、勤工俭学以及社会力量捐资助学。

（一）各级财政投入

我国农村职业教育经费来源，现在仍然主要是依靠各级财政予以保障，如果离开了各级财政的支持，那么就不可能有现在的农村职业教育。我国农村职教资金支持的总体指导思想是"分级管理，地方为主，政府统筹，社会参与"，这就决定了我国农村职教一直都是以县乡财政为主的投

资经费体制。

2002 年国家着手调整职教发展方向，逐步提高其地位，在政府主导下，职业教育不断加大经费投入力度，基础能力建设得到了加强。尤其是从 2006 年我国"十一五"规划开始实施，中央财政对于农村职业教育的投资大幅度增加，省市级财政也开始对农村职教拨出专项资金。这些资金主要投向了三个方面：高等职业教育、中等职业教育、县级职教中心。各级政府对于职教的财政支持力度越来越大，对于农村职业教育的投资也在逐年加大，职业教育也逐步恢复发展。"十一五"期间，中央财政安排 100 亿元专项资金，用于加强职业教育基础能力建设。据统计，从 2003 年到 2009 年，中央财政已累计投入专项资金 100 多亿元，重点支持了 2 300 多个职业教育实训基地、2 680 多个县级职教中心和示范性中等职业学校、100 所国家示范性高等职业技术学院的建设；组织实施了"中等职业学校教师素质提高计划"，国家和省两级组织实施并完成了 15 万多人的专业骨干教师培训。各地用于职业教育基础能力建设的投入，也有较大幅度的增加。

（二）银行贷款

国家实施的"丰收"、"星火"等计划，是我国金融体系对于农村职教支持的主要渠道之一。职校和个人可以通过申请这些项目或者通过银行贷款的形式获得专项资金，一般期限为三年，而项目贷款的贴息补助则由国家财政提供的项目补助承担一部分，这项贷款作为项目周转资金，主要支持对象就是农村经济，因此相当多的项目都投向了农业科技或者农村发展相关领域，不少项目甚至是直接透过农技推广体系和农村职业教育系统发展起来的。因此，银行贷款也是我国农村职教的支持力量之一。

（三）学费收入

学费收入是我国《职业教育法》所承认的职业学校的合法收入，是当前我国整个职教体系的重要资金来源，对农村职教自然也不例外，学费收入无疑在我国目前农村职教运行和发展过程中起着非常重要的作用。

表 3-1 显示，在整个承担职业教育任务的各类学校运行经费中，学杂费所占比例达到 20％—30％，因此其重要性也是不言而喻的。

表 3-1 2006 年中国各类职业技术学校学杂费收入表 　　（金额单位：万元）

	教育经费	学费和杂费	学、杂费占总经费比
中等专业学校	3 026 580.1	910 698.5	30％
中等技术学校	2 224 565.9	717 034.7	32％

续表 3-1

	教育经费	学费和杂费	学、杂费占总经费比
中等师范学校	296 692.2	108 267	36％
成人中专学校	505 322	85 396.8	17％
技工学校	691 112.8	194 921.9	28％
职业中学	2 799 915.7	644 549.5	23％

资料来源：国家统计局网站提供的各类学校教育经费情况的最近时间为 2006 年

财政部、教育部联合制定的《中等职业学校国家助学金管理暂行办法》从 2007 年 6 月 21 日开始正式实施，为广大农村子弟和城镇贫困人群提供学习的出路，每人每年 1 500 元的生活费开支。"中等职业教育实行以国家助学金为主，以校内奖学金、学生工学结合、顶岗实习、学校减免学费等为辅的资助政策体系。"对于农村职业教育的完善来说，我国开始尝试加大对中等职业教育的扶持力度是一个好消息。以此为基础，笔者相信国家在未来对于初、高等职业教育的扶持力度也会逐步加大，整个农村职业教育会迎来质的飞跃。

（四）勤工俭学所得收入

作为职业学校拓展资金来源的重要手段之一，勤工俭学（半工半读）正逐渐受到重视，这是由职业教育的特点决定的。从职业教育的周期来看，大多数学员到三、四年级的时候已经掌握了一定的技术，尤其是许多四年级的学员已经达到了一定的水平，这些人如果能够充分利用其所拥有的技术，依靠合理的勤工俭学收入分配方法，必然能够使职业技术类学校的资金筹措能力大大增强。目前，只有为数不多的经营管理较好的职业学校在合理合法地应用这种手段，并且收到了良好的效果。由此，国家开始提倡在各职业学校试验半工半读，建立半工半读制度，注意系统地推广合理的勤工俭学（半工半读）制度，这是落实国务院《大力发展职业教育的决定》，实现校企合作培养人才的重要模式，是当前和今后一个时期职业教育改革发展带有方向性、根本性的举措。教育部于 2006 年 10 月召开了全国职业教育半工半读试点工作会议，这次会议确定了在 107 所职校以及相联系的企业开展半工半读的试点，鼓励企业积极开展以企业为主的半工半读试验，并对试点工作做出了部署。

1984 年以后，国务院又接连颁布实行了《关于筹措农村学校办学经费的通知》（1984）、《关于教育体制改革的决定》（1985）、《征收教育费附加的暂行规定》(1986)、《关于修改〈征收教育费附加的暂行规定〉的决定》(1990)、《关于大力发展职业技术教育的决定》(1991)、《关于大力推进职业教育改革与发展的决定》(2002)等多个文件和一部法律——《中华人民共和国职业教育法》(1996)。这些举措,对于农村职业教育经费筹措体制基本形成具有重要的现实意义。从这些政策文本中可以看到,在农村职业教育经费筹措方面主要采取了以下举措:①增加了地方使用教育费附加的权利,以解决农村教育发展中的经费紧张问题,在一定程度上调动了农村集体经济组织和其他各种社会力量办学的积极性;②提出了中央和地方政府教育拨款的增长要高于财政经常性收入增长的原则,按在校学生人数平均的教育费用逐步增长;③提倡主办单位投入、国家贷款、社会力量捐资办学、勤工俭学和收取学费等多渠道的职业教育经费筹措体制,并得到法律保障;④提出了中央财政增加重点用于补助农村和中西部地区加强职业教育课程教材开发、多媒体教育资源建设和师资培训以及骨干示范职业学校建设的职业教育专项经费;⑤各级人民政府在安排使用农村科技开发经费、技术推广经费和扶贫资金时,要适当安排一部分农村劳动力培训经费,同时在安排农业基础设施建设投资时,要适当安排一部分农村职业学校和成人学校的建设经费。

从 2005 年起,为了支持农村教育实训基地建设,中央财政进一步加大了资金投入,用以引导建设一批集教学、培训、职业技能鉴定和技术服务为一体,能够资源共享的职业教育实训基地。在中等职业教育贫困学生资助方面,政府也进行了积极探索。2006 年,财政部、教育部联合印发了《中等职业教育国家助学金管理暂行办法》和《关于完善中等职业教育贫困家庭学生资助体系的若干意见》,对建立和完善中等职业教育国家助学金评审程序、中等职业教育助学金的管理与监督以及构建中等职业教育贫困家庭学生资助政策体系内容都做出了明确规定。从 2006 年起,中央财政每年安排 8 亿元,以支持中等职业教育贫困家庭学生助学制度建设,"十一五"期间共安排 40 亿元专项用于这一方面。2007 年,国务院出台了《关于建立健全普通本科高校、高等职业学校和中等职业学校家庭经济困难学生资助政策体系的意见》,决定将资助面由 5% 扩大到 90%,资助标准由每生的每年 1 000 元提高到每生每年 1 500 元,国家资助两年,第三年实行学生工学结合、顶岗实习;中央与地方共同设立用于资助中等职业学校所有全日制在校农村学生和城市家庭经济困难学生的国家助学金,以进一步完善经济困难学生资助政策体系。据统计,从 2006 年到目前,各级财政共安排资金约 400 亿元用于资助家庭经济困难学生接受中等职业教育,中等职业学校学生受资助面达到 90％。高等职业院校学生享受国家奖学金、助学金和助学贷款，受资助面超过 20％。

在师资保障政策方面，为了规范农村职业学校师资来源和培训渠道，1983 年中共中央、国务院颁行了《关于加强和改革农村学校教育若干问题的通知》，并于 1985 年颁发了《关于教育体制改革的决定》，决定提出要建立职业技术师范院校，有关大专院校等要培训职业技术教育师资。国务院 1992 年颁发的《关于积极实行农科教结合推动农村经济发展的通知》强调，要农科教结合，要建立以技术培训和成果推广为任务、多形式和多部门相结合的农村科技培训和推广体系。同时，中共中央、国务院《关于加强和改革农村学校教育若干问题的通知》（1983）、《中华人民共和国教师法》（1993）和《关于大力推进职业教育改革与发展的决定》，提出要采取有效措施逐步改变中小学教师生活待遇偏低的状况，以确保教师的权利，要求通过培训、挂职以及合作办学的方式改善农村职业学校师资和办学条件，加强东西部地区、城市与农村学校对口支援的力度。

四、职业资格规范与就业服务政策

劳动就业政策从某种程度上能够彰显职业教育的价值，保障职业教育受教育者的合理权利。对农村职校毕业生适当的就业扶持政策，有利于激发农村人口的职业教育需求。中共中央于 1985 年发出的《关于教育体制改革的决定》，确立了职校毕业生"先培训、后就业"的就业制度。其后颁布的一系列文件和法律，如《关于大力发展职业技术教育的决定》（1991）、《职业教育法》（1996）、《关于积极推行劳动预备制度加快提高劳动者素质的意见》（1999）以及《关于大力推进职业资格证书制度建设的若干意见》（2000）等，进一步完善了此种制度。

与此对应，1990 年农业部《关于开展农民技术资格证书制度试点工作的意见》和 1991 年国务院《关于大力发展职业技术教育的决定》，提出推行"绿色证书"制度，进一步把农村人口的就业同职业教育紧密结合起来，促进了农业从业人员的专业化。1999 年国家修订的《农业法》和《农业技术推广法》，把农民绿色证书教育写进了相关条款，使得"先培训、后就业"制度在农业从业人员就业方面具体化，对于促进农民专业化、提高农业科技含量、规范农民就业具有重要意义。2002 年，国务院颁发了《国务院关于大力推进职业教育改革与发展的决定》，以大力推行劳动预备制度、完善学历证书、培训证书和职业资格证书制度，鼓励毕业生到中小企业、小城镇和农村就业或自主创业，优先为符合贷款者发放贷款。

第三节　我国农村职业教育相关政策的实践障碍

教育政策、法规、制度的制定和实施，渗透在招生、教学、就业和升学等各个环节，其执行效果对职业教育的吸引力有一定程度的影响。现行的职业教育政策和制度，如对口升学政策、资助政策、招生制度及教学制度等，其实施效果怎样，他们是如何影响职业教育吸引力的？带着这些问题，笔者走访了贵州、湖南、重庆和湖北恩施等地，先后与各地的教育主管领导、学校领导、教师代表以及企业领导等 300 多人进行了深度访谈，发现了如下一些问题。

一、农村职业教育缺乏完整的立法保障

目前，我国规范农村职业教育主要还是依靠相对落后的国家和地方政策，真正意义上规范我国农村职业教育的法律仍然是《职业教育法》和《农技推广法》等少数几部法律。其中，除了《农技推广法》是专门针对我国农村教育和培训方面的法规以外，其他的法律只是将农村职业教育作为概念来使用，从资金保障到制度建设都缺乏一个明确的整体规定。在实践中，农村职业教育一直是处于城市职业教育的附庸地位，这从很大程度上导致了我国农村职业教育只是徒有其名，要发挥其作为一个完整系统的作用有很大的困难。

我国农村职业教育目前主要依靠政策，并没有建立完整的立法保障。虽然政策有灵活、适应能力强等突出特点，但是，我国目前形成的针对农村职业教育的法律其保障效果不是很好而且管理混乱等现象，很大程度上就是过度依靠各种政策的结果。根据各种国家政策而制定的地方政策，会因为所依据的政策不同而产生差异，同时因为各地实际情况不同，再加之当地领导的重视程度不同，就直接导致了很大一部分国家政策到了地方无法真正地执行，更别提施行效果了。

二、管理体制与招生政策缺乏有力监管

以教学管理为例，教育部于 2000 年和 2008 年分别印发了《关于全面推进素质教育深化中等职业教育教学改革的意见》和《关于进一步深化中等职业教育教学改革的若干意见》，这两份文件都着重强调了改革教学方法对于中职发展的重要性。为了激发学生的学习兴趣，使学生"不辍学"、

上课"不睡觉"、学习"不痛苦"，一些职业学校纷纷进行了教学改革与探索，积极改革教学方法。从目前就读职业学校的学生的客观情况来看，大多是文化基础薄弱、厌倦学习的中考落榜者，这已经是现实。2005年，根据《国务院关于大力发展职业教育的决定》的精神，中等职业教育招生规模在2010年要达到800万人，与普通高中招生规模大体相当。为此，2005—2008年，各地教育部门投入大量的人力、财力和物力，采取各种措施吸引学生和家长选择职业教育，资助政策不只是增大了学生尤其是贫困学生填报职业学校的比例，而且学生入学后的辍学率下降，同时巩固率提高。重庆于2006年率先建立了资助政策体系，2008年又在6个区实行免费政策试点，对复员退伍军人、农村贫困户、农村低保、城市低保、三峡移民和国办福利院大龄孤儿6类人员，在实行职业教育免费的基础上，国家还另外给予每年1 500元的生活费资助。2009年，免费职业教育扩大到10个区，这些政策无疑对提高职业教育的吸引力有极大的作用。全国中等职业教育招生规模连续扩大，在2008年招生人数达到820多万。在高中阶段，中等职业教育招生占了半壁江山。

当然，中等职业教育招生也存在不少问题，违规招生就是其中一个不可忽视的现实问题，它的存在降低了职业教育的吸引力。违规招生，表现为地方保护、有偿招生、部门封锁等。对学生来说，容易形成招生陷阱的种种违规招生，使学生蒙受了较大的经济损失和精神创伤，贻误了前途。对学校来说，迫于无序招生的无奈或为了争夺生源，甚至不惜血本做广告。有的学校甚至给全体教师下指标、报路费、发奖金，大搞"有酬招生"；有的学校则拉关系、给回扣，这必然导致教学资金投入减少，因为招生成本大幅度上升；有的学校领导或教师一年中大部分时间和精力都用在招生上，学校工作重心由教学转向招生，严重影响了教学质量和办学效益的提高。对社会来说，助长了不公平竞争，不利于职业教育的健康发展，还严重损害了职业教育的形象，从起点上降低了职业教育的吸引力。

教育部等行政主管部门对此三令五申，明令禁止，如教育部于2007年发布了《关于做好2007年中等职业学校招生工作的通知》，在2008年度职业教育与成人教育工作会议暨中等职业学校招生工作会议中曾明确提出："各初中学校不得通过向中等职业学校推荐生源收取费用。各中等职业学校不得以任何形式实行有偿招生，对违反国家有关规定乱收费的给予相应惩罚，构成犯罪的，由司法部门追究其刑事责任。"可是，由于在实践中的监管不力，违规招生现象还是屡有发生。

三、资源投入缺乏政策保障

（一）师资队伍建设缺乏政策保障

教师是教育质量的关键。要提高职业教育的办学水平和质量，关键还在于提升教师质量。中央及相关部门实施了各种培训工程和项目，以提高教师的数量和质量，如中央财政支持实施的"跨世纪园丁工程"、教育部与德国国际继续教育与发展协会联合实施的"中德职教师资进修项目（P300项目）"、财政部和教育部2006年联合实施的"中等职业学校教师素质提高计划"等。同时，还出台了一系列政策文件，以不断完善职教师资管理制度。2000年，教育部和全国教育工会下发了《中等职业学校教师职业道德规范（试行）》，旨在推动职教教师师德建设；2000年，教育部和国务院学位委员会下发了《关于开展中等职业学校教师在职攻读硕士学位工作的通知》，以期开辟在职教师攻读硕士学位的专门通道；2006年，教育部下发了《关于建立中等职业学校教师到企业实践制度的意见》，对职教教师到企业实践做出了规定；2007年，教育部和财政部下发了《中等职业学校紧缺专业特聘兼职教师资助项目实施办法》，以缓解专业教师紧缺，优化教师队伍结构。各种政策的推行，在一定程度上提高了职教师资的数量和质量。以佛山的一些职业学校为例，他们认为国家级培训项目的效果非常好，在提高职业教育吸引力的同时，还推动了学校的教学改革。

但调研中普遍反映，教师数量并没有随职业教育招生规模的扩大而得到相应增加，师生比尤其是专业课和实习指导课的师生比例过大，严重影响了教学质量。教师质量不高，还突出体现在教师普遍缺少行业经验。普教转行或通过大学毕业生招聘的职教教师占多数，"急缺专业师资和有企业背景的实训指导教师，合格的不愿来，培训过的就跳槽"。国家虽然对资助中职学校特聘兼职教师也出台了实施办法，对职教教师到企业实践做了相关规定，但是实践中却遭到了用人制度的约束和缺乏稳定机制的障碍。

另外，职教教师的待遇比较差也成为普遍现象，在一些贫苦地区如湖南某山区县，职教教师与义务教育教师收入年差竟然高达2 400—4 000元，所以就有部分职校教师要求转行到最艰苦、最困难的地方去当义务教育教师，以提高基本收入。从个人晋升来说，由于职教教师职称评定没有自己独立的序列，职称委员会成员也鲜有职教专家，减少了职教教师提职的机会；从教师个人发展来说，即使有机会参加一些国家或地方组织的培训项目，但由于指标有限，机会也不多，所以职业教师个人很难得到发展；从职教教师的教育对象来说，学生各方面素质都不高，甚至很多是"问题"学生，各种因素的叠加，教师的事业成就感和价值感也因此被削弱。

在调研中，有90％的学校反映，职业教育目前仍在沿用普教的标准，没有教师编制标准和教师资格标准，而且文化课和专业课教师编制配备没有分开，也缺乏职教教师职称评定的独立序列，这显然不适合职业教育发展需要。小班教学能提高教学质量，但教师数量不足，因此也难以开展小班教学。根据统计，全国职业学校学生数与专任教师数之比在2007年为23.95：1，远远达不到小班教学的要求。从职教教师的来源来看，2004—2006年有30％以上是直接录用的高校应届毕业生，大多教师缺乏行业企业经验，而且兼职教师政策不到位，使得兼职教师的补充有很大困难，这难以与提高职业教育人才培养质量的要求相适应。

（二）设备设施难以适应办学需要

2001年7月，教育部颁发了《中等职业学校设置标准（试行）》，对规范学校办学条件和提高教学质量提出了基本要求：职业学校必须具有与所设专业相适应的校内实习基地和相对稳定的校外实践活动基地；要有与专业设置相匹配和满足教学要求的实验、实习设施及仪器设备；要具备相应的软、硬件设施和设备，以能够应用现代教育技术手段来实施现代远程职业教育教学与信息化管理。调研中，80％的职业学校一致认为，虽然近几年国家在设备设施上的投入逐年增大，但与其原有的薄弱基础和急剧扩大的招生规模相比，仍然是杯水车薪。就全国的情况来看，2006年的校舍面积比2004年负增长19.63％，专用设备负增长5.59％。教学资源不足，导致教育质量不高，进而影响职业教育的吸引力下降。因此，笔者建议加强基础能力建设，以扭转校舍面积和专用设备连续几年负增长的状况。

四、就业与升学政策缺乏正确引导

2004年10月，教育部在印发的《中等职业学校德育大纲》中，规定了国家对中等职业学校德育工作和学生德育的基本要求，满足了家长的要求和企业用人的需要。调研发现，"好就业"的学校都比较注重德育，而企业也优先聘任具有良好思想品德和职业道德的学生。企业对学生职业道德的重视，甚至超过了对技能的重视，认为技能不过关可以进行岗前培养，但"做人不行坚决不要"。德育不仅是学校教育的基本功能，也是部分学生家长的首要要求以及企业招聘的重要条件。

在校企合作方面，国务院在2005年《关于大力发展职业教育的决定》中明确提出"依靠行业企业发展职业教育"、"大力推行工学结合、校企合作的培养模式"等内容。2007 年，国家税务局印发了《企业支付实习生报酬税前扣除管理办法》，对企业接受实习生享受优惠有明确规定。但是，企业在参与职业教育这方面缺乏足够的热情和动力。调研发现，即使是在珠三角职业教育比较发达、校企合作比较好的地区，其合作也是被戏称为"友情赞助式"合作——一种建立在个人感情基础上的合作，缺乏稳定的长期合作机制。很多企业对其参与职业教育时所能享有的优惠政策不了解，例如"企业支持实习生税前扣除办法"，有些企业即使了解这些政策，也因兑现这些优惠政策手续繁琐成本太高而放弃。

在升学方面，2006 年《教育部国家发展和改革委员会关于编报 2006 年普通高等教育分学校分专业招生计划的通知》中第七条规定了中职"对口升学"政策：各地安排高职院校对口招收中等职业教育应届毕业生的规模不得超过当年本省（区、市）中等职业学校应届毕业生的 5％。比例虽然很小，但对学生的吸引力却很大，甚至成为他们选择职业教育的主要理由。

2007 年，教育部关于职业学校毕业生就业情况的统计显示，有 13％的中职毕业生升入高一级学校继续学习。2008 年，中组部课题组在《发挥职业教育在人才培养中的基础性作用》的调研中，通过对中高职"对口升学"比例方面的调查发现，广东的院校和企业的期望值为 23％—24％，而广西的院校和企业对此的期望值为 15％—16％。中职学生非常希望通过"对口升学"圆大学梦，虽然按照规定只有 5％的升学比例，但实际上很多学校通过与高职院校合作扩大了升学比例，有的甚至达到了 30％，这也在事实上增强了职业教育的吸引力。

第四章　我国农村职校发展的实证调查

第一节　湖北恩施州中职总体发展状况的调查分析

县乡职业学校作为社会主义新农村建设过程中农村职业教育服务提供的另一个主体，其管理体制、运行机制的改革，对于农村职业教育体系的重新建构以及政府职能的根本性转换有着重要的推动作用。因此，笔者在2008—2011年先后三次到对恩施州宣恩县、来凤县和巴东县等地进行了调查，主要采取集体座谈和个别访谈相结合的形式，同当地教育局领导、中等职业学校校长和部分教师进行了交流。调查时间累计近半年，掌握了第一手资料。下面结合调查所获取的资料，分别对湖北恩施州中等职业教育总体发展状况以及湖北恩施州巴东县和咸丰县中等职业教育发展状况进行个案研究。

一、办学现状

（一）办学格局

"十五"期间，各县市通过实施"512工程"创建进行了职业教育的布局调整，恩施市中等职业学校、利川市中等职业学校和鹤峰县中等职业学校等3所学校已入选国家级重点学校；咸丰县中等职业学校、建始县中等职业学校和来凤县中等职业学校等3所学校已入选省级重点学校。2007年12月，巴东县民族职业高中被省教育厅认定为省级重点中等职业学校。宣恩县中等职业学校正在创造条件，积极争创省级重点。

（二）办学规模

湖北恩施州全州县（市）中等职业学校在校学生总人数19 074人，其中职业高中生15 683人，占82.22%；职业中专生2 962人，占15.53%；普通高中生429人，占2.25%。其中一年级7 803人，占40.91%；二年级6 826人，占35.79%；三年级4 445人，占23.3%。平均每校已达

2385 人。各种短期培训 26 696 人。

（三）办学条件

从硬件条件来看，恩施州中职学校校园总占地面积 544.54 亩；校舍总建筑面积 143 168m²，其中教学用房 61 136m²，生活用房 82 032m²，生产用房 10 412m²；实验仪器 587 万元，电教仪器 821.8 万元，计算机 1 224台；教材图书及工具书达 293 220 册，其中文化课教材 101 351 册，专业课教材 63 614 册，工具书 128 255 册；学校固定资产总额 9 785 万元；校内基地 90 亩，校外基地 605.1 亩。

从办学师资来看，湖北恩施州全州县（市）中等职业学校 8 所，教职工总数 987 人。其中，文化课教师 482 人，占教职工总数的 48.83%，具有大学本科学历的 414 人，占文化课教师的 85.89%，专科学历的 49 人，占文化课教师的 10.17%；具有中学高级职称的 90 人，占文化课教师的 18.67%，中级职称的 216 人，占文化课教师的 44.81%。专业课教师 321人，占教职工总数的 32.52%，具有大学本科学历的 261 人，占专业课教师的 81.31%，专科学历的 57 人，占专业课教师的 17.76%；具有中学高级职称的 52 人，占专业课教师的 16.2%，中级职称的 165 人，占专业课教师的 51.4%。近五年来，新增教师 315 人，调出 48 人，退休 46 人，净增 236 人。全州县（市）职业学校师生比例为 1∶19。

（四）办学投入

近五年来，全州县（市）中等职业学校县（市）级财政投入总计 6 473.3 万元，年平均到位资金 1 294.66 万元，校办产业和创收 744.4 万元，落实上级专项资金投入 1 909.3 万元，用于改善办学条件，保障了职业教育的快速发展。

二、主要经验

（一）面向市场办学，拓宽发展空间

职业教育既是就业教育，也是创业教育，必须以服务为宗旨，以就业为导向，面向社会、面向企业、面向市场办学，拓宽发展空间，为社会经济发展服务。

鹤峰县中等职业学校：①面向市场办专业。为使职业教育与市场需求紧密对接，结合县域经济发展需要，停办了就业不畅的专业，新开设了市场需求旺盛的专业。目前，开设有 10 多个专业，其中电子电工专业已成为省级骨干专业，计算机、汽驾汽修、农类综合已成为学校重点专业，逐步走出了一条特色专业立校的职教发展之路。②面向企业建基地。为了提高

职业教育的针对性，建立完善了"校企合作，双向介入"的办学模式。学校建设了 5 个具有企业水准的实训基地。同时，根据不同专业要求，学校在大中城市选择了 30 余家企业作为学校学生的实习实训基地，让学生走出校门，走进企业。通过"双向介入"机制，使学生"现在学"和"今后做"保持一致。③面向岗位设课程。为了使学校培养的人才符合企业岗位需要，学校深入企业调查，根据各专业岗位的要求，对课程设置实行动态管理，做到课程与岗位对接，避免课程与就业错位。近几年来，每年的课程调整幅度都在 10％左右，必要时达 20％以上。④面向社会抓培训。为拓宽短期职业培训领域，学校采取与部门联办和学校自办的方式，建立了鹤峰县专业技术人员培训基地、中小学教师继续教育中心、机动车驾驶员培训中心、农村劳动力转移培训基地、职业技能鉴定站、现代农业实习实训基地和计算机等级考试培训中心。

建始县中等职业学校：转变办学方向，由原来注重升学转向面向市场办学，拓展了职校的发展空间。与华东地区的企业建立了联合办学关系，2007 年其电子等专业共有 300 多名学生在相关企业就业，受到企业学生及家长的好评。

（二）探索职教规律，创办职教特色

近几年来，各校为了扩大学校招生规模，只要学生报名，学校就全部录取，造成学生学习基础薄弱，层次参差不齐。如何加强教育教学管理，提高教育教学质量已成为新的课题。

鹤峰县中等职业学校：①采取分段分层教学。学校通过认真摸索职教规律，采取了分阶段和分层次教学，让每一名学生在适合他们的办学门类中获得最长足的发展。第一年按高中教程并适当降低要求上好文化基础课，一方面夯实文化基础，另一方面让学生端正学习态度，掌握学习方法；第二年根据学生的学习基础、爱好和特长，正面引导学生选择对口升学班与技能就业班的不同门类和专业，学校根据升学班和就业班的各自特点制定教学计划，实施分层次教学，让学生在各自的起点上学有所得、学有所长；第三年就业班进入顶岗实习，对口升学班进入备考，未升学的学生再让他们"回炉"，通过培训后再输送就业。真正实现"进得来、学得好、留得住、送得出（升学或就业）"。②狠抓基本素质和动手能力培养。学校根据中职就业班学生素质不高的特点，在学生入学时就提出基本要求：一要能说会唱，即要会用普通话演讲，能用英语简单交流，敢于唱歌跳舞，善于与人交流；二要能写会用，即要练好两笔字（硬笔书法和软笔书法），写好两篇文章（常规作文和应用文），用好计算机、照相机、摄像机等现代办公工具。三要熟练掌握一门专业技能，学校根据教学要求，扎实抓好文化基础、专业基础的教学和专业技能训练，采用考试、考核和专业技能比武相结合的教学方法，让学生做到有兴趣、有压力、有追求，提高学生的综合素质。同时，注重实训环节教学，要求专业课堂教学与实训操作的课时比例基本达到1∶1。实训操作采取边教学边巩固、学期末和就业前综合训练相结合的方式。对实训设备欠缺的专业，采取联合办学。首先是与企业联合办学，让学生在顶岗实习中提高技能；其次是依托城市职校的实训设施走联合办学之路，如学校与武汉机电学校联办的机电专业就采取第一年在本校学基础，第二年在武汉强技能，第三年顶岗实习。③加强心理健康教育。中职学生大多存在厌学情绪，没有明确的学习动机，缺乏学习兴趣。学校针对学生特点，开展切实有效的心理辅导，以大课辅导为主，个别辅导为辅，各班主任与科任教师分工负责具体学生，平常注重学习方法辅导和情绪个案辅导，月考后实行目标分析和答题指导，消除学生在学习过程中的心理压力而产生的负面影响，保证学生最佳学习效果。④建设高素质师资队伍。学校以实施在职教师学历达标工程、"胡萝卜工程"和"双师型"工程为载体，打造一批"精品名牌"教师。推行教师任课资格学生否决制，增强教师的责任感和危机感；建立专业课教师到企业实践制，提高教师的专业教学能力；实行兼职教师聘用制，向社会聘用工程技术人员、高技能人才担任专业课老师或实习指导老师。同时，还制定和落实了一系列鼓励人才到职校任教的优惠政策，让他们热爱职教、安心职教、献身职教，逐步形成了一支结构合理、素质精良的教师队伍。⑤强化就业跟踪服务。为保障学生就业的权益，维护学校就业信誉，坚持就业"三不送"（工作环境差的不送，待遇特低的企业不送，管理不规范的企业不送）。建立稳定的就业回访跟踪服务机制，每年定期到毕业生就业企业和工作单位跟踪调查，解决他们在工作期间遇到的自身无法解决的困难和问题。通过与深圳等就业前沿阵地的职业技术学校形成就业输出协作关系，对推荐的学生跟踪服务，毕业生对就业岗位不满意，一年之内可实行多次安置；一旦发生劳务纠纷，则由学校出面协调解决，维护毕业生的合法权益。

恩施市中等职业学校：①坚持分流制度，满足学习需求。为满足学生学习需求，实行学生分流制度，根据学校办学层次、办学类别多的优势，学生进校后给予三次选择学习的机会，即进校可选普高、职高、中专或短训就读，第二年高中类可选专业，如职高可选种植、小教、电工、财会、信息技术等，第三年还可根据学生自己的学习情况和就业愿望选择参加高考或者参加强化训练一门技术专业以便就业。充分发挥学生个性潜能，让每一个学生都得到有利于自身的发展。同时，使在学习某方面存在困难的学生能继续坚持学习并完成学业，深受学生和家长欢迎。②采取分层教学，促进个性发展。为充分调动教师和学生的积极性，在教学管理上，充分遵循学科的专业性质，在课程标准、教学环节的要求上，不搞"一刀切"，高中与中职的作业方式和数量、考试次数和难度、实训时间和方式采用不同的管理要求，促进学生个性发展和完善。③改变教学方式，提高教学质量。课堂教学是提高教学质量的主阵地、主渠道，学校根据教学实际，制订了《课堂教学管理办法》，规范教师的教学行为。在教学管理上，要求教师做到"五为主"原则，即以教师为主导、学生为主体、教材为主源、问题为主轴、训练为主线，真正把提高教学质量落实到课堂，大多数教师能真正走下讲台，走近学生，关注学生的全面发展、长期发展和个性发展，针对不同班级、不同学生实际，采取不同的教学方式，尽可能满足学生的学习需求和学习兴趣，提高学习效率。如04级电子专业学生只有4人，音乐考生只有5人，为满足学生的学习要求，学校同样开班，教师们更是采取带研究生一样的辅导方式进行教学。④调整课程设置，确保学生就业。随着经济市场的发展和人才需求的变化，有的专业课程设置已不适合学生的学习，学校大胆进行必要的调整，加重专业课的课时，删减部分过时的课程内容，增加用人市场急需的知识和技能，以保证学生学有所长，顺利就业。

巴东县民族职业高中：①因材施教，分层教学。学校根据教学大纲的要求，制定了甲、乙两种教学要求和考核标准，对基础不同的学生实行分别教学，基础较好的班缩短教学时数、充实教学内容，基础较差的班延长教学时数、适当降低教学难度，进行动态管理，调整教学方法和教学进度。学校把英语和数学课分成ABC三个层次，A班适合成绩好学生，C班适合成绩差的学生。每逢英语课，学生们像大学生一样实行"走班制"，到适合自己层次的班级去上课。实行分层教学一个学期后，学校进行了一次调查，C班学生的反响最好。一位学生说，他是带着失败者的阴影走进职业高中的，过去他的成绩最好也就60分，老师根据他们的学习情况调整了教学难度，如今他的数学成绩达到了80分。他高兴地说："我又有自信了。"实行分层教学后，教学内容和教学要求更加符合学生的实际，学生获得了成功的喜悦，增强了学习的信心，学习积极性逐步向其他课程迁移，有效地提高了整体的学习效率和学习成绩。通过分层教学，满足了不同层次学生学习的需要，解决了潜力大的学生"吃不饱"和基础差的学生

"吃不了"的难题。进行分层教学后，学校对近几年的新生进行了跟踪调查，发现学生选择难度较大的 A 类试卷的比例逐学期增加，同时及格率也在逐学期提高，语文、数学、外语和专业课及格率都在 80％以上。②改革管理办法，实行弹性学制。弹性学制是实施分层教学的必然体现。由于学生学习基础和能力的差异，学生学习进度有快有慢，部分学生需要提前完成学业就业和创业。学校于 2004 年秋季制定了《巴东县民族职业高级中学实施弹性学制的方案》，试行学制与学分结合，学生提前修满教学计划的全部学分，可以提前毕业；在规定年限内难以达到毕业要求的学生，可延长学习年限，推迟毕业；工学结合，入学满 1 年，年满 17 周岁的学生，可实行工学交替，分阶段完成学业。为学生提前就业和创业提供了宽松的环境，较好地解决了正常教学与企业用人需求的矛盾。在学分制下，学生从被动接受教学内容和课程，到根据自己的实际需要和个性特长自主选课，适应了社会发展和经济建设对中初等应用型人才和高素质劳动者提出的新要求。为满足学生选课的需求，整合校内的教育资源，发挥教育资源的整体优势，学校试行跨专业、跨年级选课。

宣恩县中等职业学校：①加强实训教学，强化学生动手能力培养。学校自筹资金专门新建了实训场地，满足了电子电工专业、计算机专业、服装专业、幼师专业的教学需要。建起了 500m² 的电子电工操作室，其中电子检测室可供 20 人同时检测，电子电工操作室可供 80 人同时进行锡焊。建起了 50 台缝纫平板车间，面积 120m²，可供 50 人同时上机操作。计算机室新添置了 50 台高配置的联想电脑。幼师专业有 100m² 的舞蹈室、100m² 的琴房（电子琴 52 台）、120m² 的画室。②定期开展学生技能大赛和作品展示。学校每学期定期开展班与班、生与生学生技能大赛及学生作品展示。

（三）更新办学理念，创新培养模式

近几年来，各校结合当地的社会经济发展实际，确立了以育人为根本、以就业为导向、以教学为中心、以训练为主线、以能力为本位、面向市场面向社会的办学思路，做到培养目标面向市场、办学形式适应市场、专业设置瞄准市场。

恩施市中等职业学校：①增设培养类别。为全面培养实用性人才，学校在坚持办好普通高中、职业高中、职业中专和中小学教师继续教育等几个类别教育培训的基础上，积极争取政策，开展各类培训。2004 年，又开设了汽车驾驶培训中心，三年来共培训 3 415 人，由于规范的管理和严格的培训，汽驾培训中心已办成规范的驾驶学校。2006 年被评为全州优质规范驾校，今年上半年接受全州驾校质量、信誉考核被评为第一名。②广结合作伙伴。近五年来，学校先后与湖北民族学院、恩施州职业技术学院、中国民航干部管理学院、华航航空中等职业学校、武汉铁路职业技术学院、浙江省温岭市职业技术学校等高等院校联合办学，实现资源共享、优势互补，有效促进了学校的发展。③开发实用专业。根据社会发展和行业的需求及学生的个性特征、兴趣爱好，积极开发实用性较强的专业，职高现已开办电子、财经、种植、司法实务、小学教育、文秘和计算机信息基础7个专业，中职已开办计算机及应用、计算机网络技术、电脑美术设计、电子电工、数控、幼师、旅游、铁路运营管理、铁路旅游管理、航空服务共10个专业。多层面、多方向地开发实用专业，为学生毕业后的多渠道就业打下了良好的基础。④转变培养方式。根据职业教育特点，学校大胆转变培养方式，大胆改革职业教育管理制度，采用"1＋2"、"2＋1"、"2.5＋0.5"、"3＋2"、"1＋4"等多种灵活的学制，尽可能地满足不同经济情况家庭学生的求学要求。按照行业的岗位能力要求，建立不同专业的培养目标体系和课程体系，以岗位能力为目标，重新组合德育内容和文化内容，强化技能实践环节，以满足社会和市场对人才的需求，积极推行"工学结合，半工半读"的办学模式，建立以学校为主体，企业等用人单位共同教育、管理和训练的培养体系，学校采取"长短结合"的方式，根据学生学习的具体情况和要求，按时安排学生到企业等用人单位见习或顶岗实习，以培养学生实际操作能力、社会适应能力和创新能力。其一，学生在校学习一年或半年后，定期安排他们到联办企业单位进行一周或半月的见习或实习，让他们认识社会，感受生活，知晓所学专业在职业道德和专业技能方面的要求及自己在这些方面还存在的差距，进一步明确自己的学习目标，调整自己的学习方法，以提高自己的学习效率；其二，学生在学校学习两年后，学校将他们推荐到企业岗位上进行带薪实际能力锻炼，这样既可保证学生尽快成才，又可解决大部分学生的家庭经济困难。⑤拓展就业渠道。学校先后在深圳（雄韬科技有限公司、全能电业科技有限公司、合益电业制品厂、卓贤科技公司、奕达电脑有限公司）、东莞（德丽电子厂、亚洲统一集团）、江苏（昆山仁宝科技有限公司、神达电脑有限公司、鑫曜科技有限公司）、广东惠州大亚湾各幼儿园、北京二炮及本省州市相关企业或单位建立了就业基地，每届学生到了顶岗实习或毕业时间，学校就及时进行安排，将学生安全护送到就业基地，让他们及时就业，并与用人单位和学生长期保持联系，以确保他们有稳定的就业岗位。

利川市中等职业学校：①采取校企合作，产教结合，联合办学。目前，已与部分企业达成协议，解决学生的实习实训问题。学校已有两个班的学生到宜昌船厂实习。实习期间，厂方包吃包住，每月还发510元实习工资。有一个班到北京湘鄂情集团实习，每月有1 000元实习工资，有两个班到江苏泰州高岗职业教育中心学习专业实用技术。学校还与深圳富士康集团、日本三洋集团等企业达成协议，从明年开始，一年级部分学生利用假期到有关企业实习，体验企业生活，感受企业文化氛围，减轻学生经济上的压力。②实行定向招生，定向实习，定向就业。针对人才市场的需求情况，结合学校特点，中专部专门开设了泰州电子班、泰州机电班，随后还要增设富士康班、三洋班，定向招生，定向实习，定向就业。

（四）铸造师资队伍，提升教学水平

近几年来，各校在办学中总结出了一条基本经验：学校要办出水平，除了有一流的教学设施、一流的校园环境、一流的德育管理外，关键的是要有一流的师资队伍。作为中等职校，最重要的一项工作就是建设一支师德高尚、业务优良的"双师型"教师队伍。

恩施市中等职业学校：①坚持狠抓师德师风建设。学校认真组织教师学习《中小学教师师德规范》、《教师教育教学十不准》等相关制度，规范教师行为，特别是学校主要领导始终坚持强调尊重、理解、服务和依靠教师，把激发教师的内在潜能、调动教师的积极性和创造性作为学校管理的根本任务，并取得了实效。②不断提升教师业务水平。学校倡导"在工作中学习"，共同营造自主发展的文化环境。近五年来，不少教师一边教学，一边自主学习，不仅拓宽了自己的文化视野，积累了自己的文化底蕴，同时提高了自己的工作能力，现已有五名教师考取研究生在读，近20名教师通过离职进修、自考或函授等学习方式，取得大学本科学历。为培养"双师型"教师，以适应专业技能课教学的需要，学校除积极组织教师与其他县市职校教师互通情报信息、互相交流学习外，还积极选派教师外出培训。前后共选派了40名教师参加全国、省、州、市四级专业技能培训，这些教师通过培训，不仅学到了一定的专业技能，提高了业务水平，还开阔了眼界，更新了观念，进一步增强了紧迫感和责任心。③坚持开展教学评价活动。学校每学期对教师的教学工作进行两次全面检查，学生参与评教评学，社会监督机制引入校园。④坚持新聘教师考核制度。学校每年新进教师都必须进行做考卷和课堂教学、说课等教学水平及能力的考核考查，优胜劣汰，公平竞争。

（五）多方筹措资金，改善办学条件

近几年来，各校加大了建设力度，采取多方筹措资金，抢抓各种机遇，争取党委、政府支持，自筹资金等多种形式，对校园进行改造、扩建、新建，使学校的办学条件得到了根本性的改善。

恩施市中等职业学校：得知与校园相邻的化工厂要出售，立即抢抓先机，迅速向市教育局、市政府请示汇报，市政府高度重视，市委书记亲自召开专题教育现场会，决定化工厂 800 万元的历史贷款由政府承担处理。在市政府、市教育局的直接组织下，学校仅自筹资金 80 万即顺利购买了化工厂，为学校改善办学条件和环境面貌创设了坚实的基础。学校校园内约 7 亩山地，所有权属窑湾村，村民在长期的使用过程中，严重影响校园管理和教学秩序，特别是村民的废土堆积，造成山体滑坡，严重威胁师生和财产安全。市政府、舞阳办事处和市教育局多次到现场，在市土管局和教育局的积极协调下，于 2010 年 9 月正式征用，给村民补偿的所需资金全部由市政府予以拨付。学校在建的 4 000m² 价值 300 万元的综合实验楼，将使学校实训条件得到根本性的改善。学校底子薄，改造工程较多，市教育局每年挤资金 50 万元，帮助学校改善办学条件。近五年来，在各级政府的关心支持下，加之学校的创造性工作，共投资近 700 万元，新修了校门、食堂、浴室和 31 户的教师宿舍，新建了生物、化学、语音实验室和电子电工实训室，新建计算机机房 3 个，新购计算机 200 台，汽驾教练车 10 台，使学校的教学条件得到根本性改善。

来凤县中等职业学校：积极争取县委、县政府对职业教育的重视。县委、县政府领导多次到学校现场办公，解决学校的困难和问题。校园面积由 2002 年的 34 亩扩大到 61 亩。现有 300m 环形跑道（内含足球场），4 个标准篮球场，男、女生宿舍各一栋；教学楼 2 栋，学生食堂、澡堂 1 栋，建筑面积 11 958m²。

宣恩县中等职业学校：自筹资金 320 万元，新建了实验实训楼 3 200m²、女生宿舍楼 1 200m²、教学楼 1 400m²、多功能服务厅 600m²，先后建起了计算机室、多媒体教室、电子电工实验室，并配备了相应的设施。

三、存在的问题

"九五"期末至"十一五"期间，通过实施"512 工程"合格学校的创建，促进职校由办学单一、规模太小、战线太长、思路太窄向扩大规模、提高效益、增强活力方面发展，迈出了可喜的一步，成效很大，但还存在一些亟待解决的问题。

（一）发展相对滞后

第一，办学规模发展相对滞后。我国教育的整体宏观结构是，九年义务教育毕业生中有一半左右的初中毕业生上高中，有一半左右的初中毕业生能够接受中等职业教育，进入就业岗位；同时，高中生升入大学，其中也要有一半左右上高等职业院校，有一半左右上本科院校。现阶段，湖北省恩施州每年初中毕业生有 5 万人左右，按照初升高比例 80％，再根据普职招生大体相当的要求测算，每年上中等职业学校的学生应达到 2 万人左右，在校学生应达到近 6 万人。据统计，目前恩施州近两年上中等职业学校的各类学生不足 1.5 万人，各类中等职业教育在校生 3.5 万余人。多数学生过早流入社会或外出打工就业。第二，办学条件发展相对滞后。建始县中等职业学校的校园面积只有 18.7 亩，宣恩县中等职业学校的校园面积只有 16.2 亩，巴东县职业高中的校园面积只有 22 亩，咸丰县中等职业学校的校园面积只有 35 亩，很难适应职业教育的办学发展要求。

（二）效益不高

第一，社会效益不高。首先是社会对办职业教育的认识不高，其次是领导对办职业教育的认识不高，还没有真正认识到抓职业教育与抓经济社会发展的真正内涵。因而，职业教育还处于一种弱势，可以说职教还是社会的弱势群体，在教育整体中发展不均衡。第二，质量效益不高。职业教育的办学设施差，生源质量差，师资力量差，导致教育教学管理不规范，教育教学质量提不高，不能满足社会、企业及家长的要求。第三，就业效益不高。许多学校反映，由于就业市场没有实行就业准入制度，受过中等职业教育的与没有受过中等职业教育的在就业和待遇方面没有什么区别。

（三）监控不力

职业教育面临着质量的挑战，职业教育还远没有达成靠质量来赢得社会理解，靠质量去吸引生源。恩施州职业教育发展至今，也有几十年的历史了，但是还没有形成一个适合职业教育发展规律和特点的质量监控和评价机制，因而许多学校都是套用普通教育的质量评价方式和监控机制，采用的都是升学的那一套标准。因此，恩施州职业教育课题组开展了湖北省"十一五"职业教育科研规划课题"职业教育教学质量监控与评价机制研究"，试图通过课题研究来逐步完善，加大职业教育教学质量监控的力度。

（四）投入不足

近年来，恩施州县（市）级财政拨款除了教师工资外，职业学校事业经费往往靠学校自筹资金发展，职业学校仍处于艰难境地。除此之外，由于种种原因，导致有的职业学校招生有困难，有的职业学校在校生巩固率不高。

四、个案启示

从湖北省恩施州中等职业教育发展的总体情况来看，在今后一个时期湖北省恩施州必须全面贯彻落实中共十七大提出的加快普及高中阶段教育（含中等职业教育），必须坚持科学发展观，全面协调加快发展高中阶段教育（含中等职业教育）。中等职业教育在高中阶段教育中占大体相当的比重，因此加快发展高中阶段教育（含中等职业教育）举足轻重。普及义务教育以后，加快普及高中阶段教育（含中等职业教育）已势在必行。

（1）进一步加大办学经费投入，改善办学基础设施势在必行。一方面，国家应加大对恩施州等较为落后的民族地区的职业教育发展经费的投入；另一方面，要地方财政也应加大对职业教育的投入力度，农村职业学校也要利用职业教育的办学优势发展校办产业，增强学校的办学造血功能。近五年来，尽管各级财政给予了一定的投入，改善了办学条件，但是恩施州农村职业学校的实训场地、学生宿舍、学生食堂、运动场所和专业设施等基础设施远远不能满足教学要求。在今后一个时期，必须进一步加大基础设施的建设投入，提高办学能力。

（2）进一步健全质量监控机制势在必行。职业教育教学质量评价制度一直尚未建立健全。职业教育质量不能用普通教育的评价标准去衡量，更不能用升学率去衡量。职业教育是就业教育，是创业教育，必须建立符合职业教育特点和规律的评价制度。

（3）进一步加强师资队伍建设势在必行。职业教育的师资与普通教育不同，涉及的专业多、门类广，政府应当把教师问题作为重要问题来解决，针对职业教育特点适当增加教职工编制，要采取一系列优惠政策吸引优秀教师特别是优秀专业课教师从事职业教育。学校要从多层面加强师资队伍建设的力度，一要加强校本培训，提高教学水平；二要让老师走出去培训，提高教学能力；三要坚持专业课教师企业实践制度，让教学与企业用工接轨；四要在专业课教师中聘用一批技术高、有影响的专家能人授课。

（4）进一步做好学生资助工作势在必行。新的教育资助体系明确提出的目标就是，让所有家庭经济困难的学生都能上得起大学，接受职业教育。将来的年轻一代当中，多数学生都要接受中等职业教育或者高等职业教育之后再进入就业岗位。学校要充分利用当前国家对中职学校学生进行资助的有利政策，严格按有关规定落实资助工作。同时，学校也要在办学经费中拿出一定比例资助贫困生完成学业。

（5）进一步加强实习实训教学势在必行。在调查中发现，各个学校开办的计算机、电子电工、汽驾汽修、农村实用技术等专业，实训场地和设施的严重不足，已成为制约学生动手能力提高和学校发展的瓶颈。一方面学校要积极争取国家实训基地建设的项目投入，另一方面地方财政也要给予一定的配套支持。

（6）进一步拓宽职教发展空间势在必行。各县（市）应协调统筹发展职业教育，充分发挥中等职业教育中心的职能，在各县（市）的职业教育和职业培训领域起到应有作用。

第二节 湖北咸丰县职校发展的个案调查分析

2011 年 7—8 月，笔者曾深入到湖北省恩施州咸丰县职中、民族技工学校进行走访座谈，就该县职业教育的现状、设施配置、师资配备、课程设置、生源情况以及毕业生的就业情况，开展了调查研究。

一、基本情况

（一）咸丰县中等职业技术学校的基本情况

该校隶属于咸丰县教育局管理，是一所集中等学历教育、成人本专科函授教育、短期职业技能培训于一体的国家级重点中等职业学校。学校占地 82.2 亩，校舍建筑面积达到 2.04 万平方米，现有教职员工 188 人，其中在职 141 人，专任教师 115 人。2010 年春季学期有 30 个教学班，在籍学生 2 835 人。开设有汽车运用与维修、数控技术、旅游服务与管理、计算机技术及应用等 16 个专业，累计为社会输送 20 000 余名各类技能人才。2004 年以来，先后被省相关单位确定或评为"512 工程合格学校"、农村劳动力转移培训阳光工程基地、省重点中等职业学校、省农民科技培训星火学校。

（二）湖北省农业广播电视学校咸丰县分校的基本情况

该校隶属于咸丰县农业局管理，现有 10 个教学班，在籍学生 675 人，教职工 34 人。农广校还没有自己的教学场所，暂租借县委党校教学。开设有北大青鸟 APTECH 计算机软件应用、电子应用、平面设计、电子商务和文秘等专业。2006 年与巴东农广校联合办学，2009 年学校与北大青鸟集团签订联合办学协议，并与多家国际知名企业联办实习基地。2006 届毕业生已分别安置到珠海伟大集团和苏州成方电子有限公司就业。2004 年以来，先后被确定为"清华大学远程教育培训咸丰工作站"、省农村劳动力转移培训阳光工程品牌基地、县退耕还林农村技能培训学校、县库区移民培训学校。该校可进行专科和本科函授教育，并设立有农民科技教育培训中心。

（三）咸丰县民族技工学校的基本情况

该校隶属于人力资源和社会保障局管理，是 2009 年 3 月经省劳动和社会保障厅、省发展和改革委员会批准成立的民办全日制中等民族技工学校。学校占地 20 余亩，总建筑面积 12 000 余平方米，教学区、生活区、实习区和运动区相对独立，教学条件优越。在籍学生 429 人，现有教职工 26 人，其中专任教师 16 人，实习指导教师 4 人。开设有电气自动化、文秘与办公自动化、模具设计与制造、数控技术以及现代物流等 12 个专业。教学专用计算机达 200 余台，模具、数控设备和场地价值达 80 万元，汽车维修设备、机电、电器、电焊、氩弧焊、车、钻等设备齐全。学校已与富士康、比亚迪等多家"世界五百强"集团签订了《校企业合作人才培训协议书》，实行"订单式"办学。经县政府批准设立"旅游人才培训基地"，扶贫开发办确定为"雨露计划培训基地"。

二、主要经验

（一）加强领导，助推职业教育快速发展

咸丰县委、县政府高度重视职业教育发展，把职业教育工作纳入全县社会经济发展总体规划进行谋划。一方面，坚持以公办教育为主，咸丰县政府多次专题研究职业教育发展问题，县委、政府主要领导多次到职中现场办公，解决征地和扩校问题，对职中的发展提出了明确意见；另一方面，积极支持民办职业教育，技工学校在筹建过程中，咸丰县领导多次实地考察，解决建校过程中的征地和建设问题。2005 年 4 月，咸丰县政府出台了《关于进一步加强农村教育工作的实施意见》，要求城市"三税"教育费附加用于职业教育的比例不低于 20％。近三年来，职中多渠道争取投入 4 462 万元，改善办学条件。三所职业学校都落实了贫困生国家资助政策，仅职中就发放各项资助金 800 多万元。这些政策的落实，有力地促进了我县职业教育的快速发展。

（二）整合资源，职教规模不断扩大

2005 年，咸丰县政府将原二中、职业高中和农机学校整合为咸丰县中等职业技术学校，2008 年将县教师进修学校、成人中专合并到职校，扩大了办学规模，完善了职教职能。2009 年秋，县编委发文认定县内 13 所初

中学校为该校分校。2010 年春，全县职业教育共开设 52 个教学班、30 个专业，在籍学生达到 3 939 人。几年来，全县各类职校共为社会输送各类技能人才 51 500 余人。

（三）创新机制，职教办学形式多样

一是走政府、部门、民办职业教育之路。坚持以政府办学为主体、社会力量办学为补充的原则，按照"积极鼓励、正确引导、加强管理"的方针，鼓励支持企事业单位、社会团体、其他社会组织及公民个人，依法独资或以股份形式合资办学。二是走校企联办劳动就业市场对接之路。充分发挥职校理论教学的优势，学校完成理论教学后，由企业提供实习场所和实习设备，顶岗实习，学生毕业后可留厂就业。根据市场需求设置专业课程，实行"订单式教学"，拓宽了就业渠道。三是走强校联办之路。县职中与恩施州职校、农广校与巴东农广校联合办校，实现了强校联合，资源共享的目标，走出了一条"优势互补、工学结合、带薪实习"的路子，为我县发展职业教育提供了宝贵的经验。农广校丁寨籍学生郭萍带薪实习 5 个月，获打工收入 13 200 多元，扣除学费后，给家长退款达 5 000 多元。带薪实习既培养了学生的动手能力，又减轻了贫困家庭负担，很受学生家长欢迎。

三、存在的问题

（一）重普通教育、轻职业教育的现象突出

从社会层面看，"重普通教育，轻职业教育"的思想仍然存在，认为职校招录的学生都是"淘汰生"，用升学率评判职校，用能否考上大学来衡量学生，忽视了发展职业教育是在执行国家劳动预备制度和就业准入制度；从学校层面看，"重理论教学，轻实践实训"情况较为突出，专业教师难招聘，实训操作无设备，学生厌学，老师烦教，忽视了职业教育就是要注重培养学生动手能力这一特性；从家长层面看，"重学历，轻技能"现象相当普遍，认为读职校低人一等，读高校让人高看，职校毕业生是打工仔，高校毕业当干部，千方百计想让自己的子女上普高读大学，结果大学没考上，职校不愿读，没有任何技能就去打工，一定程度上影响了学生的成才之路。

（二）专业教师和实习指导教师奇缺

咸丰县职校专职教师大多数是由基础文化课教学和普高转行而来，有实践经验的实习指导教师或"双师型"教师严重缺乏，从普高转行的老师专业知识缺乏，实践经验不足，难以摆脱普通教学模式，实习指导老师高

校分不来，社会聘请实训指导老师又没有教师资格证，职校仍延用"以课堂知识传授为主，技能实训为辅"这种传统的教育方式，培养的学生动手能力差，没有技能，毕业生仍是普通的打工仔。因此，职校专业教师和实习指导老师的奇缺，严重影响了技能教学质量、职校生源、实用型人才需求与劳动力就业市场的有效对接。

（三）特色不突出，专业课程设置缺品牌

咸丰县 3 所职校，专业课程设置大多雷同，所设专业课程基本上是教学成本低、不需任何实训设备的专业，有实训设备的只有计算机专业。因此，学校没特色，专业缺品牌，学生无专长，毕业生就业只能当普工，不能当技工，更谈不上当技师。如教学成本相对较高的机电专业的毕业生，技术含量高，社会需求量大，劳动就业市场竞争能力强，毕业生每月工资都在 5 000 元左右，但因缺乏专业指导教师和实训设备而没有开设，或开设得不完全。一个机电专业的车、刨、钻、镗、铣、钳、电焊、氩弧焊等工种的毕业生，只要精通上述 1—2 门专业技能，就可享用终身。

（四）招生不规范，有偿招生愈演愈烈

中职招生管理不够规范，招生计划和学籍档案管理规定执行不严。一是有偿招生现象突出。咸丰县每年有初中毕业生约 4 700 人，除高中和职业技术学校每年招收 2 800 人外，大部分被招生贩子以每生 2 000—8 000 元不等的价位招收到外地就读，导致当地部分职校"吃不饱"。如技工学校 2010 年秋季应招 600 人，实招 200 余人，缺口 400 人。二是招生秩序混乱。由于中职、中技招生实行自愿进校，导致招生贩子有可乘之机，"自愿"逐步演变成无序竞争，招生工作越来越困难。三是冒牌招生现象突出。社会各种良莠不齐的短训班，打着职校招生的幌子，走村窜户虚假承诺招生，学生在不明真假的情况下报名入学，上当受骗，甚至的有乡村干部也帮了冒牌招生的倒忙。

（五）投入不足，办学条件较差

前几年教育发展的重点放在了义务教育和高中教育上，发展职业技术教育的欠帐太多，咸丰职中负债近 800 万元，部门办、民办的职业教育基本上没有政府投入，办学条件较差。目前，办学条件除民族技工学校比较好以外，职中缺学生宿舍、学生食堂、实验场地和实验设备。县农广校无办学场所，租借在县委党校，教学、实验、生活场所十分拥挤，必须另选校址，才能具备办学条件。技工学校除计算机教学设备外，有车床和钻床供学生实训。咸丰职中除计算机外，实习车床、钻床都是老式淘汰设备，驾培专业虽有场地，但只有 5 台大车 4 台小车，必须改造升级为二类驾校才能达标。3所职校存在不足的共性（除计算机专业外），都是实训设备不足。其他无实训设备的专业只能进行理论教育，在没有实训设备和资金投入的情况下，要办好职业学校是不可能的。

四、个案启示

（一）加强领导，规范投入与管理

一是要继续落实省政府《关于大力发展职业教育的决定》和县政府《关于进一步加强农村教育工作的实施意见》，积极落实职业教育发展的相关政策，督促相关各职能部门认真履行发展职业教育的相关职责，继续把职业教育纳入全县社会经济发展规划统一谋划，把职业教育放在与普通教育同等重要的位置去实施。二是要增加投入，改善办学条件。按照省政府《关于大力发展职业教育的决定》，"设立职业教育专项发展经费并列入年度财政预算，城市教育费附加安排用于职业教育的比例不低于20％，农村成人教育经费定额从年人均30元提高到人均50元"。把这些经费集中起来，用于职中的学生食堂、学生宿舍和实验楼的建设，用于3所职业学校的教学仪器和实训设备的添制。三是要加强管理，建立职业教育管理工作新机制。教育主管部门要将资金保障、设备购置、师资配备与培训以及日常管理纳入规范化管理轨道，不断提升我县职业教育水平。四是要进一步规范职校招生行为，继续将中职招生计划下达到各中等职业技术学校，以保证各职校生源。对有偿招生、买卖生源等现象，相关部门要联合调查取证，对违反招生规定的学校及个人进行严肃处理。

（二）正确引导，转变观念

职业教育是我国执行劳动预备和就业准入的重要制度，是培养学生动手能力的重要平台，是企业培养实用型人才的重要基地。要帮助学生树立"一技在手、就业无忧，身有特长、成就有望"的成才理念和"以特长成就人生，以技术服务社会"的价值观念。因此，要着力解决社会上存在的"重普教轻职教、重学历轻能力"的问题，正确引导家长把理论学习基础差但动手能力强的学生送到职校进行职业教育，发挥其所长。各职校要因人施教，真正做到"以课堂知识传授为辅，技能实训为主"的教学方式，把学生培养成为有过硬的技能本领、有理论基础知识、深受社会企业欢迎的实用型人才，努力把理论上的差等生培养成为动手能力强的特长生。

（三）加强教师队伍建设，不断提高办学质量

提高职校办学质量，教师队伍建设是关键，只有一流的教师队伍，才能培养出一流的实用型人才。要按照省政府《关于大力发展职业教育的决

定》精神，逐步建立符合职业教育特点的教师进修制度。每年要组织培训一批"双师型"教师，培养选拔县级骨干教师。县财政每年安排一定的经费用于教师培训工作。建立职校教师到企业实践制度，专业教师每两年必须有两个月到企业或生产服务一线实践。完善职校教师职务资格评聘办法，实行分类单独评聘，职校教师职务评聘、特级教师评审应将专业教师的职业技能和实习实训指导能力作为主要依据。广泛吸引和鼓励企业单位的工程技术人员、管理人员和有特殊技能人员到职校任专业或兼职教师，要采取聘请兼职、特邀、客座和顾问等多种形式，逐步提高具有相关专业技术资格或职业资格的教师比例。职校不仅要面向社会招聘人才，也要内部培养专业教师，把那些有理论功底、有操作能力、热爱教师职业的学生留校任教，多途径多渠道地解决专业教师短缺问题，全面提高职业教育的办学质量，促进我县职业教育健康快速发展。

（四）突出职校特色，创办品牌专业

突出职校特色，创办品牌专业，要以精品专业为支撑，由精英教师领衔任教，以实践性强的教学环节、完备的实训设备和基地、畅通的就业渠道为基础，这也是各职业学校生存和发展的重要前置条件。因此，咸丰县各职校都要根据自身优势，研究制定"建特色职校，创品牌专业"的规划和措施，把教学成本相对偏高、技术含量较高、劳动就业市场竞争能力强的专业作为首选专业课程设置。将职校传统的基础课程，如车、刨、镗、铣、钳、焊和现代科技电子专业等，作为创品牌专业的主攻课程，使职校形成传统基础专业与现代科技专业相结合的发展潜质。

第三节　湖北巴东农广校发展模式的个案调查分析

一、基本情况

湖北省农业广播电视学校巴东分校（以下简称巴东农广校）位于巴东县信陵镇白土坡扬帆路（校本部），现拥有巴东白土坡校区（校本部）、恩施校区、咸丰校区和湖南龙山校区四个校区，是一所由国家农业部举办、省农业厅直属的公办中等专业技术学校，也是全省第一批"育才兴农"的重点校之一。该校有 23 年的办学历史，现有占地面积 80 余亩，建筑面积 33 000 多平方米，有 80 多间教室和电子、数控、计算机、SMT 操作室。现有常年在校学生 3 000 多人。学校现有专职教师 102 人，其中高级教师、技师 13 人，中级老师、技师 48 人，本科学历的老师占 85％，"双师型"的教师占 60％。学校开设电子应用、计算机应用、计算机软件、电子商务、数控技术、SMT 技术、机电一体化、激光应用和文秘等现代高新技术专业。该校在恩施州第一个将电子生产线实习车间引入学校，配置了具有国际先进水平的电路模板设计、制作、表贴、回流焊、检测实验室，建起了数控、机加工实习车间。学生毕业后，既能获得湖北省教育厅验印的省中专文凭，又能获得国家劳动部门认定的职业资格证书。

巴东农广校从 1995 年起，一直坚持"面向农村、贴近农民、服务'三农'"的办学方向、"一切为了学生、为了学生的一切"的办学宗旨以及"面向市场办学、按照需求育才"的办学方针。按照中共巴东县委、县政府提出的"为每户培养一个科技明白人、为每户转移一个劳动力"的要求和省农广校每年下达的招生任务，制定工作计划，采取多种措施确保任务的落实。

该校是三峡库区移民培训基地、巴东县农民科技教育培训中心、巴东县农村实用技术培训基地，从事职业教育和技能培训已有十多年，打造出了"巴东电子技工"、"巴东导游"两个湖北省的劳务品牌。目前，正在创建"数控技工"、"SMT 技工"和"计算机应用"等新的劳务品牌，培养目标正在实现"蓝领——蓝领中的白领——白领"的转变。十多年来，学校累计培养既有中专学历文凭又有中级职业资格证书的中专毕业生 16 000 多人，其中有移民子弟 4 500 多人。通过实施的"阳光工程"、"温暖工程"、"劳动技能"等培训，转移安置农村剩余劳动力 13 000 人，其中有移民区农民 6 300 人。先后在全县进行农村实用技术培训 25 000 多人次，其中有库区移民 8 000 多人次。

该校在激烈的职业教育竞争中，学校采取"校企"、"校校"强强联合办学以及订单式培训模式，先后与伟创力、富士康、长虹、泰日升、达方等电子科技集团和北大青鸟集团实行联合办学，使学校办学实力、培训水平和就业安置能力进一步得到提升，保证培训合格率为 100％、对口就业率为 100％、就业稳定率在 95％以上，为提高全县农民的科技文化素质和转岗就业做出了实实在在的贡献。

该校服务"三农"、培养农家子弟成才创业、成功转移农村剩余劳动力的实绩受到各级领导的肯定和社会的好评。国务院三建委、扶贫办、科技部、劳动部、农业部、共青团中央等的领导，湖北省委、省政府、省宣传部、组织部、移民局、教育厅、农业厅等的领导，以及州、县领导，多次到学校调研，中央电视台、新华社、湖北日报等媒体也多次到农广校总结并推广其招生、培训、就业安置、跟踪维权"一条龙"服务的经验。学校先后两次被共青团中央、农业部授予为"全国科教兴农先进集体"、"全国服务农村青年增收成才先进集体"；被科技部授予为"全国科技星火示范学校"；被中央农业广播电视学校领导小组表彰为"全国农广校先进集体"；被湖北省委组织部表彰为湖北省"农村人才资源开发先进单位"；被湖北省教育厅等8部门表彰为"湖北省职业教育先进单位"；2007年被评为湖北省"十佳农广校"；2008年被湖北省省委、省人民政府表彰为"湖北省农民工培训转移先进单位"和"湖北省农民工权益保障先进集体"；2009年4月被湖北省人民政府扶贫办表彰为"湖北省十佳雨露培训基地"；2009年4月中旬，国家县级农广校办学水平评估验收组对该校进行全面评估验收，学校被评定为全国A级农广校并进入前三名；2009年9月被国务院三峡建设委员会表彰为"三峡工程移民培训工作先进集体"。

二、主要经验

（一）注重学教，务求实效

按照巴东县委、县农业局《关于在全县深入学习实践科学发展观活动的实施意见》和《实施方案》的要求，紧紧围绕全县中心工作和农村经济工作实际，进一步解放思想、实事求是、改革创新，以"加快推进特色培训教育发展，努力提高服务三农工作能力"为主题，组织全校党员、教师深入学习，潜心调研，广泛讨论，诚心交谈，狠抓落实，优化服务，切实增强贯彻落实科学发展观的自觉性和坚定性，着力解决影响和制约学校科学发展的突出问题以及教师师风师德、教育质量方面的突出问题，着力构建有利于学校科学发展的机制，提高服务"三农"的水平和本领。学校采取领导带头学、专题辅导学、相互交流学的方法，确保人员、时间、效果三落实，树立高度的政治责任感，坚持学以致用、以用促学，着重在结合实际、体现特色、务求实效上下功夫，诚心征求意见和建议，严格批评与自我批评，加大监督检查力度，努力使党员干部受教育、自身综合素质大提高、科学发展上水平、全校师生得实惠，为加快巴东县农广校现代职业培训教育发展步伐奠定了坚实的基础。

（二）中职教育，再上台阶

中专学历教育是学校职业教育的主要工作，是"服务三农"，培养农民子弟成才的重要途径。我们始终把中职教育视为工作的重点，千方百计抓好中专班学生的教育教学、学生实习和就业安置工作。学校采取"四早"、"四重"措施，即早宣传、早准备、早报名、早培训，重管理、重质量、重效益、重安置，圆满完成了各项任务，为以后的培训工作奠定了坚实的基础。

2009 年，中专学历班的招生工作在面临初中毕业生减少、普通高中班扩招、县内同类学校竞争以及外地职校插入等多种困难的情况下，该校采取加大宣传力度、更新专业设置、加强校企联合等多种措施，组织老师分片包干，走村到户，通过一个暑假的努力，超额完成了省校下达的招生计划，实现了招收中专班新生 850 名的好成绩。

由于受全球金融危机的影响，我国很多企业减产减员甚至倒闭，不少外出务工人员不得不回乡重新创业或重操旧业，很多大学毕业生找不到工作，但巴东县农广校的毕业生仍然全部得到企业录用。2010 年共安置 700 多中职应届毕业生就业，其中数控专业的 120 多名学生被深圳泰日升集团公司独家免试聘用，其他的电子专业学员则被伟创力、富士康电子集团免试聘用。2010 年下半年，珠海紫翔电子科技公司提前来到学校预定电子技工，学生只要完成学业，2011 年毕业的学员可全部到厂就业，完全保证了 100％的培训合格率和安置就业率。

（三）创新机制，健全体系

近年来，该校转换用人机制，打破铁饭碗，废除终身制，建立充满生机和活力的用人制度。从改革用人制度抓起，按以人为本、合同管理的原则和竞争上岗的方法促进学校的发展与进步。根据国务院办公厅《关于在事业单位试行人员聘用制度的通知》精神，从 2010 年年初开始，该校全面推行"校长负责制、全员聘用制、岗位责任制、结构工资制、优胜劣汰制"的五制管理。从 2009 年 8 月初开始，实施学校人事聘用改革方案，首先打破人员的身份和职务，实行一切从零开始，按照公平、公正、公开的原则，在同等条件下优先聘用已在该校工作的教职工的原则，以及讲究文凭、学历、职称但侧重职业道德和工作能力的原则，通过自我申报、竞争演讲、师生评议、领导考核、确定聘用、签订合同的程序来进行。2009 年 8 月底，全面完成学校人事聘用改革工作。

按照依法立制、以制管人的原则，用制度来约束、规范教职工和学生的行为，是 2010 年工作的重点之一。根据《教师法》、《劳动法》、《劳动合同法》，按照依法立制、以制管人的原则，制定出了教育管理若干条例，并打印成册，这些条例主要包括：教职工聘用上岗条例；教师行为规范；教学工作规则及评议标准；班主任工作职责；值日教师职责；杰出人才评选条例；优秀骨干教师评选条例；教职工请（准）假条例；住房管理条例；等等。

（四）面向市场，实施教改

在学科设计上以适用性、现实性为主，取消语文中的阅读、课文分析的教学，重点培养学生的写作能力；在英语教学中取消语法类的教学，重点学习适合交流的口语教学；在职业道德、就业指导、法律常识和礼貌礼仪上简讲理论方面的内容，重点学习应用知识，加设史、地、理、化等基本知识内容；在电子、计算机专业方面，重点放在学习的动手能力上；在课时设计上，专业课课时要占总课时的 60％，而学生动手操作要占专业课课时的 60％以上。面对就业实际，改革考核方法。专业课的考试和考核，以实际操作为主，以理论考试为辅。例如，设置电脑、电视机、收录机故障，让学生在规定时间内排除故障进行修复；摆设若干零部件，让学生在规定时间内组装完毕；英语主考听力、对话；等等。

该校所设专业要能跟上现代科技发展的步伐，面向朝阳产业，同时要考虑到学生的工作理想，设置他们理想的专业。因此，我们要适应科技的发展，顺应学生及家长的意愿，在提高电子应用专业这块品牌的基础上，努力打造数控和计算机程序员这两块新品牌。

（五）加大投入，改善条件

教学和生活设施、体育活动场所是招生的重要条件，是学生及家长的首选项目，而该校的设施特别是学生的住宿条件、活动场所和实操场所较差。如果要让学生既能学到知识又生活得愉快，硬件建设必不可少。为了改善办学条件，扩大办学规模，学校努力争取政府和社会支持，多方谋求项目资金，着手改善办学条件。在政府和各有关部门支持下，征用了 20 多亩土地新建教学楼，总投资 1 300 多万元。新校舍已于 2010 年 8 月投入使用。学生宿舍改扩建成公寓楼已投入使用，学生餐厅和体育场正在修建过程中，2011 年年初投入使用。其他项目，如建一个计算机特色班专业教室、增设一台数控教学设备、增设一个电视机和收录机组装教室、维修好SMT 生产线等，还在积极的争取过程中，以期能够增加学生的动手时间，提高学生的操作技能。

（六）科技帮扶，共同发展

该校是巴东县农村实用技术培训基地、县农民科技培训中心，从事职业教育和技能培训已有十多年。2010 年学校先后实施"阳光工程"、"雨露计划"、"劳动技能培训"和"库区移民培训"等项目工程，完成了"阳光工程"培训任务 1 800 人，其中异地转岗就业安置 510 人，本地转岗安置1 290 人；完成了"雨露计划"培训任务 870 人，库区移民培训 3 000 余人；完成了劳动技能转移培训任务 250 人，共举办引导性培训和技能性培训活动 34 场次，效果良好。

该校与恩施职业技术学院联合，在巴东县实施"一村一名大学生"第一期培训 120 多人；与县畜牧局联合实施"村级动物防疫员"第一期、第二期培训共计 160 多人。为了使学员学到一技之长，增强致富本领，该校采取培训学习与实践相结合的方式，学理论重实践，并收到了让培训学员满意的良好实效。

该校开展了送科技到乡镇柑桔产区、蔬菜产区，以帮助农民发展致富。2010 年 3 月份送柑桔种植技术到金果坪乡，4 月份送烟叶种植技术到官渡口镇，下乡 6 次，受训人数 2 000 多人，发放科技资料 2 000 多册，受到农民的热烈欢迎和高度赞扬。

按照巴东县委巴办文〔2009〕28 号文件要求，学校与清太坪镇白沙坪村结对共建，该校组织专班三次深入到村、组、户，共同绘制整村推进致富蓝图。帮助该村在稳定魔芋、生猪等产业的同时，将烟叶和劳务作为农民增收的主要产业来抓，学校将为白沙坪村免费培训农村实用技术农民工50 人。该校在完成清太坪镇双树坪村、六郎村的扶贫整体推进工作后，近两年又承担了该镇白鸠坪村的扶贫工作。在总结前两个村工作经验的基础上，采取科技扶贫措施，在该村大力发展支柱产业，请专家讲座，把技术送到家送到田块，攻克难题，激发了农民发展支柱产业的积极性。

实施退耕还林工程，对改善生态环境、改变不合理生产方式、加快贫困地区农民脱贫致富、优化农村产业结构、促进农村经济发展发挥了积极作用。2009 年 7 月，巴东县农广校正式启动"退耕还林农民培训"项目，成立了领导小组，组成培训工作专班，并深入项目实施村调查了解农民培训的意愿，根据农民培训意愿制定培训的实施方案，组织专家、老师编印退耕还林农民培训专用教材，其中编印《农业产业化培训手册》3 000 多本。2009 年 8 月，该校先后在大支坪镇十二岭村、茶店子镇朱砂土村开始对农民进行培训，在培训过程中，学校坚持做到"八有"，即有培训场所、有教学设备、有教材、有教案、有培训花名册、有考勤记录、有上课记载、有考核；坚持让发改部门、财政部门、农业主管部门到培训现场进行检查和监督。同年 10 月下旬，培训结束，上级下达的 2 339 人的培训任务顺利完成。通过培训，不仅让学员学到了先进的生产技术，还树立了学员市场经营的理念，了解了一些先进的管理经验，促进了当地产业的发展，使农民人均增收 160 多元。培训还推动了一些种植大户的发展，大支坪镇十二岭村二组村民田贵平 2009 年 9 月参加该校组织的蔬菜栽培培训班，将学到的蔬菜管理技术运用到实际生产中，年收入 4 万多元，当年增收 7 000

多元。茶店子镇大湾村四组村民陈千万 2009 年种植烟叶 20 多亩，用学习的烟叶烘烤技术烤制出优质烟叶，增加收入 8 000 多元。

（七）促移民致富，建和谐库区

该校是全国唯一一所三峡库区移民培训示范基地，从 1996 年起就承担为"每户培养一名科技明白人，为每户转移一个劳动力"的任务。坚持以人为本，贯彻落实科学发展观；以市场为导向、以产业为依托、以提高移民整体素质和转移就业为目标；坚持统一规划、分步实施、分类培训的原则；坚持以提高移民素质、学好专业技能、增强自身致富能力的原则；坚持培训、就业安置、跟踪维权服务一体化的原则；坚持既积极引导又尊重移民意愿，维护移民的参与权、知情权和监督权的原则；坚持整合资源、创新机制、按需施教、注重实效的原则。以培训机构为载体，加大库区移民就业技能培训力度，全面推进库区社会经济又快又好发展。

2009 年，培养既有中专学历文凭又有中级职业资格证书的库区移民中专毕业生 737 人，对库区农民进行实用技术培训 3 000 人次。对于农村移民进行实用技术培训工作，为了方便移民户，减轻负担，节约时间，我们将移民培训的教学点分别设立到移民乡镇中，使得移民培训工作能够深入下去，能够沉到最基层。目前，培训工作已在沿渡河镇、东壤口镇、官渡口镇、溪丘湾乡共四个移民培训点培训了 3 000 多名移民人员。进行实用技术培训后，农民充分利用库区盛产柑、桔、橙、柚、茶的优势，建立优质速生果茶园，这能增加植被，减少水土流失，美化库区环境，提高长江水质，减少地质灾害，具有良好的生态效益。这将大大缓解库区剩余劳力就业安置的压力，扩大库区"务工经济"规模，提高农民收入，对于建设安宁、团结、富裕、和谐的新库区有着重要推动作用。

三、存在的问题

（一）培训资源严重短缺，培训能力不足，培训质量不高

（1）办学规模不大；师资力量严重不足，特别是专业课教师奇缺；专业设置少。这种状况难以保证培训合格率，在利益驱动下，难免出现培训质量不高甚至于欺骗现象。

（2）从办学规模看，2006 年全县初中毕业生约 8 000 人，上高中的不到 50%，有近 4 000 人有待通过技能培训提高劳动技能素质，加上农村富裕劳动力转移就业也需要向技能就业转变，因此培训需求量大。然而，现在全日制在校生总数仅 3 000 多人。专用的设备设施简陋，除电脑、缝纫机外，其他教学设备或没有，或不适应教学需要。目前，就业市场红火的

电子电工，在实际教学中只有农广校有 30 台实验装置。

（3）从教师队伍看，3 家公办学校教职工共 118 人，6 家民办培训机构教职工总数才 40 人，而真正"双师型"专业技能指导教师估计总共不到 30 人。所以，只能聘请社会上有一技之长的技工充当专业指导教师，其中有职业资格证书的才 12 人，技师以上的指导老师仅 1 人，而且还是 2006 年才由从事个体家电维修服务人员改聘来的。

（4）从专业设置看，各培训机构申报上来的专业有 12 个，计算机应用、服装制作、电子电工、簿记、家电维修、汽修、旅游服务、车工、电焊、文秘、烹饪、美容美发、公关卫士。但真正能常年开班的以计算机、家电维修、服装制作为主。

（二）培训安置渠道单一

巴东县的两家公办学校（职高、农广校）和 1 家民办培训机构（青华职校）虽然都具有自主安置渠道，但主要还是成批向大企业输送，还无法使学生有选择性地就业，这种安置方式只能说明现有的培训质量与市场需求还存在相当大的差距。

四、个案启示

（一）基层农广校只有解放思想、开拓进取，才能发展

在国际金融危机的背景下，基层农广校的生源大幅度减少，各兄弟学校竞争生源力度加大，而巴东农广校能够解放思想，在办学招生等多方面进行了创新。①寻求新的合作办学伙伴，使该校的办学品位得到了提升，在社会上的知名度进一步得到了提高；②创新专业设置，新开设的计算机软件专业和数控专业，成了学员的热门专业，也成为企业看好的员工来源渠道，很多企业提前与该校定聘这些新专业的员工；③在中层干部和教师任用上，真正实行竞争上岗，竞争上岗人员具有一定的开拓进取精神，他们人人都能践行自己的诺言，联系学校实际充分发挥自己的智慧，献计献策，教师的工作责任感明显提高，学校的生机与活力明显增强。

在教学上，该校广泛征求学生的意见，加大了专业课的教学力度，加大了学生动手操作演示的力度，改变了死记硬背、纸上谈兵的考试方法，把理论考试、操作考核、体能测试和操行评定四项定为评定毕业生合格与否的综合标准，缺一不可，学生学习的情趣比以往浓厚得多，校园里的气氛也更加活跃。

（二）坚持"服务三农，培养农民子弟成才"的办学宗旨

该校始终牢记巴东农广校被称为"深受农民欢迎的学校"的美誉，牢记"服务三农，培养农民子弟成才"这个宗旨，不断改进工作思路和工作方法。该校信守"党号召我们做什么我们就做什么，农民需要什么我们就做什么"的诺言，按照国家人本扶贫理念，心系农民，直面穷人，多方争取资金，培养农民子弟成才。2009 年该校为每个学生争取到了 1 000 元的学费扶持，为每个学生争取到了 3 000 元的生活费补助，移民区的学生免除一切费用，学校有效地组织学生利用寒（暑）假进行有薪实习，解决了学生在校读书的费用后还结余几千元。学生家长说"盘古开天地，没有看到有这样的学校，不仅不收费还给学生倒找钱"，学校贴心为民的实际行动，赢得了农民的爱戴。2010 年 9 月开学后，从其他学校转入该校读书的学生就有 30 多人，有 40 多名上了普高录取分数线的学生放弃读普高而来读中专，他们说"到农广校读书一不要钱，二能学技术，三包就业，我们向往"。

（三）只有重质量、讲信誉，基层农广校才有生命力

该校向家长和用人单位承诺"三严三不送"的原则，即严格学员的操行评分、严格学生的理论考试、严格学生的操作考核，对操行表现不合格、考试考核不及格、身体素质不达标的学员不向用人单位输送；要求学生按照"四个一"、"五具备"的标准来塑造自己，即"一表人才，一手绝活，一手好字，一口好话"，具备"组织管理，社会交往，辨别是非，自我保护，自求发展"的能力。从新生入学起，就对学生高要求、严管理，培养的学生都符合一个中专生的标准。因此，用人单位对聘用该校学生放心、满意，招聘时免试录用，进厂后加以重用。现在该校正在实施精品名牌战略，制定出"开设品牌专业，培养品牌人才，进入品牌企业，建设品牌职校"的规划，并围绕这个规划付诸行动。

（四）加强培训宣传和领导工作

为了使广大参学参训对象及时充分了解培训的目的和意义，了解各种优惠政策，提高参学参训对象的积极性和主动性，该校采取多种形式大力宣传，充分利用电视、广告、宣传材料、网络媒体等在各地深入宣传。2009 年共发放宣传材料 2 万多份，新闻媒体宣传稿件 200 多份。在此基础上，再深入调查，广泛收集劳务信息，根据需求合理安排培训专业，编写实用教材，如《电工电子实用教程》、《农民务工常识》、《农产品加工及果树栽培技术》等共计 4 000 余册，还有相关的教学光盘，要充分保证学员学到一门就业技能，并输得出、稳得住和有较好的收益。通过这些，不断扩大学校影响，提高知名度，更好地为县域经济发展服务。2010 年，则紧紧抓住国家加大对职业教育投入的契机，以"阳光工程"、"雨露计划"、

"库区移民培训"为切入点，开拓进取，努力工作，有力推动了各项教育培训任务的完成。

当然，巴东农广校在办学条件、师资力量、教学质量等诸多方面还存在很多不足，这些还需要各部门通力配合、全力攻坚才能使工作更上台阶。

第四节　贵州农村职校发展的个案调查分析

贵州是我国欠发达地区之一，社会经济发展相对滞后。农村人口众多，贫困面大，农民素质低下，制约了贵州省农村经济的发展。目前，贵州经济社会发展相对滞后、产业结构不合理、城乡差距大、"三农"问题突出等，都是不容回避的事实。要全面建设小康社会，前提是必须通过实现农业产业化、农村现代化和农民知识化来加快"三农"问题的解决。农民是新农村建设的主体，是农业发展的实践者，新农村建设和现代农业都需要新型农民来推动，而农村职业教育与农民培训就是培养新型农民的最主要手段。

一、调查背景

虽然，近年来随着贵州社会主义新农村建设的推进，贵州省委省政府高度重视农村职业教育与农民培训工作的开展，增进了农民素质的提高，为贵州省农村经济的发展打下了一定的基础，但是总体上来讲，贵州省农村职业教育长期相对落后，劳动力整体素质低下。2009 年末，中等职业教育学校 249 所，同比下降 2.4%；招生数 15.55 万人，同比下降 4.5%；在校生数 37.57 万人，同比下降 2.9%。大量农民没有接受适当的职业技术教育，缺乏一技之长。根据《2007 年贵州年鉴》的有关统计结果显示，该省每年有 31.35 万初中毕业生不能升入高一级学校，未接受职业技能培训而直接面临就业。从文化结构来看，尽管近年来随着政府部门对扫盲工作的重视，以及九年制义务教育的普及和大力开展"两基"教育，贵州省文盲、半文盲和小学文化程度的人数正在逐年减少，初中程度的人数得到提升，但数据同时也反映，贵州省农村劳动力的文化素质虽然有所提高，但发展缓慢，与全国其他省市相比，仍处在比较低的水平。据《2007 年中华人民共和国年鉴》发布的 2007 年人口变动情况抽样结果，贵州 6 岁以上人口中，具有高中以上文化程度的仅占 6.93%，大专及以上为 2.95%，平均受教育年限仅为 6.75 年，与我国的平均受教育年限 7.3 年仍然有差距。可见，农村劳动力素质低下是影响贵州省农业结构调整和新型农业发展的根本原因，农村人力资源稀缺是制约贵州省农村经济发展的主要因素。要实现贵州省农业由传统农业向新型现代化农业转变，要改变贵州省农村的落后面貌，必须提高农村劳动力素质和完善农村职业教育与农民培训。基于此，2011 年 6—8 月，笔者随课题组走访了贵州松桃苗族自治县教育局等有关部门，了解了当地中等职业教育发展情况。

二、松桃县职业教育的基本情况

近年来，该县坚持做到"六到位"，积极推动职业教育逐步迈向规范化、快速化的发展轨道。该县县委、县政府高度重视职业教育的发展，建立了职业教育与职业培训并举、与普通教育沟通、与农业技术培训协调发展的职业教育体系，明确了"服务地方经济，升学就业并重"的办学宗旨，强力推进劳动力资源向劳动力资本转变，努力走出一条适应市场需求，服务地方经济的路子。

目前，该县有中等职业技术学校一所，学校占地面积 360 亩，建筑面积 6 460m²，现有教职工 50 人，在校学生 1 427 人。校内有 105 亩种养殖基地，新建教学楼、实验楼各一栋，拥有微机室、多媒体教室、畜牧兽医实验室、食用菌栽培实验室等教学设施。2002 年，省职业教育与成人教育工作研讨会在松桃县中等职业技术学校召开；2003 年，该校种植专业被省教育厅列为省级骨干示范专业；2005 年，该校被省扶贫办列为贫困地区劳动力转移培训基地教学点；2006 年，被省教育厅评估认定为省级重点中等职业学校。

三、主要经验

为了促进当地职业教育跨越式发展，该县县委、县政府统筹规划，整合资源，强化措施，加大力度，努力做到"六到位"。

（一）领导重视到位

该县县委、县政府把职业教育工作纳入"十一五"经济社会发展规划和人才开发规划，制定了全县《职业教育发展规划》，将职业教育发展摆在优先发展的突出位置，明确财政、人事、劳动、教育、农业等部门发展职业教育的工作职责，积极构建发展职业教育的联合办学体制。县人民政府在财政特别困难的情况下，多渠道筹措资金，加大对职业教育的投入。自 1985 年以来，该县对职校学生每生每月补助生活费 10 元；从 2006 年起，该县将职业教育资金列入财政预算，每年解决 10 万元；除此之外，该县还积极统筹协调农业、林业、科技和教育等部门资金，用于职业教育和培训。经统计，近几年来县级财政共投入职业教育专项经费 200 万元，通过向上争取专项资金和贷款等形式筹措资金 400 万元，大力发展职业教育，学校基础设施建设、教学设备和校容校貌明显改善。

（二）办学创新到位

该县中等职业技术学校切实把学校的发展定位在提高全民素质上，职业教育、成人教育、学历教育三轮驱动，加强职业技术学校现代化建设，使其在新农村建设的征程中发挥出人才培养作用。按照这一理念，该县本着贴近市场、贴近社会、贴近群众的原则，设置适销对路、贴近群众的专业。目前，经过深入调查研究，结合新兴产业的发展，开设了种植、计算机应用、文秘、汽车运用与维修、旅游服务与饭店管理、机械电子、模具钳工等专业。

（三）办学形式到位

为了提高学校的市场知名度，做到培训与市场的有效对接，该县中等职业技术学校在积极加强自身建设的同时，大力研究和探索联合办学，巧借外力增强学校的发展活力。到目前为止，该县先后与贵州省科技工程学院、省畜牧兽医学校、铜仁职院、衡阳第五技校、襄樊第三技校、贵阳交通学校、怀化万昌中专等省内外职业院校联合办学，促进了该县职业教育快速发展。

（四）师资培训到位

该县全面推行了"双师型"教师培养工程，根据该县职校师资队伍现状，每年从各专业中选取 2—5 名思想素质好、业务水平高、专业技能强的青年优秀教师作为重点培养对象，分期分批地安排他们到上海、深圳、山东、贵阳等地知名的职业培训中心培训学习。此外，还从贵州大学聘请王庆斌博士、何腾兵教授担任学校的兼职教师，进一步壮大"双师型"师资队伍。

（五）职业培训到位

该县在职业教育教学过程中，坚持为"三农"服务的宗旨，不断探索适应社会经济发展的人才培养模式，注重培养学生的创业意识和适应就业岗位需要的专业技能，充分利用学校生产实习实训基地、联办企业实训设备，培养学生的动手能力。为促进该县农业向集约型、规模化、产业化方向发展，该县建立了"职校——专业村——科技示范户"的科技辐射示范网络，实行定点科技扶贫。采取"农闲集中培训，农忙实地指导"的方式，向广大农民推广新的农业技术。向农民开展大棚蔬菜栽培、食用菌栽培、经果林种植和生态养殖等培训，五年时间内共计培训了 5 000 余人次。2004 年以来，该县以县中等职业技术学校为基地，大力开展农村劳动力转移就业培训，将学历教育与短期培训有机结合起来，年培训 1 680 人，转移 1 378 人，转移就业率高达 82％。

（六）招生宣传到位

学生是学校的主体，学校只有吸纳大量学生才有生命力。为确保中等职业技术学校在校生人数逐年增加，该县制定了《职业教育招生奖惩办法》，县教育局长与全县 45 所中学校长签订了责任书，对职校招生工作实行目标责任制和责任追究制。另外，每年 4 月份，县教育局编印《职业教育招生简章》，下发到全县所有初中毕业生手中，加大职业教育宣传力度。县中等职业技术学校组成招生宣传组，下到各中学进行招生宣传，所有教职员工下到村寨进行宣传动员，确保完成上级下达的招生任务。该县还将普通高中二年级学困生分流到县中等职业技术学校，由于学校师资、学生宿舍不够，该县分别在孟溪中学、长兴中学、松桃二中和盘信中学设立松桃民族中等职业技术学校办学点，由县中等职业技术学校派专任教师上技能课，聘请各高中教师上文化课，进一步强化了普职沟通。

四、存在的问题

从当前贵州省农村职业教育的现状来看，主要存在以下几个方面的共性问题：

（一）涉农职校逐步萎缩

贵州省人民政府网站显示，到 2009 年末全省常住总人口 3 798 万人，其中 70.1％为农业人口，约为 2 662.78 万人。这样一个农业大省，在近 10 年里，涉及农业教育的职校从 13 所减少到 4 所，涉农专业严重萎缩，种植业专业几乎停办，涉农专业招生人数仅占全省招生总数的 3％左右，涉农专业毕业生年不足 3 000 人。调查中，笔者了解到，贵州现有的农村职业学校，大都没有结合当地农业产业发展设置课程，涉农专业也慢慢萎缩，农村职业教育已经出现"离农"现象。在贵州，许多农村职业学校都开设了机电、计算机、数控等公共专业课程，而与所在县、乡特色农业相关的课程非常少，有的甚至没有。在学生毕业后，服务当地农业发展的能力并不高。调研过程中，贵州某位曾经分管农业的副县长告诉笔者这样一件事情：

　　我所在的县气候土壤条件特殊，非常适宜种植经济效益较高的水果——蓝莓，经过一段时间的发展，当地形成了一定规模的蓝莓种植。在县里工作期间，我最希望做的一件事，就是能把蓝莓种植的规模进一步扩大，同时发展蓝莓深加工产业。很快，我就发现，这是当地每一个人的心愿，但又是一个难以完成的心愿。

　　蓝莓不好种，懂技术的人又不多，发展起来特别慢，缺懂技术的一线农业人才。县里的农村职校没有开设蓝莓种植专业，农业企业和农户都用不上职校出来的学生，这是农村职业教育和当地农业产业发展不匹配的典型例子。如果当地农村职校能保留涉农教育的专业，如果还能开设一门蓝莓种植技术的课程，请县里几个种得好的技术能手做老师，那么学生们毕业后一定不愁赚不到钱。

（二）办学条件简陋，师资极其缺乏

　　据调查了解，贵州省畜牧兽医学校是一所国家级重点中专，然而，从2000年到现在，贵州省畜牧兽医学校只招进了11名老师，现有的110名专兼职教师队伍中，平均年龄为45岁，其中30岁以下的老师大约10人，30—40岁的老师不到30人，年龄结构出现断层。而按照3000人在校生的规模来计算，师生比大约为1：29，远远高出1：18—1：23的标准上限。因为师资力量不足，学校的老师都承担着繁重的教学任务，原本用于生产实践的时间也被课堂教学占用，"双师型"教师严重匮乏。涉农专业在农村职业学校渐渐萎缩的背后，是农村职业学校办学基础薄弱。以贵州省畜牧兽医学校为例，作为一所国家级重点中专、贵州省唯一一所农业部确立的农业教育示范基地，校园里的大多数房子都十分老旧。据介绍，该校现在的主体建筑都是"七五"时期建设的，"九五"时期建了一栋学生楼，"十一五"期间攒足劲儿建了一栋大教学楼，前前后后花了1 000万元，"我们学校的情况，已经算是不错的了，很多学校就只有一个简单小楼，宿舍也靠在外租房"。

　　和硬件条件差相比，更严重的是师资的缺乏。据调查了解，在贵州省农村职业学校中，贵州省畜牧兽医学校的条件也算得上"数一数二"，其他农村职业学校软硬件条件不足的问题更为突出。如果按照这种趋势发展，长此以往，农村职校就难以吸引学生就读，有经验的老师也不愿意到农村职校工作，最终会形成恶性循环。

（三）农业人才扎根农村少之又少

　　在贵州农业发展的"十二五"规划中，蔬菜种植面积将达到1 500万亩、茶园 500 万亩、果树 500 万亩、中药材 300 万亩。"十二五"期间，计划农民人均纯收入年均增长 10％以上。为了实现规划，贵州 88 个县（区、市）都制定了相应的计划，笔者随机抽取铜仁地区松桃县。相关部门统计数字显示，松桃县"十二五"时期将在全县养殖大鲵 10 万尾以上、野猪 10 万头以上、珍珠鸡和野鸭 100 万只以上、仔猪 50 万头以上、种羊 100 万只以上。一位农村职业学校的老师为我们粗粗算了一笔人才培养账：

> 按照每 1 000 尾大鲵需要 1 名一线农业人才计算，10 万尾大鲵需要 100 人，按照每 1 000 头牲口、家禽需要 1 名一线农业人才计算，200 多万的养殖数量需要 2 000 人。按照一个县级地区需要 2 100 人估算，全省需要将近 20 万一线农业人才。考虑学生成才后留在贵州的比例，按现有条件，培养这 20 万留在本土的人才至少需要 15 年时间。

现在贵州农村职业学校不能满足农村需求，将使发展现代农业产业的梦想成为泡影。同时，虽然农村对农业人才非常渴求，但农村职业学校的毕业生，对于条件相对艰苦的农村并不"感冒"。涉农专业毕业的本科生大都会选择考公务员或者事业单位，农村职业学校出来的中专生则大部分喜欢到东部或中部的涉农企业工作，还有大约 20％的学生改行，10％的学生创业，"有文化、懂技术、会经营、知管理的人才能扎根偏远农村的少之又少。"

五、个案启示

在农村职业教育已经成为制约农村脱贫致富的瓶颈的情况下，中央政府和贵州省等地方政府对农村职教给予了高度重视，采取有力措施推动其实现跨跃式发展。

（1）整合地方职教资源实现自身转型与政策扶持相结合，无疑是有效方法之一。以县级为单位，设立一个叫做"农村职业教育中心"的机构，由这个机构整合全县（区）的培训、教育资源，根据当地特色产业的发展需要，统筹开设课程，整体推进职业教育项目，改变多重培训"各自为政"的状况。

（2）需要探索一套相对便捷的人才需求信息反馈系统。现在，农村职业学校的培养模式是"设置课程——人才培养——产业"，这样就会出现"培养出的人才不一定能与产业对接"的问题。如果变成"产业——人才培养——课程设置——教学改革"，就能根据产业需求随时改变人才培养计划和方法。

（3）以项目带动、扶持农村职教。应该把农村职业教育放在农村教育体系中统筹规划和管理，在农村职校和涉农专业中，率先核定生均培养成本，核定生均财政拨款，并足额拨付到位。实施农村职教"特岗教师"计划，着力解决专业师资缺乏问题。鼓励和动员涉农专业的大学毕业生到农村职校任教，国家给予义务教育阶段教师的同等待遇。

（4）在中央支持的实训基地建设中，把涉农类基地建设计划单列，确保培育一批有质量的涉农实训基地，这样既培养了人才，又有了农村科技创新、技术推广的基地。

第五节　重庆农村职校发展的个案调查分析

重庆直辖以来，特别是通过近几年来的不懈努力，职业教育实现了历史性跨越。2008 年 4 月和 8 月，温家宝总理两次对重庆职业教育作出重要批示，肯定重庆职业教育办得好，并要求将重庆职业教育提高到一个新的水平。

一、发展现状

目前，重庆有中等职业学校 218 所，在校生 55 万人，占高中阶段教育在校生总数的 50％左右；有高等职业院校 29 所，在校生 15.2 万人，占普通高等教育在校生数的 36.7％。三峡重庆库区 3 年输送 20 万职教人才，就业率超过 95％。据调查了解，近三年来，三峡重庆库区的职业院校为社会输送了近 20 万名中高级技能人才，毕业生就业率均达到 95％以上，开展移民职业技能培训 30 余万人次，为库区人民和移民新一代的未来发展奠定了良好基础。重庆三峡库区 15 区县现有各类职业院校 83 所，中等职业学校 68 所，高等职业学院和高校应用技术学院 15 所，库区所有区县都组建了多功能职教中心。统计数据显示，2009 年，库区中职学校招生 8.4 万人，其中移民家庭学生 1 万人，在校生 20.9 万人，分别占重庆全市的39.6％和 37.7％；高职院校招生 1.8 万人，在校生 5.1 万人；库区各类职业培训机构 263 个。

近年来，重庆三峡库区职业教育和培训在创新职业理念、发展机制、办学模式、培训模式及就业服务等方面采取措施推进试验区建设，试点工作初显成效。如重庆巫山县对接受职业教育和技能培训的移民给予资助"全覆盖"，并探索形成了"园校互动、校企融合"的办学模式、"普职融通、城乡合作"的培养模式、"订单培训、转移输出"的培训模式以及"政府买单、统筹建管"的建设模式。重钢集团培训中心的有关人士介绍，校企合作的特点是能结合企业需求培养人才。近年来，该集团每年都会接收200—300名中职生，并吸纳部分进入该集团工作，这些刚毕业的中职生每月薪水一般都在1 500元左右。

随着重庆经济社会的迅猛发展，对中高级技能人才的需求量随之加大，用工要求也逐步提高。惠普、富士康、长安集团等企业的代表称，在用工方面，他们更注重学生的基本素质、职业道德和专业技能。

（一）职业教育已成为城乡统筹发展、移民安稳致富的"国家战略"

重庆大力实施"职教移民、职教扶贫、职教富民"的战略，近五年来职业学校把75万余名农村地区新增劳动力培养成合格人才并顺利实现就业，开展移民职业技能培训50多万人次。2008年以来，《国务院关于推进重庆市统筹城乡改革和发展的若干意见》提出了职业教育发展的新要求，教育部、重庆市政府签订了《建设国家统筹城乡教育综合改革试验区战略合作协议》，教育部、国务院三峡办、重庆市政府、湖北省政府签订了《共建三峡库区职业教育和技能培训试验区协议》，使重庆职业教育成为实现中国城乡统筹发展和三峡库区移民安稳致富的"国家战略"。

（二）职业教育已成为重庆城市发展的重要"软实力"

历届重庆市委、市政府高度重视发展职业教育。中共中央政治局委员、市委书记薄熙来先后8次深入职业学校视察，特别指出"职业教育对于城镇就业、库区移民至关重要，是治本的办法，一定要加大力度把中职教育办好"；市长王鸿举要求"把职业教育打造成重庆的城市品牌和名片，成为重庆发展重要软实力"。2009年，重庆高中阶段学校在校生达到115万人，初中毕业生升入高中阶段比例达到88%，人均受教育年限达到8.8年；每万人口中职在校生为172人，高于全国162人的平均水平。

（三）职业教育已成为重庆经济高速增长的"助推器"

重庆农村劳动力接受过职业技术培训的比例达51.5%，职业教育对经济增长的总体贡献率达6.81%，高于全国平均水平，吸引了113家世界500强企业来渝投资落户，其中，2009年就新进了德国林德公司、美国HP公司和花旗银行等11家。重庆近五年GDP平均增长达到12%以上，目前人均GDP接近3 000美元。即使2009年受金融危机影响，前三季度GDP增速超过13%，预计全年重庆GDP增速将保持在14.5%左右。这些很大程度上是职业教育提高产业素质、改善投资环境产生的"蝴蝶效应"。

（四）办学模式改革创造了"四个互动"的"重庆经验"

重庆大力推进职业教育园区建设和办学模式改革，目前除主城九区作为职教核心区之外，已建设"重庆（永川）职业教育基地"等 6 个职教园区，入住中职学校 64 所，在校生 13.6 万人，分别占全市总数的 21％、25％。在园区建设中探索的"四个互动"办学模式，即"城校互动、资源共享"、"园校互动、校企融合"、"产教互动、集团发展"、"城乡互动、联合办学"，得到了国务院原副总理曾培炎、教育部原部长周济等领导的充分肯定。

（五）在全国率先建立了"面向人人"的中职资助政策体系

2006 年，重庆在全国率先建立中等职业学校学生资助体系，促进了国家有关资助政策的出台。从 2007 年至今，先后有 10 个区县开展了免费中职教育试点。2009 年，全市累计享受免费中职教育的学生达到 17 万人，受惠面达到 30％；享受"普惠制"资助政策的学生达到 33 万人，受助面达到 60％。"面向人人"的职业教育正在重庆变为现实。

（六）创造了职业教育国际交流与合作的"成功典范"

2002 年 3 月—2007 年 8 月，历时 5 年多全面完成了"中国（重庆）—澳大利亚职业教育与培训"项目。澳大利亚教育、科学与培训部部长加里·哈格雷夫认为，该项目是澳大利亚国际合作中的成功典范。借鉴澳大利亚职业教育经验，确立了"就业导向、学生中心、能力本位、学做合一"的教学理念，开发了 18 个专业 486 个能力标准，编撰了 92 本配套教学材料和 33 本能力建设培训资料，推进了教学模式改革。

（七）构建了保障职业教育发展的"多元投入"格局

2007 年，制定并颁布实施《重庆市职业教育条例》，依法保障职业教育经费投入。近五年来累计投入 57 亿元，建成国家级重点中职学校 49 所、市级重点中职学校 37 所、实习实训基地 348 个、县级职教中心 34 个。成立了教育担保公司，进一步拓宽了职业教育融资渠道。大力鼓励民办职业教育发展，民办中职学校达到 74 所，占到全市中职学校总数的 30％左右。

（八）建立了中高等职业教育人才培养"立交桥"

2008 年，经教育部批准，重庆在 4 所高职学院和 30 所国家级重点中职学校试点高职院校自主招收优秀应届中职毕业生，招生计划按 4 所高职学院当年自主招生计划的 10％安排。2009 年，进一步扩大了高职院校自主招收优秀应届中职毕业生的实施范围和规模，5 所高职院校面向 42 所重点中职学校自主招收了 315 名中职毕业生。

二、主要经验

西部大开发、重庆直辖、三峡库区移民开发、城乡统筹改革发展试验等多种优势的叠加，创造了重庆发展千载难逢的历史性机遇。当前，重庆正在着力吸引和集聚国内外先进要素，培育先进生产力，加快建成中国内陆开放高地。中共中央政治局委员、重庆市委书记薄熙来指出："统筹中国经济社会发展，教育是一个突破口，是一种拉动力量。"职业教育不仅是扩大开放的重要基础，也是扩大开放的重要途径，更是提高现实生产力和国际竞争力的重要力量。重庆职业教育以科学发展观为统领，以建设国家统筹城乡教育综合改革试验区、三峡库区职业教育和培训试验区为契机，坚持"统筹管理、内涵发展、质量提升、主动服务"，"做大、做强、做精、做优"，逐步实现职业教育"规模化、集团化、特色化、品牌化"发展，努力把重庆建设成为西部职业教育高地和长江上游技能人才中心。

（一）发展体制机制的"六个创新"

1. 创新职业教育办学体制

发挥公办职业学校主力军作用，完善公有制为主导、产权明晰、多种所有制并存的办学体制，推动教产结合、校企一体化办学。完善民办职业学校建设用地、资金筹集、师资队伍建设、招生和学生待遇等政策措施，大力发展民办职业教育。到2012年，民办中职在校生占全市中职在校生总量的30%以上。

2. 创新职校布局结构

按照经济发展战略布局和社会需求，推动职业学校资源整合优化，进一步完善"一体两翼多组团"的职教资源布局，大力发展农村职业教育，加强县级职教中心建设，加快优质资源建设。到2012年，全市建设30所国家级示范性中等职业学校、40所国家级重点中等职业学校、50所市级重点中等职业学校，使中等职业教育成为重庆特色、重庆优势。

3. 创新职校培养模式

进一步通过高职院校自主招生、对口招生、"3+2"等形式，拓宽中高职教育互连互通的立交桥，将中职毕业生升入高职的比例扩大到40%左右；进一步完善校企合作的人才培养模式，健全学生企业顶岗实习制度，探索建立学生实习保险制度，形成以学校为主体、企业和学校共同教育与训练学生的培养模式。加快中等职业教育信息化建设，建立信息化环境下的教学新模式。

4．创新职校投入机制

完善职业教育公共财政投入政策和技能人才培养成本分担机制，健全政府为主、多方投入的职业教育经费保障机制。整合教育、移民、农业、扶贫和劳动保障等相关部门的培训资源，提高资金使用效益。发挥教育担保公司的作用，进一步拓宽融资平台，采取政府财政全额贴息等措施，协调金融机构放贷支持职业学校建设。

5．创新师资队伍建设机制

大力推进"职业学校教师素质提高计划"，加强教师培养培训体系建设。大力实施"特岗、特聘、特邀、特遣"计划，多渠道吸引优秀人才到职业学校任教。推广中澳职教项目成果，深入实施《重庆市中等职业学校专业教师能力标准》，创新教师评价和管理模式。

6．创新职校交流合作

开放的时代需要开放的教育，城市的国际化呼唤教育的国际化。在认真总结自身发展经验的同时，学习借鉴国内外先进经验，是保证重庆职业教育健康发展的重要途径。以深入推广中澳职教项目成果为契机，借鉴国内外有益经验，积极引进优质职业教育资源，广泛开展职业教育领域合作办学。

（二）城乡职业教育发展的"八个统筹"

职业教育与经济社会发展联系最直接、最密切，是面向人人、面向全社会的教育。统筹城乡职业教育更具有特别的意义。统筹城乡教育发展，是提升教育整体水平、促进教育公平、引领教育科学发展的必然选择。它既是优化职教资源、提升办学档次的重要手段，也是实现以城带乡、脱贫致富的重要途径，更是推动城镇化、工业化的重要力量。近年来，结合城乡二元结构的特殊市情，重庆在职业教育"统筹"上作了一些探索。

1．统筹管理体制

①坚持"兴教不分家"，优化大环境。通过完善职业教育联席会议制度，保障了政府统筹、行业指导、企业参与、市场调节、学校自主的运行机制。②坚持"办学有门槛"，办好大职教。对举办颁发学历证书的职业教育统一设置标准，统一评价内容，统一管理规范，以"统一"促进统筹，基本实现了中等职业教育学校招生、学生资助、学籍注册、教材管理、学校设置、质量评价和师资建设等"七个一体化"。

2．统筹区域发展

区域发展的统筹是对区域资源关系的统筹，应当充分发挥行政调控"四两拨千斤"的杠杆效应。①坚持规划同步。规划就是战略。各级政府把职业教育纳入教育整体规划以及经济社会发展与产业发展总体规划，促进职业教育规模、结构、发展模式与区域经济社会发展相适应。②坚持配置优化。配置就是策略。重庆市各级政府打破部门界限和学校类别界限，通过合并、共建、联办、划转等多种形式，加强了职业教育资源的整合和重组。③坚持布局合理。布局就是效益。建立符合区域发展的职业教育资源网络，引导职业教育集团化、规模化、园区化发展。目前，已基本形成以主城核心区为"一体"、以永川和万州为"两翼"、以其他区县职业院校为"多组团"的结构布局。

3. 统筹财政资源

①抓好市级财政资源统筹，用于"五类"资助，以助困促进公平。2006 年，市委、市政府整合市级教育和劳动保障等部门资金，在全国率先建立中等职业学校"五类学生"资助体系，推动了国家相关资助政策的出台。享受"普惠制"资助政策的学生达到 37 万人，受助面达到 67%。②抓好区县财政资源统筹，用于免费试点，以免费建立公平。2007 年以来，先后有永川、江北等 10 个区县开展了免费中等职业教育试点，深受广大人民群众欢迎。2009 年重庆累计享受免费中等职业教育的学生达到 17 万人，受惠面达到 31%。③抓好两级财政资源统筹，用于助学扩面，以扩面实现公平。我们力争三年内健全职业院校学生资助体系，实现中等职业教育全免费。

4. 统筹内外资源

一是利用好国外资源。成功实施"中国（重庆）—澳大利亚职业教育与培训"项目，确立了"就业导向、学生中心、能力本位、学做合一"的教育理念，开发了 18 个专业 486 个能力标准，建立了职业学校师资能力标准，启动了职业学校教师全员培训，完善了职业教育国际合作的网络体系与渠道。该项目被澳方政府誉为"国际合作中的成功典范"。二是利用好国内资源。57 所重庆职业学校和发达地区的职业学校开展了联合招生、合作办学，直接受益的在校学生多达 6 000 人，促进了区域之间、城乡之间的共同发展。

5. 统筹社会资源

一是着力发展民办职教。市政府出台了加快民办教育发展的"十大举措"，核心内容是公办、民办教育，尤其是民办职业教育，享有同等优惠政策。公办和民办两轮齐转、并驾齐驱，促进了职业教育跨越式发展。二是搭建投融资平台。在全国率先成立了教育担保公司，积极为民办职业院校担保融资，担保公司授信额度已达 80 亿元。民办职业教育，正成为重庆职业教育发展新的重要增长点。

6．统筹校企合作

"企"因人才而兴旺发达，"校"因"企"而更具存在价值。校企合作既是职业教育的战略引擎，也是职业学校发展的生命线。一是搭建合作平台。帮助企业从职业教育的"幕后"走向"前台"，从培养人才的"需求者"转变为培养人才的"合作者"，建立了职业教育行业协调委员会，推动了行业企业与职业院校密切结合及深层次合作。二是促进校企融合。推广巫山校企融合模式，促进全市职业教育"九个融合"，即学校和工厂融合、教室和车间融合、校长与厂长融合、教师和师傅融合、学生和学徒融合、理论与实践融合、作品与产品融合、招生与招工融合、育人与增效融合。重庆已建成6个职教工业园区，正在根据"1＋2＋31"工业园区布局，规划新建28个职教工业园区。

7．统筹各类教育

由于历史的原因，中等职业教育近乎是一座"断头桥"，失去了应有的吸引力。我们致力于打通"断头桥"，架起"立交桥"。一是纵向连接中职、高职及继续教育。坚持扩大中职毕业生升入高职院校学习比例，2010年突破10％，达到了2万人。未来还将达到30％—40％。鼓励中职毕业生在职接受继续教育，对于已经参加工作的毕业生进入高一级学校学习，其工作经历和业绩可作为优先录取的条件，完善终身教育体系。二是横向贯通普通教育与职业教育。积极探索普通教育与职业教育课程互融、学分互认、学籍互联、学生互转、证书互通的新机制，为职业教育开辟新的发展通道。目前，中职、高职、应用技术本科和工程硕士教育已经全面贯通，正在研究本科院校应用技术学院自主招收高职学院毕业生的政策措施。

8．统筹功能与服务

职业教育直接服务经济发展和民生改善。发展职业教育，必须坚持教育功能和社会责任的统一，以服务求支持，以贡献求发展。一是服务百万大移民。职业教育已成为城乡统筹发展和库区移民安稳致富的"国家战略"。二是服务劳动力大转移。重庆农村劳动力接受过职业技术培训的比例达51.5％，中等职业学校毕业生就业率一直保持在97％左右，农村学生通过接受职业教育实现了转移就业。三是服务经济大发展。重庆职业教育促进了产业升级、结构调整和劳动力素质提升，对经济增长的总体贡献率达6.81％，高于全国平均水平，吸引了福特、ABB等154家世界500强企业来渝投资办厂，其中境外企业125家。

（三）职教集团化办学，开启重庆城乡统筹发展的"金钥匙"

1. "三段式"办学开启"智力扶贫"

所谓"三段式"办学，是指"一年在农村职业学校学习、一年在城市职业学校学习、一年在企业顶岗实习"的职业教育集团化办学模式。

近年来，重庆市巫山县职教中心利用广东省佛山等地市对口支援契机，探索出"巫山佛山'三段式'模式"。学生在巫山县职教中心学习1年，进入佛山高级技工学校学习1年，再到佛山市企业顶岗实习1年，同时将户籍、学籍迁往佛山，毕业后在当地就业。2007年有1 000人实现转移就业，2009年巫山向佛山定向培训转移1 500人。这种融技能培训、输出就业、转移户籍为一体的职业教育"三段式"办学模式，确保了转移输出的高就业率和高稳定率，实现了真正意义上的农村劳动力离土离乡。

2005年4月，重庆工商学校与云南省昭通市教育局签订合作办学协议，接管已停办三年的原昭通市技工学校。重庆工商学校投资150万元对校舍进行维修，派驻管理人员，教职工经重庆工商学校考评后录用，工资关系由昭通市教育局代理。学校采取"一年在分校、一年在本部、一年在企业"的"三段式"办学模式，利用重庆工商学校优质的教育资源、良好的教学管理、广阔的就业途径，以大带小，以强扶弱，该校很快成为云南省重点中职学校，连续三年每年招生规模在700人左右。目前，学校在校生人数达2 100多人，毕业生就业率98%以上。

目前，重庆市级以上重点中职学校与周边省市职业学校广泛开展合作办学。例如，重庆市渝北区职教中心与重庆三峡库区、渝东南地区、云南曲靖、四川广安、贵州湄潭等地区的近10所农村职业学校开展了"三段式"合作办学。

2. "园校互动"促进"校企融合"

继重庆职教基地创造了"城校互动、资源共享"模式后，重庆正在积极发展"园校互动、校企融合"的职教集团化办学模式。所谓"园校互动"，是把区县职教中心和重点中职学校建设与区县工业园区建设"捆绑"起来，在园区建设中融入职业教育发展，在职业学校建设中充分考虑园区建设需要；所谓"校企融合"，是指园区内的职业学校从企业需求出发，把职业教育功能定位融入园区企业价值链，双方在人、财、物方面合作，从精神文化层面获得相互认同。

校企融合的内容主要有八个方面，即学校与工厂融合、教室与车间融合、教师与师傅融合、学生与学徒融合、理论与实践融合、作品与产品融合、招生与招工融合，育人与增效融合。目前，重庆部分工业园区与职业学校（职教中心）建设实现了有效互动融合。

重庆黔江区积极探索"职业教育孵化产业园区"新模式。该区计划投资 3 亿元，在舟白城市组团规划 3 平方公里建设职业教育工业园区。"栽下梧桐树，引来金凤凰"。2007 年，黔江职教中心分别与奥林巴斯集团、澳门万国控股集团等知名企业签订协议，就入驻联合办学特别是学生勤工俭学、带薪实习、就业等方面达成共识。澳门万国控股集团每年为职教中心安排 500 人以上学生参与企业岗位实习，负责 500 人以上的毕业生就业。

3. "农民工培训集团"推动农民身份转变

重庆以职业院校为依托，通过实施技能型紧缺人才培训、就业再就业培训、农村实用技术培训、农村劳动力转移培训、三峡库区移民技能培训等，把培训对象从在校学生扩大到往届初高中毕业生、城镇失业人员和农村富余劳动力，提高他们的转移能力、就业能力、职业转换能力以及创业能力，使他们"转得出、立得住、干得好、逐步能致富"。

近年来，重庆市大力实施了技能型紧缺人才、就业再就业、农村实用技术、农村劳动力转移、三峡库区移民技能等职业教育培养培训工程，为社会输送中等以上技能人才 100 万人，开展移民培训 50 万人次、农村劳动力转移培训 100 万人次、农村实用技术培训达 2 500 万人次。

三、个案启示

(一)"八个统筹"提升了重庆职业教育档次，推动了重庆教育较快发展

教育部部长袁贵仁曾对重庆给予"西部区位、直辖境界、中国水平、世界眼光"的高度评价。当然，重庆农村职业教育的问题也不少，统筹城乡职业教育发展的任务还十分艰巨，还有待于以更高标准、更大力度继续做好职业教育改革与创新，凸显职业教育的公益型，强化职业教育的服务性，体现职业教育的全民性，走出一条具有重庆特色的职业教育兴旺发达之路。

(二) 职业教育集团化办学是促进城乡职教统筹发展的关键

在大城市与大农村、大库区并存的特殊情况下，重庆如何实现城乡统筹发展？在实地调研中，笔者了解到，职业教育集团化办学已成为重庆打破城乡二元结构、促进城乡统筹发展的'金钥匙'"。

(三) 服务于区域经济发展是城乡职教统筹发展的立足点

未来 5 年，重庆将围绕劳动密集型的建筑、交通等产业，依托职业院校建设 5 个农民工培训集团和 20 个农民工培训基地，完成农村劳动力转移培训 200 万人次、进城农民工培训 200 万人次。增强农民自我发展能力和脱贫致富能力，促进农村劳动力实现地域转移、产业转换、身份转变，即由农村向城镇转移、由农业向非农产业转换、由农民向市民转变。

第五章 我国农技推广与培训服务体系的实证调查

第一节 湖北咸安等地"以钱养事"改革的追踪调查

湖北省的农村综合配套改革进行了将近十年，改革取得的初步成效已引起新闻媒体和社会各界的广泛关注。目前，湖北 80％左右的县（市、区）和 70％左右的乡镇在开展农村综合配套改革。接下来，笔者将结合在湖北咸宁市咸安区、老河口市等地的调研资料进行综合分析。

一、改革取得的成效

概括起来主要表现在以下几个方面：

（一）从体制上消除了机构臃肿的弊端

为解决"食之者众、生之者寡"的体制性弊端，无论是事业单位的撤销转制，还是乡镇管理机构设置，都打破了旧的管理体制，实现了精简、统一、效能的目标。特别是从体制上切断了肆意伸向农民的手，初步建立了预防和遏制农民负担反弹的长效机制。

（二）从机制上增强了农业社会化服务功能

改革后，由于实行"以钱养事"，服务人员由原来依赖财政拨款和收费转变为依靠发挥自身专长、参与市场竞争求生存求发展，把利益驱动机制和竞争机制引入农村公益性服务领域，使农村公益性服务格局发生了新的变化。

首先，事有人干。为使有技术、有本事的人留下来，努力提高服务队伍整体素质，实行人员竞争上岗，服务人员的积极性和主动性大大增强。据咸安区横沟桥镇农民技术员余伟文介绍，他带领三名有资质的农技员中标承包全镇 4 万亩水田的农业技术指导服务，为了方便群众，让农民满意，他们自费印发服务联系卡，标注姓名、电话、服务范围、举报电话，不定期举办技术培训班等，把农业技术服务落到了实处。

其次，有钱办事，有章理事。随着投入公益型事业的财政经费增加，"以钱养事"的资金进一步落实，技术服务人员的收入水平也逐渐提高。实行合同管理公益性服务，以钱养事，钱随事走。为保证资产不流失，保值增值，转制的单位资产不搞简单处置，由政府负责监管，转制后的企业或民营组织可以无偿或租赁使用。公益性服务监管也趋于规范化。以下是2007年第三季度湖北省咸宁市咸安区农村综合改革领导小组办公室公布的各乡镇农村公益性服务需整改的问题：

第三季度各乡镇农村公益性服务需整改的问题

汀泗桥镇：

水产技术培训力度要加大。

向阳湖镇：

对服务人员的服务日志和入户监督卡要进一步完善。

官埠桥镇：

1. 管理有分工但未落实。项目跟踪管理责任人没有跟踪管理；

2. 考核组织松散，考核情况不明，服务人员没有请求考核验收；

3. 考核情况未反馈汇总；

4. 服务人员第二季度公益性服务资金未兑付；

5. 水产服务人员有矛盾，服务态度差，渔业快汛发放率低。

横沟桥镇：

1. 跟踪管理未到位，次数少；

2. 农技人员服务日志填写不规范、次数太少。

贺胜桥镇：

1. 水产服务要加大培训力度；

2. 农技服务人员要加强业务知识的学习。

双溪桥镇：

1. 个别项目考核细则不细；

2. "监督卡"未填写；

3. 服务人员的服务日志与入户监督卡要进一步完善。

高桥镇：

1. 无跟踪管理监督卡；

2. 农技服务人员之间的矛盾比较突出，工作缺乏协调配合。

大幕乡：

1. 从监督卡看出对服务人员缺乏常年的跟踪管理；

2. 服务人员的报酬未支付到位。

马桥镇：

机关跟踪管理监督卡流于形式。

桂花镇：

1. 畜牧防疫工作不到位；

2. 服务人员的跟踪管理不到位；

3. 考核太简单。

浮山办事处：

1. 要加强对服务人员的跟踪管理，管理记录要齐全；

2. 服务人员服务要作好记录，认真填写；

3. 服务人员对农业示范、实验要做好详细记载。

咸安区农村综合改革领导小组办公室

二〇〇七年八月二十日

最后，各种形式的服务组织脱颖而出。"以钱养事"的机制，使一批新型的服务组织应运而生，焕发出生机和活力，拓宽了公益性服务的空间，使社会资源得到优化配置，形成了"服务人员收入得到切实保障，为农服务质量得到切实提高，政府的公益性服务职能得到切实加强"的三赢局面。在老河口市农业局调查中，有关负责人介绍道：

2009 年，在中央加大惠农补助资金政策的引导下，老河口市加大农技推广工作力度，全方位打造支农平台，无论是资金、政策或是技术人员装备全力向农技推广倾斜，取得显著成效。一是为提高技术人员的业务能力和技术水平，开展各类技术培训班 45 场次，培训包括乡镇领导在内的各类人员 4.5 万人次，培训内容有种植业、养殖业、加工业等方面，聘请省、襄樊市专家到我市讲课 5 场次，技术人员业务水平、服务能力明显提高。二是引用、推广试验示范新品种、新技术，调整种植结构，开拓立体种植模式，如：果树下套种生姜、辣椒、大葱、包菜等，让广大农民提高种植水平，亩产量增加 5%—8%，亩产值增 150—250 元。三是强化病虫防治理念，确保各类作物丰产丰收。特别是水稻、小麦作为我市粮食主产作物，在病虫害发生时期，技术人员深入村、组、田间地头认真监测，准确向农民发布病虫信息及防治方法，全年在电视台发布防治信息18条，发放防治宣传资料5万份，召开各类病虫防治现场会52场次，病虫防治宣传到户率达100％。全市成立机防服务队60个，机防手全部经过市农业局植保站培训上岗，培训机防手的内容有：配制药液方法、施药方法及喷雾器基本维修管理方法等，全市主要作物机防服务面积达70％以上，机防服务既节省投入成本，又提高了防治效果，更及时抢住了最佳防治期。2009年病虫害损失率控制在4％以下，挽回粮食损失4 500万公斤。四是加大农技推广体系建设力度，促进各乡镇农技推广全面、均衡发展。2009年在进一步完善乡镇"以钱养事"工作机制的基础上，试点建立了10个村级农技服务站，并配有电脑、500册技术手册等设施资料，让广大农民就近学习农业技术；乡镇确定有一名植保服务员，每个村确定有一名查虫员，为全市技术服务、病虫防治奠定了基础。大力实施测土配方施肥技术。全市测土配方施肥面积达80万亩次，发放配方施肥通知单5.4万份，既减少了农民盲目购肥、施肥，又提高了施肥效率，仅测土配方施肥亩均节本增收45元以上。五是认真开展小麦板块建设及小麦、油菜、水稻万亩高产创建活动，集成高产栽培技术，提高亩产量，增加亩产值。2009年，老河口市承担农业部万亩高产创建活动3个片（小麦2个，油菜1个），省级水稻高产创建活动2个，经过全体技术人员的辛勤劳动，小麦亩产量达到504.6公斤，与上年相比增加40.6公斤；油菜亩产量达到215.5公斤，与上年相比增加22.5公斤，水稻高产创建亩产量达到703.5公斤，与上年相比增加50.1公斤，亩均增加产值105元，示范带动全市小麦、油菜、水稻不同程度增产（增产在6％以上），增加产量2 640万公斤，增加产值2 376万元。

（三）从某些方面减轻了财政支出压力

改革过程中，湖北全省乡镇共精简分流财政供养人员2.5万人，其中，财政所和经管站合并后，人员由1.1万人精简到0.6万人，减幅为45％；延伸、派驻机构总人数由1.6万人减少到1万人，减幅为37.5％；行政机关总人数有4.1万人精简到2.7万人，分流1.4万人，减幅为34.3％，乡平均人数由52.7人下降到38.6人。人员的减少，大大节约了公用费开支和人头费，减轻了财政供养的压力，也为"以钱养事"提供了保障。

（四）更新了观念，推动了公共服务多元化供给的发展

改革使乡镇干部职工思想观念发生了巨大变化，看到了吃财政饭也不

太安稳，靠向农民伸手要饭吃已经行不通，淡化了"国家干部、国家职工、财政供养"的思想观念，彻底破除了"铁饭碗"意识和"官本位"观念，增强了市场意识和竞争意识；分流人员也不再留恋过去的"庙门"、"官帽"，由过去靠政府、靠向农民伸手，转变为靠市场、靠自己，在市场竞争中求生存、求发展。在湖北省老河口市林业局访谈中，市林业局总工程师、农村远程教育专家辅导团成员赵生涛告诉课题组：

> 2008 年，我们与该市洪山嘴办事处荆家棚村 20 多位花椒种植户签订了共建"农技型股份合作实体"的有关协议。"农技型股份合作实体"由农民拥有的土地、水域、农作物与农技人员拥有的技术折合成股份组合而成，按股承担风险并分红。目前，老河口市已创建 107 个"农技型股份合作体"，3 000 多入股农户年人均分红 1 900 元以上。张集镇赵湾村农民拿出近百亩土地，与市镇农技人员组成"制种、大棚蔬菜"两大股份合作体后，技术人员深入基地指导农民加强田间管理，使制种质量、蔬菜产量大大提高。如今，两大合作体生产的农产品俏销周边 10 多个县市，合作体农户也因此年人均增收 3 000 元以上。拥有丰富水面的薛集、袁冲、竹林桥等库区乡镇，在与市水产技术人员签订技术合作协议后，良种鱼纷纷"落户"，网箱养鱼新技术也降低了成本。目前，这些乡镇生产的良种鱼因肉质细嫩成为市场抢手货，水产产值也以每年 19％的速度递增，养殖户亩均增收在 400 元以上。

（五）转变了政府职能，改善了干群关系

改革进一步明确了政府职能，规范了机关机构设置，落实了干部工作责任制。政府职能由过去的"催粮、催钱、要命"开始转变到提供公共产品和加强对农村的公益性服务上来。同时，促进了干部队伍建设。乡镇机关改革普遍实行民主推荐和竞争上岗，真正将那些素质高、能干事、民意好的优秀干部选进乡镇领导班子，优化了班子结构，提高了干部队伍的整体素质。改革规范了干部的行政行为，增强了基层工作透明度，减少了基层干部与农民的磨擦和矛盾，从制度上加强了党风廉政建设。同时，改革使农民得到了实惠，过去农民反映"服务就是收费"，现在是财政负担农村公益事业服务经费，"群众签字，政府卖单"，农村公益型事业发展得到了加强，农民得到了实实在在的服务，实现了农民满意、政府满意、业务部门满意、干群关系明显改善。

二、改革存在的问题

湖北的乡镇综合配套改革面临着两方面支出：一方面，是乡镇分流人员及机关事业单位的干部参加社会保险的支出；另一方面，是分流人员与行政事业单位完全脱钩实行一次性经济补偿的支出。从目前来看，如果全部事业单位及机关干部加入基本养老保险，不仅当期投保需要相当的财政投入，如果要补缴养老保险费，更需要大量的财政投入。按湖北省劳动保障厅的测算，湖北省为"七站八所"的人员转制购买养老保险需从1995年补到2005底10年时间，平均每个人补交7 500元，其中政府负担57%，个人负担43%。为这些人购买养老保险大概需26亿元，因此政府最终要负担近15亿元，个人负担11亿元。以京山县为例，乡镇综合配套改革总成本是5 672万元，全县通过转移支付、资产变现等多种形式支付4 172万元，仍有1 500万元的缺口，另外还有撤销乡镇公益型事业单位由政府兜底的债务6 300万元。改革仍然面临着财政上的压力和困难。部分县市及乡镇财力不足，难以独立承担改革的成本，改革不彻底，从而导致湖北省各地乡镇综合配套改革表现出很大的不均衡性。

（一）部分地区基层农技推广机构改革给农业生产增加了不安全因素

可以说，基层农技推广机构的稳定和强化是维持我国农业安全的根本保障，因为我国农业生产力发展水平还相当落后，农业生产中的技术含量低已阻碍了我国农业的整体进步，影响到整个农业的安全，稍有风浪便不堪一击。我们面对的不仅仅是提高生产率、增加农民收入的问题，还有与国计民生密切相关的农业安全问题。在某县调查中，某技术员谈了他的看法：

> 我县是柑橘主产区，也是全国的柑橘优势生产区。20世纪90年代末由于植物检疫工作的疏忽，由外地"引进"了柑橘大实蝇，给我县柑橘产业造成了几乎毁灭性的打击。一度蛆柑率高达70%以上，忍痛砍树、欲哭无泪者不计其数。曾也发生过柑农群体性上访事件。其实，20世纪80年代我地周边就有柑橘大实蝇，为什么90年代末才传来呢？后来经分析，可能是外地收柑橘的客户从别处带来的，随手丢了几个蛆柑，就造成了我县柑橘大实蝇的泛滥成灾。而那个时候正是基层农技推广机构职能弱化、"线断、网破、人散"的非常时期，人心涣散、作风飘浮、脱离基层现象严重，使得植物检疫、植物保护工作做得不够。

自 2000 年以来，我地县、乡、村三级投入大实蝇联防的资金已突破了 3 000 万。农民自防投入的资金、劳务更无法计算了。柑橘大实蝇给我地造成的经济损失已达上亿元。柑橘联防每年要花费 4—5 个月的时间，几乎成了每年乡镇的中心工作。年年的努力没有白费，终于将虫果率由高峰时的 70% 降到了目前的 10‰ 以下。但这虫不像人类的天花一样可以彻底消灭，而只能控制，惟有年复一年地加强联防工作，否则又会泛滥。柑橘大实蝇已成了我地柑农一个永不消逝的恶梦。

如今回过头来，为什么我们当初不把工作做细做好一点？几个蛆柑不是一年两年就泛滥的，量变引起质变，它也是经过了至少三年的传播、发展才形成的。为什么我们不把它消灭在萌芽时期呢？为什么当初不把它控制在一个组、一个村以内呢？基层农技推广机构体制的不顺、职能的弱化、地方对农业的不重视是主要原因。？还好是看得见摸得着的害虫，若是由空气传播的病菌，那岂不更糟？而农作物上由空气传播的病害何止三种五种？是否都等到泛滥了再来招投标呢？农业生产上的检疫性病虫害高达几十种，任何一种都是毁灭性的。而很显然这是仅靠"以钱养事"是不可能保证其安全的。因为等病虫害大流行后卖农药赚的钱可能远远高于现在的劳务费。我县几个农资经销商每年单柑橘病虫害联防赚的钱就可以赶上央企老总了。我一个在武汉搞农药经销的同学，去年稻飞虱期间就赚了 50 万。

我认为基层农技推广部门的市场化、社会化是湖北走的一步险棋。2006 年被湖北省定为"农技推广年"，可就是每个人发了一本书，我单位的书至今还锁在尘封的抽屉里，没有人领。去年稻飞虱暴发期间，平原上重灾区有的农技服务中心连人都没有，各级发的紧急文件也只是插在了门上。

（二）部分地区乡镇服务中心运行失灵、人心涣散已成现实

在某县的访谈中，某位农技人员如是说：

如今我们基层农技人员大致可以分为五部分：1/5 在挖空心思和地方政府搞好关系，积极争取更多的资金，这是以中心主任为主的一批人，几乎中心主任、出纳、办公室人员成了坚持天天上班的人，我们这儿管这叫"猴子讨水喝"，这部分人的主要精力就是为镇完成各种工作总结、汇报材料，应付各种会议，请客送礼，争取资金；1/5 在家里闲着，这部分人以 50 岁以上的老同志为主，改行不可能，做生意又年纪大了，只好在家闲着，做做家务，打打牌，只要有工资发就

行了；1/5 改行，这部分以 30 岁左右的为主，文凭高、年纪轻，几乎都已跳出农门了，各地对这些人的工资发放标准不一，大致在 30%—60% 之间；1/5 做兼职，平时自己做生意，单位有事还是要来，没有重要事情就各忙各的，工资照发，这是目前在职人员的主体；1/5 在上访，这以 40 岁上下的为主，上有老下有小，又没有田，上班又没有激情，对行业的失望、对未来的绝望，使得这些人天天只顾埋头写上访材料。如此的专业技术队伍，如此的体制，怎么能给农民搞好服务？怎么能给我们的农业安全提供保障？怎么能给我们的现代农业贡献力量？

我们县 10 个农技服务中心，坚持天天上班的只有 3 个，其他的都只是挂了块牌子，改行的改行，做生意的做生意，打牌的打牌去了。去年省到我县一个乡镇检查"以钱养事"，由于唱"空城计"太久，不但办公地点灰尘叠叠、蛛网密布，而且人也一时招不齐整了，没办法，只好临时请了个老太太打扫了一天卫生，以迎接省的检查。

（三）部分地方政府管理上消极无为，降低了以钱养事资金的使用效率

在所调查的部分乡镇，由于政府部门对服务中心的工作疏于管理和引导，服务中心的人员各忙各的，其中会做生意的人员不在乎在服务中心工作的劳务费。许多人自改革以来就没有上过班，更有甚者，在某乡的调查中，我们了解到该乡镇农技服务中心有两位员工长年不上班，但服务费没有少一分钱。调查中，我们曾经询问过该服务中心的主任，据他介绍，为了减少分配不均带来的矛盾，他们一直是按人头来平均分配劳务费的。而且，课题组在调查中了解到，不仅是来凤县，而且还有不少县的乡镇服务中心都是将劳务费和运转经费视为工资按人头平均分配的。

基层公益性职能收归乡镇政府以后，造成了一些负面问题。一是带来基层工作和财政运行的混乱。公益性职能收归政府后，无疑增加了基层政府的工作负担，越俎代庖时有发生，而直接导致的是各项公益性工作不能落实。政府负责的公益性服务不但没有做好，反而成了形式主义。基层公务员们也怨声载道，对下落实各种考核、检查，对上应付各级考核、检查，成了主要工作，每年保存的合同都要一个大文件柜，但又都没有任何作用。二是"养事"资金使用的不规范使财政运行混乱。由于存在太多的假合同、假数据、假收据、假帐、虚帐，现在基层无论是组织人事办、党政综合办还是财政部门都感到头疼，"有时连我们自己也不知道哪是真的，哪是假的"。同时带来的是基层巨大的行政浪费，某乡镇仅文印费每年就

要浪费上万元。③在公益性职能收归乡镇政府后，政府职能并未向良性转变，反而越来越显得事务繁多，合同、考核、检查、汇报，还得时不时挖空心思大力宣传"以钱养事"的好处，本该落实的工作却搁在一旁、退居二线。

调查中，某乡镇服务中心人员向我们介绍了乡镇应付上级检查的滑稽一幕：

> 去年省里的领导到我镇检查，先到各转制单位检查，检查的时候，镇政府派专人到各待检查村等着，跟路边检查机率大的农户都打好招呼，一定要说"以钱养事"好，说了后省里才会拨钱下来。其实，80%的农民根本不知道何为"以钱养事"。我们认为，这是为了考核而考核，为了宣传而宣传，为了造势而造势，"假大空"愈演愈烈。以农民为主体的服务对象却被晾在了一边，颇有点自娱自乐、自己唱戏自己夸的味道。至于为了应付省的检查而寻找托儿，更是明目张胆的事了。

（四）部分地区行政成本并未降低

根据《中共湖北省委、湖北省人民政府关于推进乡镇综合配套改革的意见》（鄂发〔2003〕17号），改革的目的是转变政府职能、精简机构、降低行政成本、促进生产力发展等。但现实是，"以钱养事"经费根本就和人头工资差不多，财政支出在数字上并没有减少（见表 5-1 咸安区横沟镇农技人员服务经费一览表）。

表 5-1　咸安区横沟镇农技服务人员服务经费一览表　　　（单位：元）

姓名	2009 年范围	2009 年面积（亩）	2009 年服务费	保险单位部分	工作经费	2009 年合计
徐建军	亭垴、群力	8 853	12 733.2	4 170	1 000	17 903.2
余伟文	李堡、付桥、孙祠	11 733	16 860.3	4 170	1 000	22 030.3
黄宗文	长岭、杨畈、鹿过	11 273	16 199.3	4 170	1 000	21 369.3
徐小林	袁铺、孙田	12 044	17 307.2	4 170	1 000	22 477.2
农技服务中心		0	0	0	3 000	3 000
合计		43 903	63 100	16 680	7 000	86 780

资源来源：笔者赴咸安调查中收集。

(五) 基层技术人员短缺状况加剧

由于对"以钱养事"新政的失望，加之其他行业的增资调资，社会物价上涨，又背负着住房医疗养老巨大的压力，已使越来越多的青年技术人才离开了乡镇农技服务等公益服务行业。在一个农业生产极度落后、人口压力又大的发展中国家，农业技术人才流失，越来越多的人不愿意学农、务农，无疑是个悲剧。课题组在对湖北咸安区、恩施州等地区的调查中发现，不少乡镇教育、卫生、农技等公共服务领域的技术人员，其年龄、知识结构极不合理。在所调查的几个乡镇农技推广等服务机构中，十余年未引进大中专学生，人员年龄普遍偏大，基层技术人员面临青黄不接的严峻考验。以湖北某县为例，目前全县乡镇农技服务人员平均年龄为 46 岁，人才极其缺乏。

第二节　湖北宣恩县派驻制改革的实证调查

一、基本县情

宣恩县位于鄂西南山区，地处恩施土家族苗族自治州南部，东接鹤峰，西邻咸丰，东北、西北及北部与恩施市交界，西南同来凤毗连，东南与湖南省龙山、桑植等县接壤。宣恩县是一个典型的山区农业小县，"八山一水一分田"是其地貌的形象写照，全县面积 2 730 平方公里，辖 6 乡 3 镇，3 个居民委员会，279 个行政村，2 690 个村民小组，总人口 35.3 万人。有土家族、苗族、侗族等少数民族聚居，工业极不发达，是湖北省的12 个贫困县之一，也是农业部 24 年的对口扶贫联络点、国家农业部和湖北省农业厅直接对口帮扶县。2006 年 7 月，该县完成乡镇综合配套改革，启动农村"以钱养事"新机制，实行"以钱养事"新机制，全县共登记注册农村公益性服务中心 72 个，组建了水务、广播电视、畜牧兽医、村镇建设、文化体育、劳动和社会保障、农业技术、计划生育等 8 个服务中心。乡（镇）农技、农机、特产三站合并为乡（镇）农业技术服务中心，乡（镇）事业单位改革转制为民办非企业组织，现有农业技术服务中心人员146 人。

农业的基础地位和农民的收入比重，决定了加强基层农业技术推广体系建设已是我们必须面对的问题。至 2010 年，全县特色农业板块基地达到36 万亩，"烟、菜、果、畜、药、茶"成为助农增收的六大主导产业，农民从"六大"特色农业产业中获取的收益占农民总收入的60％左右。2010年，湖北宣恩县农业局在省农业厅的领导和指导下，为强化农业技术指导员"1112"的推广模式，成功推行"管理在县，服务在基层"的乡镇农技人员派驻制模式，开创了宣恩县农业科技推广服务新天地。

二、派驻制改革的主要做法

（一）创新服务机制，提高服务效能

《中共中央关于推进农村改革发展若干重大问题的决定》中明确提出："力争三年内在全国普遍健全乡镇或区域性农业技术推广等公共服务机构，逐步建立村级服务站点。"这充分说明，健全基层农业技术推广体系对提高农业科技水平和促进现代农业发展意义重大。为了促进该县农业农村经济又快又好发展，2010年宣恩县农业局提高服务效能，创新服务机制，创造了"1112"模式（即1名项目专家联系10名农技人员，培育100户科技示范户，辐射带动20 000户农户），引导、指导、督导农技人员围绕特色产业开展技术服务。一是发挥项目专家的专业技术优势。为强化项目专家引导、指导、督导农技人员围绕特色产业开展技术服务，根据产业分工，实施全国农技推广体系改革与建设示范县项目，充分发挥了项目专家组成员的专业技术优势。二是培育科技示范户。科技示范户是农业技术推广体系的基层单位，也是农民科技队伍的重要组成部分，培育一个好的示范户可以带动无数的农户，甚至可以带动一个产业的发展，起着领头作用。为此，我们充分发挥农技人员技术指导作用，每名农技人员培育10名科技示范户，每个科技示范户辐射带动周边200户农民，进而形成学科学、用科学的良好氛围。三是发挥农技人员技术指导作用。农技人员文化水平较高，有一定的农业技术和丰富的农技服务经验，在农业生产中起着示范作用和骨干作用。县农业局选择了一批作风过硬、技术优良、勇于创新的科技人员长期在一线指导，建立农技人员包保科技示范户制度。通过包保科技示范户，建立了科技示范户档案，每个指导员都和科技示范户建立了联系卡、签订责任状，发放科技示范户标牌，进行科技培训。

（二）加强人才管理，强化技术支撑

人才是第一资源，技术是第一生产力。为增强该县农业生产的生机与活力，根据省农业厅《关于举办2009年基层农技推广体系改革与建设示范县基层农技人员培训班的通知》（鄂农函〔2009〕390号）文件要求，采取多项措施加强农业技术人才的管理，强化农业技术的支撑作用。一是制定了规范的农技人员知识更新培训计划。组织县级特色产业专家组，结合农

时季节分产业对农技人员进行培训，有针对性地提高了农技人员的服务能力；技术指导员到农户特别是科技示范户家中、田间地头指导技术的次数增多，农技人员向农村土专家学习的机会多了，他们的工作能力也得到了加强；根据项目要求，为拓宽农技人员的视野，提高农技人员专业水平，该县将107名农技人员送到长江大学、华中农业大学相关专业脱产学习，通过骨干学员的传、帮、带，提高了全县农技人员的整体水平。二是抓好对农民的科技培训。创造性地执行"阳光、雨露、温暖"培训工程，为推进基地就近就地发展提供了更多的技能型农民；整合教育资源，创新培训方式，重点加强对农民特别是种养大户的适用技能培训，不断提高建设、管理产业基地的能力。三是壮大科技人才的作用。通过引进、培训、整合等方式，壮大科技人才队伍。主要依托现有农技人员队伍，加大培训力度，实现掌握的专业技术与对口服务的产业对接，最大限度发挥他们的特长，指导产业发展。加速优良品种的选育、推广和传统产业的改造升级，大力开发优质高效技术，加大科技创新和推广力度。2010年，全县107名上岗农技人员围绕农作物病虫害预测预报、样板基地建设、试验示范、新品种引进、农业实用新技术推广等开展技术服务。推广优质水稻8万亩、地膜水稻0.8万亩、水稻免耕栽培2万亩、鄂马铃薯5号4万亩、地膜玉米2万亩、油菜免耕栽培1万亩、油菜育苗移栽3.6万亩、水稻病虫害综防13万亩、马铃薯晚疫病综防12万亩；新建鄂茶1号、鄂茶10号良种基地15 000亩，新建贡水白柚基地15 000亩；完成水稻保险13万亩，新建沼气池4 000口，发展太阳能热水器817台，建后续服务网点60个，推广生物质气化炉955个；围绕"茶、果、畜、水稻、玉米"新培育科技示范户1 200户，建设水稻、玉米、茶叶、贡水白柚、生猪10大试验示范基地，完成107名农技人员知识更新培训工作，开展"阳光工程"农民培训1 619人，就近就地转移1 619人，全年培训新型农民20 000多人次；完成测土配方施肥土样采集1 000个，推广测土配方施肥技术40万亩，开展田间试验13个，建设基本口粮田1 250亩；新建蔬菜无公害标准化生产样板1 000亩。

（三）壮大基地规模，加强示范带动

做大做强特色农业产业，基地是第一车间，规模是基础。宣恩县通过"1112"的农业技术服务模式，加大技术指导力度，采取新型运作方式，壮大了基地规模，加强了示范带动作用。一是充分发挥农技人员作用，引导、指导广大农户加强对特色农业产业基地的科学管理，提升农户的种植、养殖水平，实现基地质量的提高。二是发挥专业种养大户引领示范作用，积极引导农户土地流转，以转让、互换、出租、转包、股份合作等形式推进、带动发展。2006—2010 年，全县新发展特色板块基地 10 万亩，达到 36 万亩，涌现出蔬菜、水果、茶叶、地道中药材专业村 50 余个；初步完成了"5 个经济带"的农业发展目标，即万寨、椒园、晓关的贡茶经济带，高罗、李家河的百里贡水白柚经济带，长潭河、椿木营、沙道沟的药材经济带，椒园、晓关、李家河的黄金梨经济带，晓关、椒园、长潭河、椿木营的优质烤烟经济带；建成了 27 个生猪养殖小区，年出栏生猪 60 万头。

（四）坚持试验示范，提升产品质量

标准化是是现代农业的生命线。①快速推进"三品"认证。"伍家台贡茶"成为国家地理标志保护产品。通过 QS 认证的农产品加工企业有 9 家，通过 ISO9001 国际质量管理体系认证的农产品加工企业达到 7 家，18 个农产品通过"三品"认证（有机食品 3 个、绿色食品 14 个、无公害食品 1 个）。获得农业部绿色食品认证的茶叶 5 000 亩；获得绿色食品认证的"贡水白柚"达到 4 万亩，茶叶达到 2 万亩；欧盟认证的有机茶叶 2 600 亩、转换认证 8 800 亩；欧盟认证的有机黄金梨 3 800 亩，转换认证 3 500 亩。②加强基地管理。重点从解决农残抓起，从农业科技示范园区抓起，从产业化生产体系抓起，从龙头企业生产基地特别是出口创汇基地抓起，以点带面，逐步推广，建设了一批无公害、绿色和有机农产品基地。基地管理上做到了"五个覆盖"：在 50 个特色产业专业村建设生态循环农业模式，实行"猪—沼—茶（果）"模式覆盖；在 5 万亩茶叶、水果等特色产业基地上安装频振式杀虫灯，进行物理杀虫覆盖；聘请 7 名国家、省知名专家担任县政府茶叶、水果产业发展顾问，将 10 名县农业专家充实到茶叶、黄金梨、贡水白柚发展上来，强化对乡镇农技人员的管理，实行技术服务网络覆盖；对规模产业基地主要病虫害实行强制性防治，实行病虫害统防统治覆盖。③制定生产标准。针对缺失的标准，动员职能部门，引导企业紧密协作，加大标准化规程的制定，使生产、加工依标进行，按规操作。

（五）加强农民培训，提高农民科技素质

宣恩县委、县政府在农业部、湖北省农业厅的直接指导和支持下，切实把提高农业科技利用水平、充分发挥科技在农业生产中的"第一生产力"作用、推动农业科技成果转化作为发展县域经济的战略措施。宣恩县农业局采取"科技赶集和科技下乡活动、农村远程教育现场指导和技术答疑、科技培训指导到田间、科技物资到农户、责任落实到人员"五大措施来促进解决"农业科技推广最后一公里问题"，推动科技入户工作。通过加强农村基层组织建设培训村级主职干部 800 多人；2006—2007 年，连续两年实施"新型农民科技培训工程",40 个项目示范村共培养新型农民基本学员 1 600 人;先后实施"绿色证书"工程,取得了显著成效,2004 年实施"阳光工程"项目以来,已累计培训农民 11 000 人,转移 9 500 多人就业。

宣恩县农业局根据当地"南果北茶、高山蔬菜"的产业格局,分三个片区,即椿木营乡高山蔬菜片区、北五乡镇茶叶片区(珠山、椒园、长潭、万寨、晓关)、南三乡镇柑桔白柚果树片区(高罗、沙道、李家河),分别举办乡镇农业技术服务人员培训班及科技救灾恢复生产紧急现场会 10 场次,培训全县农技干部和科技示范户 2 000 人次。

2010 年初,雪凌灾害给当地群众造成了严重的经济损失,给全县的支柱产业造成了严重危害。为巩固和提高全县的特色水果、蔬菜产业、茶叶等支柱产业,降低雪凌灾害损失。同年 3 月份,宣恩县农业局为帮助当地群众降低雪凌灾害损失,尽快恢复生产,增加收入,组织专家采购 9 万多元的马铃薯、蔬菜种子和地膜,配套相关技术资料及时送到了椿木营乡、珠山镇、晓关乡等重灾区群众手中。据植保部门预测,该县有发生马铃薯晚疫病的趋势,2010 年 4 月中旬至 5 月上旬,县农业局组织调运 24 万元的磷酸二氢钾 12 万包(9.6 万斤)、66 万元的甲霜灵 12 万包和技术资料配送到全县 6 万余农户手中,并由技术指导员到田入户指导防治马铃薯晚疫病,确保夏粮增产丰收。雪后农业重建技术培训会后,全县农技干部紧急行动起来,召开科技救灾现场指导会 200 多场次,科技人员面对面、手把手地将农业技术传授给农民,1.5 万农民接受现场指导培训,受训农民达到 8 万人次,将 18 万余份"科技救灾、恢复生产"明白纸送到农民手中,使全县所有农户均有 1—2 份科技资料。

(六)加强农业科技示范户及农村实用人才队伍建设

宣恩县人事局根据《县人民政府办公室转发县人事局关于加强全县农村乡土人才队伍建设意见的通知》(宣政办发〔2003〕53 号)、《湖北省农村乡土人才选拔和管理暂行办法》(鄂人专〔1998〕088 号)的规定,以宣人专〔2003〕17 号文件下发了《宣恩县人事局关于选拔推荐宣恩县农村乡土拔尖人才的通知》。经过初选、筛选、评选,2003 年县人民政府表彰了李家河乡二虎寨村柑桔种植大户谭绍荣、高罗乡板寨村下岗回乡创业的村委会主任曾凡正等七位农村乡土拔尖人才;2004 年县人民政府又表彰了万寨乡大河村茶叶生产加工能手黄斌、晓关侗族乡猫山村生猪养殖能手吴祖海等八位农村乡土拔尖人才;以后每年县人民政府都表彰了当年涌现出来的农村乡土拔尖人才和农业科技示范户。

三、改革取得的成效

宣恩县通过上述改革，其农业科技推广服务存在的问题从一定程度上得到了解决，取得了四大成效。

（一）更加贴近服务农民

乡镇综合配套改革后，"服务好不好，农民说了算"，出现了"四个转变"，即服务模式由过去的"一般性培训指导"变为"建立科技示范户"、工作作风由原来的"漂在上面"变为"沉在基层"、服务内容由原来的"阶段性服务"变为"全程跟踪服务"、服务态度由过去的"完成任务"变为"主动服务"，在这四个转变的引导下，仅 2008 年全县就建立农业科技示范户 1 119 户，其中农机业 85 户，养殖业 337 户，种植业 697 户，辐射带动周围农户 22 380 户，全县科技入户指导单位 21 个，县级农业畜牧专家 20 人，乡镇科技入户技术指导员 147 人。

（二）乡镇中心人员的工作责任感得到强化

为强化中心人员的工作责任感，所有服务中心的用人都实行合同制管理，且有明确的责任负担体系。珠山镇宝塔村 6 组村民陈志伦反映，有一天他家的一头生猪不吃食，给该村的畜牧兽医服务中心技术员高云峰打了一个电话，高云峰在晚上 12 点多钟步行 5 里山路到他家给生猪打针。

（三）中心人员的危机意识得到激化

改革后，中心人员的工资分配制度打破了"大锅饭"的工资分配方式，随着收入差距逐渐形成并拉大，各中心人员的危机意识被激发出来，形成了争着干事的可喜局面。如长潭河侗族乡农业技术服务中心有 2 名技术员，购买茶叶修剪机械，在不影响公益性服务的情况下，利用空闲时间按 100 元/亩的价格为该乡大坨村村民提供茶叶修剪和改造老茶园服务，深受村民欢迎。该村三组村民张书林反映，假如他自己做，10 天时间都难完成，如果按照人均 50 元的工资计算，至少得花 500 元，今年他家聘请中心人员改造老茶园 2.2 亩，支付服务费 220 元，只花一天时间就完成了，省钱又省力。

（四）农民对农技服务满意度有所提升

2011 年暑期，笔者就农民对农技服务满意度等问题进行了随机抽样问卷调查，分别抽取长潭河等四个乡镇部分村组的农民 100 名，调查中共涉及以下 10 个问题：①认为近年来农技人员进村入户服务次数增多的有 98 人；②有 5 人未回答，认为降低了的有 2 人，认为近年来农业科技种田水平提高了的有 93 人；③一年中接触最多的是乡镇农技人员（98 人）；④一年中接触最多的农技人员的顺序是，指导农业机械操作的技术员（9人），畜牧防疫人员（20人），指导特产经济作物生产的技术员（22人），指导粮食生产的技术员（37人），指导沼气建设的技术员（56人）；⑤平时获得农业科技知识的主要途径是，没有获得农业科技知识的途径（0人），自己购买书籍学习（17人），科技示范户传授（17人），龙头企业组织的技术培训（18人），收听广播电视（18人），村组干部传授（23人），参加农业部门组织的技术培训（71人）；⑥村委会组织农业技术培训的问题是，从来都不组织（7人），经常组织（43人），不是经常组织（46人），4人未回答；⑦获得良种的渠道是，看广告（2人），亲戚朋友介绍（4人），看别人种了效果好购买（6人），村干部宣传（6人），种子部门介绍（30人），农业技术人员宣传（56人）；⑧对农业科技示范户的知晓情况是，有9人未回答，不知道（4人），知道但不知是谁（7人），知道但没有作用（10人），知道示范带头作用好（70人）；⑨对乡镇农业服务中心人员的知晓情况是，有2人未回答，一个也不认识（2人），有一两个人到过我们村（2人），只认识主任或站长（2人），认识个别人（4人），大部分都认识（88人）；⑩农业生产中最需要的服务是，养殖技术（3人），管理、营销技术（8人），提供信息（34人），良种技术（36人），栽培技术（40人）。

四、农业科技推广存在的问题

尽管宣恩县委、县政府在农业科技推广方面付出了许多努力，做了大量工作，取得了一定成效，但仍然存在一些问题。

（一）对中心人员的人事管理不明确

一是对如何办理人员合理流动手续的问题不明确；二是人们都不懂乡镇农技中心"民办非企业"是什么性质，既不是国有也不是民营，既不是事业也不是企业，上岗人员与"社会人"一样，合同一年一签订，造成上岗人员的矛盾心理；三是如何办理达到退休年龄的人员手续问题不明确，一方面不积极服务拿不到工资，另一方面为自己的养老、晋级、晋职、升迁和出路忧虑，造成人心不稳。

（二）"以钱养事"的手段还很薄弱

"以钱养事"是希望通过"钱"这一手段来提高中心人员的责任感、积极性和效率，目的是"养事"。但目前在"钱"这一手段上还存在着一些不足，所能发挥的作用也相当有限。主要矛盾是"养事"的"钱"在加速上升，农技中心获得的资金往往不足以"养事"。由于全县"以钱养事"统一采用的是"委托服务制"，在分配服务经费时着重考虑了"养人"的因素，按人头计算服务经费是无奈的选择，而在确定劳动报酬时，服务人员参照的是县直事业单位工作人员或乡镇公务员的年收入水平，这种分配的后果导致服务经费加速上升。省补资金也不可能年年递增，县级财力难以负重，资金缺口非常大。同时，由于省级经费每年都是在9月前后下拨，就可能存在经费拨付滞后的问题，出现上半年无报酬服务的现象，没有经费就无法签订服务合同，造成农技人员无生活保障、无事做。

（三）农技推广项目和技术不能适应变化中的农户生产需求

长期以来，农业科技推广的主要目标是提高农产品数量。现代农业面对的是一个买方市场，品质高端化，消费需求多样化，农业生产的这种结构调整使得农户作为农业技术推广的最终接受者必须随着生产与经营行为的改变而变化，主要体现在对经济作物生产技术的需求逐步增加，对传统粮食生产技术的迫切性需求下降；由节约资金技术的需求转变为节约劳动技术的需求，由原来对高产技术的需求转变为对优质技术的需求。例如，高罗乡发展贡水白柚，其种植面积约1.8万亩，挂果的柚树共1.8万亩，结果至少有3000万个，目前有五大问题困扰白柚产业发展。困扰白柚产业发展的这五大问题，是全县农业科技推广中存在的共性问题。

1. 农产品销售渠道不畅

高罗乡贡水白柚合作社是高罗乡最大的白柚合作社，社长廖合庭在带领农民发展白柚时，考虑得比较多的是如何搞好科学种植、提高白柚产量，而对于怎么把白柚卖出去却没有找到好办法，3000多万个白柚的销售问题是一个大问题，大多数农民销售观念滞后，市场意识淡薄，主动找市场的动力不足。组织化程度低，销售渠道不畅，对政府部门找市场的依赖性强，从农民到合作社，目前还没有稳定的销售渠道。

2. 品牌意识淡薄

目前，有的企业只是简单地贴个标签、做个包装，没有加强对品牌的宣传。而大多数白柚的生产者，考虑较多的是如何收回成本，几乎没有考虑过如何做好品牌文章。

3. 龙头企业不强

"合作社＋农户"与"公司＋农户"的合作模式虽具雏形，但企业与农户都追求各自利益最大化，各参与主体貌合神离。随着市场的波动，订单就失去了约束力。全乡只有3家有竞争力的合作社和龙头企业，且单兵作战，各自为政，竞争力不强。

4. 科技化程度低

全乡只有10余名白柚专业技术人才，白柚专业的农业技术人才匮乏，对于搞好白柚技术应用往往显得力不从心。大部分青壮年劳动力选择外出务工，从事白柚生产的多是妇女和老人，农民总体素质偏低，对农业科技的应用程度远远不够，这就是当地白柚产业发展的最大问题。

5. 精深加工尚未起步

白柚残次果品的销售和处理，由于缺乏果品精深加工企业，成为白柚发展的阻力。据介绍，标准果的产出率一般不超过 55%，白柚产业要想更大的发展，就要解决残次果面临的销售难题。

第三节　三峡库区移民培训试验区的个案调查分析

湖北省恩施州巴东县现有职业技能培训机构 9 家，其中公办的 3 家，民办的 6 家。3 家公办机构为：县职业高中，主要以学历教育为主，由教育局主管；省农业广播电视学校巴东分校，学历教育与技能培训相结合，由农业局主管；县就业培训中心，开展短期技能培训，由劳动保障局主管。6 家民办机构都是近两年才成立的，由劳动保障局归口管理。在培训机构成立审批权上，按《教育法》、《职业教育法》、《民办教育促进法》的规定，学历教育（含学前、自考、其他文化教育）由县级以上教育行政部门审批；职业资格培训、职业技能培训由县级以上劳动保障行政部门审批。

2009 年初，巴东县被确定为三峡库区移民培训试点县。根据"四方协议"和国务院三峡办、教育部的安排部署，巴东县及时调整培训思路，切实加强组织领导，全力推进试点工作，积累了一些经验，取得了一定的成效。

一、移民培训试点工作的进展情况

（一）组建了工作机构

为切实抓好移民培训试点工作，巴东县成立了移民培训试点工作领导小组，由县长任组长、县委副书记任常务副组长、分管教育和分管移民的副县长任副组长、县直相关部门负责人为成员。领导小组下设办公室，由县政府办副主任担任办公室主任，教育局、移民局、劳动和社会保障局、农业局负责人任办公室副主任，并抽调四名工作人员负责办公室日常事务，具体组织实施移民培训工作。

（二）明确了工作职责

移民培训工作领导小组办公室负责移民职业教育和技能培训的教学指导、监督和管理；县移民局负责移民培训对象身份的确认以及资金的筹措、协调和管理；县教育局负责培训过程的监管和教学业务指导；县财政局负责对资金使用情况进行监督管理；县劳动和社会保障局负责职业技能等级认定和转移安置的监督管理；各乡镇人民政府负责移民培训意愿调查和组织移民参训；县民族职业高中、县农广校和县移民培训中心为移民培训实施机构，具体负责移民职业学历教育和技能培训。

（三）建立了规章制度

经县政府常务会讨论并报县委常委会批准后，出台了《巴东县移民职业教育和技能培训管理办法》、《巴东县移民职业教育和技能培训实施方案》等规章制度，明确了培训的操作流程、培训模式、专业设置、培训期限、补助标准和就业方式等，形成了一套较为完备的移民职业教育和技能培训管理制度。通过试点运行，效果良好。

（四）加强了政府统筹

一是领导高度重视。县委、县政府高度重视移民培训试点工作，县委常委会两次听取移民培训试点工作汇报，县委中心学习组就移民职业教育和技能培训工作进行了专题学习，县政府多次召开政府常务会、专题会议，研究、部署移民培训试点工作。二是强化部门协作。在明确各部门职责任务的基础上，统一思想，形成共识，加强协作，凝聚合力，确保移民培训试点工作的顺利推进。三是集中培训资金。按照"渠道不变、用途不变，统筹安排，各记其功"的原则，将各部门的各类培训资金和贫困生救助资金捆绑使用，确保职业教育培训资金效益的最大化。四是整合培训资源。以县职教中心为龙头，整合县内培训机构，打破行业主管界限，达到优化配置的效果。

（五）完善了硬件设施

国务院三峡办捐赠给巴东县价值200万元的实训设备，现已完成公开招标、政府采购和安装调试，汽车模拟驾驶、数控、家电维修、室内装潢设计、电子产品装配与检测等7个实训室已经正式投入使用。同时，为配合移民培训试点工作，巴东县职教中心多方筹措资金，下大力气改善硬件设施，县农广校筹资1 200万元，新建了教学楼4 600平方米、运动场2 800平方米，改造学生公寓楼5 500多平方米，对电子操作室、数控室、微机室进行了改造升级；县民族职业高中筹资700多万元，新建了实训楼，并装配了中级电工考核实训室、通用智能电子实验室、电焊室、家电维修室、舞蹈房和琴房等。

(六) 展开了培训试点

坚持以市场为导向，将国内劳动力市场用工需求旺盛的电焊、机电、电子电工、旅游、餐饮服务、数控等作为重点培训专业。根据各类培训的特点，分别确定了培训时间和培训方式，严格培训过程管理，强化培训的时效性和实用性，提高培训质量。2009—2010年，全县计划培训移民20 000人，自2009年6月至今，全县累计培训移民13 615人，其中中等职业学历教育培训3 821人，技能培训1 967人，新型农业劳动者培训7 827人。同时，还有电工、酒店管理、导游和农业科技带头人等4个班次的技能培训共398人即将结业。到目前为止，已完成两年培训计划的68％。职业学历教育毕业生1 303人、技能培训学员1 967人，全部被安置到富士康、达方等世界知名企业工作，就业率为100％，受训学员较为满意，社会反响效果好。

二、移民培训试点工作的经验

近年来，巴东县委、县政府带领全县所有移民乡镇和相关部门，上下联动，群策群力，全力开展移民培训试点工作，基本形成了知识移民、技能移民和产业移民的综合移民态势，为巴东的经济增长和移民的安稳致富做出了积极贡献。

(一) 培训卡管理是实施移民培训的基本保证

该县建立了移民培训卡制度，出台了《移民培训卡实施细则》，将培训卡作为移民参训、机构培训和培训资金结算的凭证，包含了移民个人信息、培训信息和验收信息等，每一环节都有相应的信息记载。乡镇政府核定移民身份后发放移民培训卡，并建立发放档案，移民持卡参加培训，培训机构收取培训卡并建立学员学习档案，最后由移民培训办公室核定移民培训卡，进行培训验收，移民局凭验收结果拨付培训资金。同时，对培训资金实行封闭运行、专户专账、资金直达、专款专用，切实加强移民培训资金监管，配套实行开班点名制、中途抽查制和结业复核制，确保培训资金使用效益。2010年，该县发放了移民培训卡13 615份，在实际培训中充分发挥了作用，使许多复杂的程序简便易行，体现了它的实用性和可操作性。

(二) 网络管理为招生就业提供科学依据

在移民培训试点工作中，该县加强了现代化网络管理。一是建立移民培训生源库。库区乡镇组织工作人员，进村入户、开展宣传，采取发放调查表的形式，对 18—50 周岁的库区移民，逐户逐人开展了培训意愿调查，共计发放调查表 46 000 份，回收调查表 45 650 份，愿意参训 45 650 人，占收回调查表人数的 100％。掌握了移民的参训意愿。根据这些调查结果，县移民培训办按不同年龄段、不同培训意愿、不同就业愿望等，分类建立移民培训数据库，为做好培训工作提供了科学依据。二是建立结业人才储备库。根据不同企业的需求，把不同层次的学员按照专业、学历、年龄和性别分类建档，建立不同层次的人才库，及时提供劳务用工的信息，2010 年收录结业人才信息 3 270 条，按不同需求全部安置就业。三是构建用工需求信息库。培训机构与知名企业建立良好的合作关系，建立和巩固就业基地，形成人才需求信息，试点期间录入需求信息 156 条，为劳动力转移提供可靠的保障。四是构建跟踪服务网络。为了让外出移民安心工作，培训机构在就业基地设立联络处，就业前给每个学员发放跟踪服务卡，服务卡上的信息全部录入信息库，即时掌握和解决就业学员在生活、工作等方面遇到的问题，提高参训学员的就业率和就业巩固率。

（三）多校一体、灵活办学，是做好移民培训的有效途径

实行"多校一体"的管理体制，由县职教中心对全县各职业培训机构实行协调管理。通过校校联办、城乡联合等形式，强化"三教"统筹，促进"农科教"结合。实施"上挂、横联、下辐射"的办学形式，上挂大专院校，与北京电气工程学校、北京外事学校、武汉职院等合作办学，帮助职教中心引进先进生产技术、先进教学方法、高水平师资，搞好专业设置和学校发展规划的论证，指导实验实习基地建设，对专业课教师进行系统专业知识培训，指导职教中心的教育教学改革工作。横联各有关行业、企业、部门和发达地区同级学校，实行行业指导、校企合作、校校联合、部门联合办学、统筹各类培训，增强了巴东县职教中心办学实力和活力。特别在校企合作方面，苏州达方集团向县职教中心捐赠了两条生产线，将工厂车间开进了学校，学校既为企业生产产品，又给企业培养熟练的技能工人，让学校的结业学员得以直接进入企业的高薪技能岗位。向下辐射到乡（镇）成人文化技术学校及农户，实行帮扶办学和生产指导，方便移民和移民子女就地就近培训，有效地克服了工学矛盾。

（四）跟踪扶持、链式培养，确保参训移民安稳致富

按照"参训一人、致富一家、带动一方"的要求，结合产业结构调整，巴东县采取了"培训＋农户＋基地＋合作社"的链式培养模式，重点扶持部分参训移民建立特色产品基地，多个基地联合组建特色产品购销合作社，这些基地和合作社又成为培训更多移民的基地，最终带动全体移民致富。针对全县烟叶、茶叶、柑橘、药材、蔬菜、干果等不同产区，我们开设了不同的种、养殖培训班次，确定了部分重点扶持对象，建立了 6 个培训基地，其中东壤口镇雷家坪村全村都搞起了立体生态种、养殖，形成了"春有花、夏有荫、秋有果、冬有青"的立体生态园区，既保护了生态环境，又发展了地方经济。此外，东壤口镇绿竹筏优质柑橘基地、官渡口镇土鸡养殖场以及溪丘湾乡平阳坝村的特色反季节大棚蔬菜等，已经初具规模，带动了不少移民增收致富。

（五）打造品牌、内涵发展，确保移民培训工作的可持续

近年来，巴东县职教中心紧跟时代发展步伐，把握现代企业人才需求的脉搏，实施精品名牌战略，提出"开设品牌专业，培养品牌人才，进入品牌企业，建设品牌职校"的规划，结合市场需要，我们选择了计算机、电子电工、数控、导游等专业进行了重点建设，其中计算机被评为省级品牌专业，电子电工和旅游被评为省级重点专业。不断加大教改教研力度，狠抓教学质量，注重德育培养，全面提高学生素质，把"一表人才、一手绝活、一口好话、一手好字"作为培养目标，着手打造"能说、能写、能做，有德、有才、有为"的人才，形成了巴东电子工、巴东缝纫工、巴东导游等知名劳务品牌，受到达方、伟创力、华硕、富士康等多家知名企业的高度信任，毕业学员全部安排在世界 500 强企业工作，部分学员已经进入了这些企业的管理岗位。县职教中心因为业绩突出，也先后被评为州级文明单位、省级重点职校和全国移民培训先进单位。

通过对库区劳动力实施职业技能培训，每年可安置库区剩余劳力 3 000 多人就业，近几年巴东县已解决近 1 万户农民的致富问题，每年可实现近 3 亿元的打工收入，成为巴东县库区新的经济增长点。进行实用技术培训后，移民充分利用库区盛产柑橘、绿茶的优势，建立优质速生果茶园，这既能增加植被，减少水土流失，美化库区环境，具有良好的生态效益，又能提高移民收入，创造不菲的经济效益，缓解库区移民就业安置的压力，对于建设安宁、团结、富裕、和谐的新库区起到重要推动作用。

三、存在的问题

就巴东县的职业技能培训而言，在计划经济时期职业技能培训纯粹是由政府主导的技校和中等专业学校进行的，县级区域除了单位内部的职工培训外，没有真正的开展技能培训的独立机构。尽管近两年来该县同全国总体趋势一样，职业教育和职业技能培训事业蓬勃兴起，形成了多元办学格局，培训内容、培训方式向技能培训转变，但是仍然存在一些问题。

（1）职教办学主体单一。县职业高中、县农广校从最初的学历教育向职业教育转变，相比较而言，形成了一定的品牌效应。两校在校生总数达到 3 000 人，培训安置开始向基地化转变，但限于培训能力，培训内容的比重上学历教育大于技能培养。

（2）尽管民办培训机构发展势头较旺、机制灵活、对市场需求反应迅速，其专业设置、培训安置与市场联系非常紧密，稍成规模的民办学校已经开始实行"订单式"培训，但是由于受到资金、师资力量、实训场地与设备等因素的影响，民办培训机构的作用还极其有限。

（3）在项目管理上，各个口子的要求基本相同，即类似政府招标或政府购买方式。管理部门自身是不允许直接去从事培训工作的，基本程序是：培训机构资格认定——省州下达、分解培训任务——签定培训协议——组织培训——考核与监督——介绍就业——验收——落实培训补贴。具体操作中有一系列的具体要求，如教学时间要求、建立台帐、就业单位联系电话等等。培训机构资格认定方面，大都是各个口子推荐申报、州审核、省认定的程序。据初步统计，2006 年各个口子的培训计划总人数是 10 330 人，资金规模约 320 万元；2007 年计划任务为 8 500 人，资金规模约 280 万元。各个培训就实施农村劳动力转移培训项目而言，由于这种培训由政府主导、直接面向农村和农民、以转移就业为目标，所以发展较快，并且通过近两年的实践也已经引起多方关注，起到了很好的示范、引导效果，在某种程度上也已经成为今后农村劳动力转移的主渠道。但由于多方面的原因，也还存在部门分割、不能发挥国家政策性扶持的效力等问题。目前，涉农各部门都先后出台了职业技能培训的扶持政策，但缺乏统筹管理，资金分散，单项政策资金少，不能真正发挥扶持、引导和示范作用。

四、个案启示

（一）要有正确的认识，防止"两个误区"

就贫困、山区、县级小城镇诸种条件并存的地区而言，职业技能培训要立即上档次是不现实的，这项工作也不可能待条件成熟后才去做。因此，要正确认识和冷静分析现实状况，防止"两个误区"：既不能过高估计当前培训资源，狠压任务，造大声势，追求效应，又不能脱离实际地要求太高，造成畏首畏尾，求全责备，不敢作为。特别是起步阶段，各项管理制度、工作方式、管理体制等还在探索之中时更加必要。

（二）整合培训资源，加强基础设施和师资建设

这里有两个思路可供参考，一是靠市场整合，二是靠行政整合。前者是利用市场监管的办法达到目的，主要是实行严格的市场准入和考核制度，扶持强的，打击非法的，如对通用性工种实行培训结业证、技能鉴定资格证全县统考制度，那些培训实力不强、培训质量不高的就可能自动出局（近两年已有5家培训点被自然淘汰）；后者是强行整合，好处是容易很快形成规模，提升档次，但不仅整合难度大，而且政府管理责任也更大，因为既涉及公办、民办所有制的差别，又涉及管理体制上教育、劳动保障、农业多个管理机关。

（三）统筹管理项目，但难度很大

目前，国家各个口子的政策加起来并不少，但分割使用的效果不好。若形成既有各部门参与又能统一协调、精力集中、资金集中的格局，虽然短时间内看起来培训总量不大，但效果明显。但在具体操作上难以实施，因为动了各个部门、口子的资金和培训计划却难以完成总的培训任务，将可能影响各个项目投放的积极性。

（四）着力打通就业通道，构建大一统的劳动力市场

以"订单式"培训为基础，各类输出对外一个通道，用足用活用好国家扶持政策，放开思路，摒弃"肥水不流外人田"的思想，真正让学员受益，让培训机构得到扶持，让职业介绍机构乐意服务。

（五）在管理体制不能迅速调整的情况下，加强各部门的统筹协调是必要的

国务院、省、州、县分别成立了"农民工联席会议"，办事机构设在劳动保障部门。但由于"阳光工程"行动早，从上到下又相应成立了劳务经济领导小组这类机构，办事机构设在农业部门，且上下工作力度也比较大，就出现了多头、重叠管理的问题。再如，国民经济重要综合管理、统计部门没有设置专项统计指标，如劳动力资源统计指标，其他部门或无权独立统计或无能力进行统计，就无法掌握真实而准确的情况。所以，就要通过协调来解决统计指标设置、统计经费筹集以及统计数据发布共享等问题。

第四节　相关实证调查的启示

乡镇农技站服务能力的提高，是乡镇服务型政府建设的重中之重。笔者认为，建立以"区域覆盖与巡回服务结合"为实质特征的新型城乡一体

化公共服务体系，可能是下一步深化改革的突破口。从优化机构与人员、完善人事制度、保障经费投入等实践层面，寻求推进改革、促进基本公共服务均等化的路径。

一、细化分类，划分县乡事权，系统规划，协同推进

针对乡镇的实际情况，要重新划分县乡之间的事权。在下一步改革中，要做"乘法"而不要只做"加法"，通过机构与人员配置、经费投入、服务方式、绩效考评与决策机制等各个主要环节的同步改善来达成绩效提高的"乘数效应"。基于我们近几年对湖北咸安、恩施等部分地区乡镇的抽样调查来看，我们认为下一步深化改革的着眼点在于"增"而不在于"减"。经过前几年的改革，湖北省乡镇农技推广等公益型事业单位的机构与人员都已得到了有效精减，下一步改革的重点则在于，通过事业单位布局的优化、人才引进的扶持和科学管理，来盘活存量资源，优化增量投入，从而增加基本公共服务供给，提高服务效率与社会效益。改革应强调划分类别，区别对待。如将农业技术推广站、农机站、水利站、畜牧站与企业站合并为一个农业服务中心，定为全额拨款单位，在调整布局、改善结构的同时，不断提高服务的质量和效率。

二、充分发挥政府农技推广队伍的骨干作用，创新农业推广体系

农技推广体系具有社会公益型属性和职能，是农业社会化服务体系的重要组成部分。在政府的主导下，建立一支专业素养高、战斗力强、与时俱进的农技推广队伍，不仅是世界大多数国家的通用做法，更是我国农业及农村经济蓬勃发展的实际需要。在社会主义市场经济制度不断完善、产业结构优化升级的历史机遇面前，我国现行的农业科技推广工作当务之急就是解放思想、与时俱进、更新观念、创新机制，努力打造产前产后服务链条，着力由点及面地将单一服务拓展到综合服务，倾力引导广大农民投入市场开展丰富多样的产业化经营。

在建立高效的农技推广队伍的同时，要不断扩大和完善农业技术社会化服务体系，不仅要大力支持和鼓励企业、农民、社会团体加入到农业技术推广中来，让农业科技推广、教育单位、农业企业、农民技术协会、种养大户都成为农技推广主体中的组成部分，还要大力创新农业技术推广的组织形式，如村企合作、村校合作机制。在这些方面，农业管理部门和政府农技推广机构要真正承担职责，起到引导和示范作用。

三、建立长效的组织保障机制

一直以来，我国的农业技术推广效果并不理想，有一部分原因在于农户分散。直接对每个农户开展农业技术推广，往往会造成成本高、效果差的结果，即会耗费较多的人力、财力和物力，而技术推广人员却难以找到让农户容易理解和接受的沟通、推广方式。因此，开展以"技术推广中心——农民专业化合作组织——农户"的农技推广模式，一方面能节约成本，提高推广效果，另一方面也大幅度降低了技术交易成本。在农民专业化合作组织中，各成员是各项决策的策划者和决定者，从而确保所获取技术的适用性和有效性。其组织制度既保证了各成员在选择决策中的主体作用，又保证了技术的适用性。

现实情况决定了对于不同类型乡镇和不同服务领域应当采用分类推进的办法，对现有机构、人员设置进行评价与优化。如对于人口规模过小、人口密度过低的山区乡镇可考虑将站所与乡镇行政机构做适当归并，建立"政事合一、巡回服务"的乡村"巡回服务队"，深入到村组提供政务服务和专业技术服务；对于人口规模相对较大、乡镇公共服务需求差异较大的地区，建议由县级政府按服务区域（而非行政区划）覆盖面，整合机构和人员，突破"块块"的限制，按"区域覆盖、就近服务、优势互补、节约资源"的原则，综合考虑公益单位规模、服务对象规模、服务半径、服务时间等因素，对农技推广等乡镇公益类事业单位的布局和人员配备进行评价和优化，重新构建回应力和灵活性更强的乡镇公共服务网络。在同一乡镇内部，则应对相关服务单位在岗位编制、福利待遇等方面加大政策倾斜力度。

四、创新绩效考评机制与服务方式

在目前的农技推广机制下，农技推广人员缺乏足够的服务动力，究其原因，是没有建立起完善的市场激励机制，农技推广人员的工作任务在很多情况下是指令性计划和安排，其工作成绩好坏还没有科学有效的评价方式。在这种情况下，农技推广效果可想而知。只有建立起激发农技推广人员积极性的利益诱导机制，才能真正改变目前这种现状，如适当开展有偿服务、在"超产提成、减产赔偿"的原则下开展技术承包等。此外，要创新农技推广服务方式，如在股份制基础上创办农技示范园区，将高新技术、实用技术、名优产品和高效生产模式直接传递给农民。

按湖北省委办公厅、湖北省人民政府办公厅颁发的《关于建立"以钱养事"新机制加强农村公益性服务的试行意见》（鄂办发〔2006〕14号）的要求，政府对这些单位实行"以钱养事、以事养人"的政策，谁有能力和水平提供农村公益服务，谁就能得到财政投资。但为了解决原乡镇公益型事业单位人员的分流问题，目前政府实际上采取了直接或间接让原乡镇事业改制单位或人员承包或承接农村公益服务，并没有实行真正的公开招投标竞争。从长远来看，必须打破这种行政分配方式和垄断方式。打破行政分配方式后，这些改制单位有能力生存吗？改制单位如何处理农村公益性服务与非公益性经营关系？在实践中容易发生冲突，产生矛盾。实行"以钱养事"政策后，如何进行科学的、规范的、量化的考评考核，也是一个难题。基于此，课题组建议，应建立"多维交叉"式的新型乡镇公益型事业单位服务质量考评体系。一是评价内容要科学化，考评指标体系涵盖服务数量、质量与满意度等多维度指标；二是考评主体应多元化，不仅应包括乡镇政府、农户，还应包括独立的具有专业技术优势的第三方机构；三是考评方式多样化，可以采取上述考评者对不同乡镇进行交叉考评以防止流于形式。

五、构建供需双方"双向"互动型决策机制与同步稳定增长的经费投入保障机制

在农业经营方面，农民是经营主体。在农业技术方面，农民是需求主体。可长期以来，农民的主体地位有不断弱化甚至被忽视的趋势，认为农民是农业技术的被动接受者，过分注重农业技术推广的过程，却忽视对农民真正需求的关心和关注，这样的思路和做法往往使农业技术推广缺乏针对性，出现表面上轰轰烈烈实质上农业技术相关资料被束之高阁、技术推广并没落到实处、效果欠佳的现象。要改变这种技术供应状况，既要准确及时地收集市场需求信息，还要征求农户自身意见，保证其自由选择权。

应根据不同乡镇基本公共服务需求与供给能力的变化趋势，科学测算农技推广与培训机构现在和未来的资金缺口，完善转移支付制度，拓宽资金筹集渠道，提高资金使用效率。如果说"服务下乡"体现了国家对乡村的一种渗透，那么可以预见，对于基层政府而言，这种渗透比"法律下乡"等国家管治性渗透更能有效地促进农民的政治认同感，有利于社会主义和谐社会的构建。公共服务供给是公共部门应尽的义务和职责，是对顾客需求的有效回应，而不是一种"上"对"下"的"恩赐"。因此，在基层公共服务的供给决策中，应当构建公共服务供给与需求双方"双向"互

动型供给决策机制。要改变"自上而下"的乡镇公共服务决策机制，建立农民公共服务需求表达机制，不同层级、不同服务项目之间要针对实际需求，加强协调。这样既有助于推进改革，增强乡镇公益型事业单位服务的针对性，又能促进各少数民族的政治认同感和社会和谐。

农业科技推广是一个系统工程，除了需要其自身具有积极改革、锐意进取的精神和行动之外，政府、企业、社会组织的扶持也必不可少。毕竟，我国的农业科技推广体系还不健全，承担的任务却格外重大。建议政府农业主管部门把农业远程教育建设纳入农业科技推广专项基金给予补贴，凡是需要开通农业远程教育网络的科技示范户、农业合作组织、龙头企业和村委会，购置电脑、安装网络，政府都应给予一定比例的资金补贴，让农业现代化信息高速公路穿乡进村、向农户伸展，让农民利用高科技手段学习农业科技知识，享受"电脑农业"带来的便捷和乐趣。

六、优化人员结构，实现农技推广体系可持续发展

加强对农业技术推广人员的培训，构建科学合理的人员流动机制。基层农技推广人员是为"三农"服务的实践者，只有不断提高其专业素质，优化其知识结构，才能真正满足农村、农业的发展需求。乡镇农技推广人员在乡镇与乡镇之间、专业与专业之间、乡镇与县农业技术推广部门之间要建立合理的配备和流动机制，以"派驻制"模式为主导，实行"管理在县，服务在乡镇"，有利于县农业主管部门有效改造职能，充分调动主管部门与乡镇党委政府的两个积极性，更有利于乡镇农技推广体系作用的发挥。

事业单位人员结构中，最为重要又必须优化的结构是业务结构、年龄结构和文化结构。根据事业单位知识密集型的特点，人员的文化结构又是人员结构中最至关重要的一种结构。人员的不同组织、不同结构，可以产生不同的质。具体对行政单位和企事业单位来说，合理的人员比例和人员结构可以使各类人员和各个人之间充分配合、协作，用马克思的话来说，就是造成"新的力量"，这种力量和它的一个个力量的总和有本质的差别。相反，如果人员比例和人员结构不合理，则会造成工作不配套而忙乱、失误，或者相互干扰。因此，确定科学合理的人员比例和人员结构，既是保证工作效益和精简人员编制的重要条件，又是深化乡镇公益型事业单位改革的重要内容。搭建县域行业技术人才库，形成对口交流支援农村和贴近农民的实际需求，深入村落"巡回服务"的新型服务机制。

七、加强农业教育和农民技术培训，发展和引导农业技术市场

无论是农业科技成果能否转换，还是农业劳动生产率能否提高，很大程度上决定于农民科学文化素质。农业现代化、农业产业化、农业科技化，都离不开农民素质的及时提高与跟进，否则就是"无源之水、无本之木"。因此，一方面，农技推广体系要把农民素质的改善视为基本目标之一，融技术推广于农民素质改善之中。另一方面，要不断创新农民技术培训方式，真正实现科教兴农。

目前，技术中介组织、技术承包商等基层农业技术市场相对于农业生产的需求来说其发展严重滞后，大部分只是涉及到技术交易与小部分信息传播，在农业技术推广上体现的作用并不大。因此，要构建及完善农业技术市场建设，为农业科研机构、院校、企业的农业技术转让和成果转化开辟道路，并提供保障。一方面，要及时公布各种农业技术转让信息，架起供需双方合作的桥梁；另一方面，出台制约性法规和办法，进一步规范市场行为，营造诚信的、有秩序的市场环境；此外，还可以发展技术传播组织以推进技术推广市场化。

第六章 新时期我国农村职业教育 发展的成就、经验与困境

第一节 我国农村职业教育发展的主要成就

农村职业教育具有培训、教育农民的两大功用，因此，农村职业教育的发展状况直接关系到农民劳动力转移的水平、农业科技的普及程度以及农民的培训水平，最终还会影响到政府完善农村职业教育体系能否成功。为农村职业教育培养教育人才的职业教育学校，可以说是为整个农村职业教育造血的机构，如果没有一批初、中、高不同等级的职业教育学校支撑农村职业教育的发展，农村职业教育是不可能可持续发展下去，对于广大农民的培训和潜在劳动力的培养也就无从谈起。基于此，政府为职业教育学校的发展提出了对策，即稳定初等职业教育、着重发展中等职业教育、努力建设高等职业教育学校。

首先，稳定初等职业教育。初等职业教育的发展虽然规模不大，尽管在我国的发展比较平缓，但是群众的认可程度却比较高。目前，由于我国农民的整体素质仍然偏低，主要实施初等职业教育的单位有成人小学和普通小学，这种低门槛和灵活的教学模式正好适合培训这一阶段的农民，他们既可以学到普通的农业常识，还可以学到许多简单易懂的技术。而对于广大的农村青少年来说，进入初、中等职业教育单位能够较为容易地掌握基础技术，可以谋求继续深造和创业，可以把知识转化为生产力，而转化的速度远远高于普通教育。可以看出，我国初等职业教育的规模总量基本上保持不变，发展势头却很不明显。表 6-1 显示了我国 2005—2009 年初等职业教育的发展情况。

表 6-1　我国 2005—2009 年初等职业教育的发展情况

时间（年）	2005	2006	2007	2008	2009
学校数（所）	11 611	11 813	11 837	11 744	11 324
招生数（万人）	537.29	613.06	651.47	650.27	711.77
毕业生（万人）	349.19	392.62	431. 24	471.09	509.66
在校生（万人）	1 324.74	1 489.07	1 619.85	1 688.24	1 779.84

资料来源：中国教育部 2005—2009 年数据统计

如上所述，我国初等职业教育的发展情况并不如意，从 2005 年到 2009 年，中等职业学校的数量总体呈下滑趋势，而培养学生的人数也在逐渐降低。这是因为受了我国目前发展职业教育政策的影响。当前，我国正在进行职业教育的整体改革，主要目标是集中力量大力发展中等职业技术教育，为目前我国农村的建设、发展、稳定提供有效的帮助，同时由于我国初等职业学校的规模和水平都趋于过低，现有的学校还无法完成本级职业技术教育需要完成的任务。因此，国家开始考虑要在普通小学、初中增开职业技术教育课，以此来加强初等职业教育的基础性作用。

其次，着重发展中等职业教育。当前，我国中等职业教育的发展势头十分迅猛，相对来说也最为完善，它在农村职业教育中起到了非常重要的作用。根据教育阶段论的观点，职业教育进入中级阶段就是开始收获成果的阶段，一般来说，这个时候的受教育者基本掌握了职业教育所要传授给他的职业技能，并熟练地掌握了相关的技术。这个分析也同样适用我国，我国的中等职业教育是为我国三大产业提供技术劳动力的重要阶段，由于高等教育的规模小，初等教育的水平低，这就决定了中等职业教育在整个学校职业教育中起到承上启下的作用，而它的发展好坏则直接影响到整个职业教育的发展。据抽样调查结果显示：我国中等职业学校的毕业生就业率持续走高，2000 年全国中等职业学校毕业生就业率为 85.4%，2001 年为 88.6%，2002 年为 94.6%，2003 年为 95.3%，2004 年为 95.4%，超过了很多普通院校。在《十一五规划纲要》和《十七大报告》中，已经把发展中等职业教育写入条款之中，可以看出我国政府重视发展中等职业教育的决心。在《十一五规划纲要》的教育重点工程中明确提出了要实施职业教育基础能力建设工程：支持 1 000 所县级职教中心，1 000 所中等职业学校。这相当于我国现有的县级职教中心的 40%，现有中等职业学校的 20%，可以说这种支持力度是从来没有过的。在这样的支持下，在未来几年，我国中等职业教育必然会取得长足的发展。

最后，努力建设高等职业教育学校。《十一五规划纲要》中的职业教育基础能力建设工程还提出了要支持 100 所示范性高等职业学院改善办学条件，建成一批职业教育骨干基地。根据这个精神国家很快就制定了具体的实施办法，国家示范性高等职业院校建设计划在 2006—2010 年期间实施，按年度、分地区分批推进，稳步发展。中央财政对入选的示范院校实行"经费一次确定、三年到位，项目逐年考核、适时调整"的做法。对年度考核不合格的院校，终止立项和支持。中央财政预留部分资金，对项目执行情况好的院校实行奖励。在这样的发展趋势下，笔者相信我国的高等职业教育也会相应地很快成型。

1955 年，美国著名经济学家、诺贝尔奖获得者弥尔顿·弗里德曼（Milton Friedman）在《政府在教育中的作用》一文中提出教育券理论。他认为，政府应该承担教育的职责，但政府的官僚主义和集权政治造成了教育的低效，解决的办法是要改变政府对教育直接管理的方式，运用教育券赋予学生和家长充分的择校权力，调动学校的竞争积极性，从而提高学校的办学质量，解决政府对教育垄断的弊端。以教育券理论为指导，浙江省长兴县开始应用教育券的实验，经过几年的实践，该县形成了自己的一套具体办法，为我国农村职业教育的发展开辟了一条新的道路。

云南凤庆以出色完成"绿色证书"的试点工作而闻名。"绿色证书"是指对农民进行培训后，对其发放职业合格证书，而培训的范围也不仅仅是原来狭义上的农业，而是包括了广大的农业相关产业的大农业。证书培训工作涉及到了有关农业生产的方方面面，从农业种植、畜牧、养殖到农业生产管理、农产品产业化经营，几乎无所不包。这样便为广大农民的农产品提高科技含量，为广大农民开拓自身的视野搭建了一个良好的平台，因此受到了广大农民的一致好评。此后，《农技推广法》等法律才将"绿色证书"的相关内容写入了法律条文，以法律的形式固定"绿色证书"活动，为广大农民带来的实惠。地方政府的积极探索为我国农村职业教育发展起到了探路者的作用，为我国的农村职业教育发展做出了重要的贡献。

评价我国现有农村职业教育的效果主要有两个方面的指标：一是各类职业学校的教育成果，二是我国各类培训机构每年的培训人数以及其中合格或获取相关证书的人数。2000 年，我国已有 1628 个县开展了绿色证书培训工作，覆盖率达到了 75.8%，已培训农民 700 多万名，有 350 多万人获得了绿色证书。累计推广 1.4 万项科技开发项目，有 89 万人被乡村政府、农村社会化服务组织和专业协会录（聘）用或接纳为会员。据了解，目前全国县级职教中心约有 1 800 多所。截至 2003 年，我国已有 2 500 万人通过了不同等级的职业资格证书。可以看出，目前以学校为主体的农村职业教育发展总体状况较好，但同时我们也不能忽视其存在的不足。

第二节　我国农村职业教育发展的基本经验

一、地方领导重视，社会大力支持，立足本地实际

这是我国农村职业教育发展比较顺利的地区的一条基本经验。目前，许多地区的县（市）级主要领导重视发展职业教育，把发展职业教育作为本地经济和社会发展规划中的一件大事来抓。成立了由县（市）委书记或县（市）长任组长的职业教育统筹协调领导机构，负责对职业技术教育的统筹规划和管理，根据社会需求规划学校总体规模、发展速度、学校布局和专业结构。同时，注意把本地所有农村职前和职后的职业技术学校、科普学校以及其他技术培训机构，都纳入农村职业技术教育系统，并按各自的特长承担相应的任务，从而有效地克服条块分割的弊端，加强横向联合，组成一个结构合理、整体优化的职业技术教育和培训网络，共同承担本地区各类职业技术教育和培训任务，为发展地方经济服务。由于农村对人才的需求量大，层次和门类多，完全由教育部门办职业教育是不现实的，这就需要社会力量的广泛参与和大力支持。通过地方政府的统筹规划，调动现有的各种技术力量，组织大家来办职业教育，使农村的经济、科学技术和教育的发展在兴办职业教育中结合起来，相互促进，协调发展。社会的广泛支持，也包括教育内部的普通教育、职业技术教育和成人教育，要密切结合，充分发挥现有教学设施的作用，逐步做到一校多用，使更多的农民受到良好的职业技术培训，为农村大发展培养出更多的人才。农村地区发展职业教育必须立足于本地实际，由于我国农业生产力水平低、劳动者素质有待提高、农村经济的落后，这就迫切需要大力发展各类职业技术教育，迫切需要提高第一线劳动者的素质，以加速农业和农村的现代化进程。因此，农村职业技术教育要根据本地区的自然条件、经济特点、原有基础，制定符合本地区经济发展的远期规划和近期规划以及对人才的需求计划，在此基础上确定本地区职业技术教育的专业设置、办学层次、办学途径以及办学形式等。在经济发达地区，由于大都已经走上农林牧渔全面发展、农工商综合经营的路子，第二、三产业的产值已经占到

农村总产值的 70％以上，所以在这类地区要重点办好高中阶段的职业技术教育，专业设置上第二、三产业的比重要加大，教育内容上要关注到国内外先进技术的动态，要为社会主义新农村的建设多下功夫；在中等水平的地区，要把发展高中阶段职业技术教育与初中阶段职业技术教育结合起来，把面向第一产业和面向第二、三产业结合起来，把实用技术和推广先进技术结合起来，逐步提高层次、提高水平；在边远地区和贫困地区，由于生产力的水平还比较低，产业结构一般仍以农业为主，所以其职业技术教育应以初中阶段教育为主，以高中阶段教育为骨干，同时广泛开展各种实用技术的短期培训，专业设置也应是先办好农林牧类专业，逐步调整产业结构，逐步发展为第二、三产业服务的专业。

二、采取灵活多样的办学形式，建立健全农村职业技术教育网络

当前，农村许多地方在兴办和发展有关的农业职业教育时，采取多规格、多层次、多样化的办学形式，实行工学结合、长短班结合、校内外结合，积极发展联合办学，从而建立起农村职业技术教育的网络，满足了当地发展农业生产和农民脱贫致富和对人才与技术的需要。如四川广安、安徽金寨等地，在这方面就摸索出了一些成功的经验。首先重点办好一所综合性职业技术学校，以培养农村的技术骨干，要求学校把人才培养、科技实验、技术推广、生产示范、经营服务结合起来，发挥多功能的作用，实行"上挂"，即与有关高等院校、科研院所等建立联系；"横联"，即与当地农业、科技等部门密切配合；"下辐射"，即向当地乡、村两级农民技术学校和广大农户推广实用技术，传播致富信息。在乡、村两级，则广泛发展农民文化技术学校，对农民特别是对乡初、高中毕业生进行技术培训。与此同时，充分利用农村各级各类学校的师资、设备和基地，大力开展初中后、高中后职业技术教育和培训。对基础教育则要求在面向全体学生、学好文化基础知识的同时，在适当阶段引进职教因素，对一部分人进行定向性的或预备性的职业技术教育。为了提高教育的整体效益，使农村各类教育有分工有合作，相互沟通，协调发展，积极推行基础教育、职业技术教育和成人教育三教统筹。按照"三教统筹"的原则，由各类职业技术学校、农民文化技术学校共同形成县、乡、村三级农村职业技术教育与培训网络。为了加强农村职业技术教育在技术和教学方面的指导，还有不少地方动员了部分高等院校和农业中专学校支持农村教育改革（如辽宁海城、四川广汉等地），定点联系帮助农村职业中学。大、中专院校在师资力量、技术信息、教学经验、仪器设备等方面的支持，为农村职业技术教育的发

展提供了强有力的后盾，起了重要的保证作用和促进作用。

三、实行农科教结合，形成农村教育与经济社会发展相互促进的良性循环机制

农业振兴靠科技，科技进步靠人才，人才培养靠教育。发展职业技术教育必须有强烈的社会需要，也需要各有关部门之间的联系与协作。农业、科技、教育之间本身有着内在的、有机的、密切的联系，然而，长期以来农科教之间却存在着脱节、部门间分割的现象，给农村产业的发展带来了困难。随着科教兴农战略的实施，一些地方陆续开始实行农科教结合的实践。农科教结合，包括加强政府统筹职能与各有关部门之间加强结合两层意思。"统筹"，是指要强化政府总揽经济和社会发展全局的功能，统筹规划农业、科技、教育等方面的改革与发展，统一指挥农科教等有关部门的工作部署，把各方面的力量更好地组织起来，以实现振兴农业和农村经济以及促进农村社会全面进步的目标。"结合"，是指农、科、教各有关部门要为发展农业、农村经济和社会进步形成合力，相互配合，合理组织，优势互补。农科教结合的结果表明，这项工作既加强了教育与经济的联系，使教育可以更好地为农村社会主义建设服务，也带动了农村各项建设事业更主动地依靠教育，关心和支持教育，逐步形成教育与经济社会发展互相促进、良性循环的机制。农科教结合，有利于充分利用农业各方面的人力、财力和物力，有利于提高科教兴农的整体效益，从而有利于解决农村职业技术教育发展中遇到的师资、经费、基地和设备等方面的困难。

四、按照职业技术教育的规律和特点，加强基本建设与内部管理

几年来，各地本着专、兼结合的原则，采取各种措施，努力拓宽职业技术教育师资的培养渠道，动员一部分高等院校增设了培训职业技术教育师资的专业，在全国建立十几所职业技术师范学院，通过农科教统筹结合，聘请了相当数量的专业技术人员到职业技术学校任专、兼职教师。在教材建设上，本着编、选、借、译相结合以及国家统编与地方自编相结合的原则，首先解决燃眉之急，再逐步修订，提高质量。为了增强职业技术教育的实用性和地方性，各地还组织编写了一部分乡土地理、历史、经济和实用技术教材。在生产实习基地建设上，要求各级政府负责划拨一定的土地、山林或水面作为农村职业技术学校的生产实习基地。要求建设好、经营管理好基地，使其既能为教学服务，又能对当地经济发展起实验示范作用，还应力求能产生较好的经济效益和社会效益。我国多数农村地区的

财力有限，而办职业技术教育需要的投入又比普通教育要大得多。因此，必须采取多种措施，多渠道筹措职业技术教育的经费。尤其是要充分利用职业技术学校所拥有的技术优势和学生必须参加生产实习的特点，积极发展校办企业，走产教结合的道路。实践表明，凡是坚持这条发展路子，校办企业、生产实习基地办得好的学校，都充满生机和活力，办学条件得到明显改善，教育质量和学校声誉都相应提高。为了有利于发挥职业技术教育对当地经济建设的促进作用，有的地方还安排职业技术学校利用其生产实习基地承担"燎原计划"、"星火计划"的科技项目，使农村职业技术学校的规模和水平在近几年有了较大提高。为了不断提高教学质量，一些地方重视教学管理工作。一是建立了校长培训制度，通过各级党校和教育学院对职业学校的校长进行政治与业务上的培训，提高他们的思想素质和管理水平；二是改革和充实教学内容，围绕本地社会需要，增强教学内容的针对性、适用性和地方性；三是重视必要的文化基础和理论知识的教育，但又要注意克服并防止重理论轻实践的偏向；四是搞好办学质量督导评估和毕业生跟踪考核制度。严格有序的管理，保证了教育教学质量，培养出的学生受到社会各行各业的欢迎。

五、坚持正确的政治方向，培养社会主义的建设者和接班人

政府的多方统筹和社会各界的大力支持，为职业技术教育的发展创造了良好的外部条件，但能否把广大青年学生培养成为社会各行各业信得过、靠得住、德才兼备的社会主义建设者和接班人，很大程度上取决于学校的办学指导思想。一些地方职业学校在狠抓教学质量的同时，能够全面贯彻《中共中央关于进一步加强和改进学校德育工作的若干意见》，认真加强对学生的思想政治和道德品质教育，引导学生热爱祖国、热爱中国共产党、热爱社会主义，树立正确的世界观、人生观和价值观。同时，根据职业教育的特点，切实加强职业道德教育，培养学生具有良好的敬业精神、全心全意为人民服务的思想、严明的职业纪律观念和认真负责的工作作风。如四川省广汉市的各类职业学校重视上好职业道德课，学校结合不同专业、工种的实际，注意细化职业道德教育的内容，形成了可操作的方案。他们积极引导职业学校学生参加多种形式的社会服务、社会实践和生产劳动，向工人、农民和普通劳动者学习。学校还采取一些切实可行的方式，长期坚持开展学习全国和本专业英模人物的活动，不断拓宽职业教育德育工作的方式、方法和途径，从而使德育工作收到了实效。另外，还有些地方的职业学校考虑到职业学校学生的特点，采取学校与社会相结合、

理论灌输与民主讨论相结合、思想教育与各科教学及各种实践活动相结合等多种方式，较好地解决了学生中普遍存在的若干思想问题，坚定了广大学生的社会主义信念。也有些地方的职业学校在当地县（市）委的部署下，长期坚持把在青年学生中建立党的积极分子队伍和发展学生党员作为一项战略任务来抓。以上这些地方的教育实践表明，德育工作落实好了，思想政治工作到位了，学生的学习质量也得到了相应提高。

第三节　我国农村职业教育发展的现实困境

一、招生困境

以中等职业学校招生情况为例进行分析，由于中等职业学校学生出口不畅，社会认可度不高，这就极大地影响了农民子女的信心，如果中考失利不能进入普通高中学习，他们宁可回家或直接进入劳动力市场也不愿接受中等职业教育，从而给中等职业学校的招生带来极大的困难。我们通过整理历年教育统计年鉴和实地调研发现，中等职业教育基本是无竞争入学，各地的职业学校纷纷出台了倾斜政策，不惜降低录取分数或零分录取，或是少收学费或部分免收学费。结果却事与愿违，不仅未能促进职业教育的高质量发展，反而对职业教育带来了极大的危害，使职业教育被冠以"差生学校"，导致学生、家长和社会对职业教育产生"本能"的抵触情绪。从以下这些职业高中校长和教师们的"苦水"中，我们可以感受到目前中等职业学校招生的窘境。

贵州 H 县职高校长：

> 几年以来，我们招生特别困难，大家能想到的招数我们都用尽了。招不来学生，老师没饭吃呀（职高的教师是事业编制，由县财政支付工资，但大家都担心因没学生被调整到乡镇学校），实在没办法，我把任务分解给了每位老师，硬性规定每人负责招 5 名，招到学生有奖励，我组织教师到学校宣传发动，向家长和学生许诺推荐就业，结果还是越招越少，招来的也多是些双差生（品德和文化学习都不理想）。

吉林 N 县职教中心教师：

　　在暑假前，我们都去挨家挨户走哇，问呐。我们都承诺，说不收费，不考试，那人家也不来。问你，不挣钱你们图啥啊，不管怎么说都不信，就是不让孩子上职业高中学习，宁可在家呆着。

　　近几年是我国学龄人口高峰期，高峰过后农村职业教育的形势将更为严峻。中等职业教育规模扩展的迟缓，主要表现在两个方面：学校数量的减少；与普高相比在校生数量的下降。产生招生困境的原因，可以从以下方面进行反思和总结。

（一）政府缺乏有效措施，部分农村中职招生连续下滑

　　20 世纪 90 年代初开始，我国农村产业结构不断进行调整和升级，第一产业发展缓慢，而第二、第三产业却迅速发展。农业的比较效益大幅下降，尤其是近年来农民收入增长明显减慢，城乡收入差距加大。另外，由于农业科技推广不够，现代农业开发力度不大，农业产业化、现代化层次还不高，农村劳动力市场狭小，使得农村职业学校毕业生难以在合适的岗位上发挥他们的作用。随着我国改革开放的逐步深化，随着社会主义市场经济体制的逐步完善，国有企业正在经历减人增效的改革过程，导致就业形势更加严峻。1999 年，国家为了刺激消费、推动经济的增长，出台了高校"扩招"政策，这在客观上推动了"普高热"。同时，随着经济的迅速发展，用人单位对人才的学历层次要求出现高移化，而目前中等职业学校毕业生深造的机会远没有普高生多，因而刺激了许多学生家长送子女上普高、考大学的欲望。由于我国普通教育与职业教育的等值机制尚未形成，接受高层次、高质量的普通教育就意味着未来竞争中获得比较理想的职业岗位，享受更高的生活质量，处于较高的社会地位。这就导致大家蜂涌而赶"普高热"，而层次相对较低和办学条件相对较差的职业学校势必受到社会冷落。特别是由于从事农业的比较利益低下，农业类专业得不到应有发展，生源越来越少。

　　以上现象导致了在我国农村地区有相当一部分职业学校招生连续下滑，尤其是农学类学校和专业招生更难，有些学校甚至无以为继而只好改办普高，丧失了大量的职教资源。在市场经济条件下，应充分发挥市场对职业教育发展的基础性调节作用。职业教育必需要以市场为导向，必须面向市场办学，尽可能发挥市场这只"看不见的手"的作用。但农村职业教育仅仅靠市场来调节是不行的，因为农村职业教育所提供的服务，从总体上来说，属于"准公共产品"，即既具有私人产品属性，又具有公共产品属性。这种教育服务，除受教育者受益外，社会也从中受益。这种特性决

定了农村职业教育应由市场和政府共同调节，市场调节不力就会降低职业教育发展的效率，政府调节不力就会丧失职业教育发展的公平性。在出现了农业类专业招生困难的这种情况下，就需要政府采取一些保护性措施，吸引农村职业学校办农业类专业，鼓励农民送子女学农。因为我国是农业大国，农业人口占了全国人口的70％，农业是经济发展、社会安定、国家富强的基础，农业类职业教育不仅是一个教育问题，更是一个经济问题、社会问题，我们必须重视发展农村职业教育。但我国有的地方政府领导还没有真正认识到，农村职业教育是提高农村劳动者素质的基本途径，是振兴农村经济、帮助农民脱贫致富奔小康的必由之路，因此不重视农村职业教育的发展。据调查，地方政府对农村职业教育非常重视的只占4.1％，比较重视的有22.6％，而不太重视的比例高达27％。面对农业类专业招生困难的情况，许多地方虽然采取一些保护措施，但效果很差。许多地方虽然制定了政策，但没有落实到位。这些地方的政府没有发挥到它调节农村职业教育、弥补市场调节不足的功能，因而阻碍了我国许多地方农村职业教育的发展，尤其是农学类专业的发展，对于这个问题，无论是在经济发达的东部地区还是在相对落后的中西部地区都存在。

（二）许多农村职业学校办学条件差，办学质量低

我国农村职业中学，绝大部分是20世纪80年代初期由办学条件较差的普通中学改办而成。其中一部分，是根据当地的经济特点开办了许多适用性的专业，培养了大量具备农业技术的毕业生，这部分学校学生素质高，踏入社会后，适应能力强，为社会创造了大量财富，因而社会声誉好，生源逐渐增多，规模逐渐扩大，取得了良好的经济效益和社会效益。但也有很大一部分学校，由于财政困难，致使职业学校的办学设施、办学条件、实验实习基地的技术水平和管理水平以及教育教学手段较落后，导致了这些学校办学质量低，生源日益减少。出现的问题，主要源于以下六个方面。

1. **职教经费十分缺乏**

农村职教的办学条件本来就差，办学又需要许多实验设备，比普高花的经费多，本应加大投入。可是总体上国家在职教方面的经费投入十分有限，又缺乏多渠道筹措职教经费的措施，大多数地区农村职高改善办学条件的经费投资少于普通高中，县及县以下地方财政一般又没有职教专项经费，致使农村职高办学经费没有稳定的来源。有些地区近几年来政府加强了执行相关法律法规的力度，但有关法律条文还是得不到落实。调查中，我们发现"一些地方政府财政性拨款没有得到完全保证"，教师工资的一部分要靠向学生收费，"尽管这样，仍不够发放教师工资"；"各级财政应安排的职教专项补助费，在有些地方执行时随意性大，有就给，没有就不给"；"教育附加，人民教育基金也没有按规定提取一定比例用于职业教育"。出现这些情况的原因在于，不少地方的政府部门或者教育部门自身对发展农村职业教育的重要性缺乏认识，甚至不重视，这就阻碍了农职的发展，致使该划拨的教育经费不能及时到位。据调查，当地政府在教育经费投入方面做得较好的超过13％，而较差的却占了28.3％。其中有4％的人认为政府需要加大教育经费的投入，24.4％的人强调要加强社会集资的力度。经费的严重不足，导致了许多农村职高办学条件经过多年运动场地的建设就更谈不上。这些都是经费缺乏带来的严重后果，目前很多农村职高都普遍存在这个问题。

教职工福利待遇、学校教学设备的添加以及各种基础设施的维修与重建等，各项费用往往必须由学校进行自筹，这就使得学校财政负担很大，甚至到了无法承受的地步。由此可见，我国的职教经费确实是我国农村地区职校面临的一个严峻挑战。

2．专业设置与社会经济发展脱节

当前很多农村职业学校未对国家特别是农村地区市场进行深入研究，这就使得其在专业设置上无法主动适应农村地区的需要，专业设置与方向无法和农村产业结构的调整及其劳动力的流向相一致，而是单纯地、盲目地跟着形式走，忽视本地特色，开设一些自认为"热门"的专业，使得专业近乎一个样，供需严重脱节，人才结构性过剩，也无法保证质量。据相关调查显示，当地职业学校的专业设置与社会经济发展的适应度很好的比例仅为1.4％，而较好的只有16.4％，较差的占到了27.1％，由此可见专业与经济发展的适应程度很低。这与农村地区教育为农村经济发展服务的宗旨背道而驰。如果培养出来的学生找不到适应自己的岗位，无法充分发挥自己的才能，那学生所学专业无疑是无法适应农村地区经济发展的，农村职业教育也就没有发挥其促进经济发展的功能。此外，许多学校都是单一型的专业设置方式，这与当今复合型人才需求的趋势也不相符合。一些农职校开设的农学、畜牧、林业等传统专业，多年沿袭，互不逾越；固定的学科、教材、学制、计划、考试，塑造了一些学历本位的传统的单一型人才，很难满足现代农业对复合型人才的需求，这也是目前许多农职校共同面对的一个重要问题。

3．课程设置不够合理，教材建设跟不上

在课程设置方面，各门专业课程之间相互封闭，致使课程之间时有重复和脱节，系统性差。各门专业课程的教学内容刚性太强，地区和学校很少有选择余地。此外，我国农村地区很多职业学校缺乏开设对学生进行职业道德教育、职业纪律教育和专业思想教育的课程，这就导致学生的质量观念、效益观念、商品观念以及合理竞争观念跟不上时代发展的需要，学生毕业后对社会的适应能力较差，许多学生缺乏敬业精神、合作精神，没有良好的心理素质、思想素质，这些都是课程设置不够合理造成的问题。目前，农村职业高中各专业的文字教材品种基本上能满足课堂教学需要，但反映新技术、新工艺的教材缺乏，整体上教材内容陈旧的问题没有大的改观。至于适应信息技术教育的多媒体教材和网络课程软件，不少学校几乎还是空白。尤其是在近几年来，我国"新高职"如雨后春笋般在各地冒了出来，"新高职"改变了中等职业教育为终结性教育的状况，这是社会发展对人才需求层次逐渐高移的一种必然产物，有利于完善我国农村职业教育体系。但关键是"新高职"发展速度太快，相配套的教材都还不具备，许多学校虽然表面上招的是"高职"学生，但教材还是用中等学校的教材，这就使中等职校毕业的学生无法真正进一步提高自己、完善自己，专业技术水平得不到提高，所学知识重复，浪费了职教资源。因此，教材建设滞后的问题也在很大程度上制约着农村职业教育办学质量的提高。

4. 专业实验室和实习基地等建设不足

目前，我国很多农村职校的专业实验室缺乏建设经费，条件简陋，实验室中的主要设备仪器和基本设施都很差，许多专业教师只能从理论上给学生讲解，根本无法进行试验或者模型教学，这导致学生难以理解许多生僻的理论知识，这无疑对教学质量的提高有很大影响。很多学校的实习基地也无法保证，基地数量严重不足，除去种植类专业实习基地的条件稍好些外，其他专业的基地一般都难以达到教学计划要求并保证教学质量的达标。有些地方虽然有生产实习基地，但管理手段落后，经济效益差，科技示范性不强，无法带动当地经济发展。

我们通过调查发现，样本地区农村职业学校在实验室、实习基地等基础设施的建设上较普通高中而言条件落后，这也是个必须加以解决的突出问题。特别是当今我国农村经济发展迅速，许多专业如现代种植、现代养殖、农村家庭经营、财会、电子电器等对实验室的要求越来越突出，不仅需要解决有没有的问题更要解决质量好坏的问题。如果无法为这些实验室配备高标准的仪器设备，势必会影响到农村职业教育的质量。对于政府而言，这着实是一个挑战。

5. 师资队伍力量薄弱

众所周知，许多农村职高地理位置偏僻，交通不便，条件艰苦，这导致农村职高的师资队伍难以稳定。许多农村地区办学时根本没有考虑到当地经济社会发展的需要，而是因师设专业，有什么样的专业老师就开设什么样的专业，不管是否适应社会发展的需要。相反，有的是开设了该专业，却因缺少专业老师而成为虚设。有的专业老师甚至兼任多门专业课程，甚至多到无法完成正常的教学任务，可想而知其教育质量状况。专业教师严重匮乏，使得农村职业教育质量一直无法前进，使得教学质量每况愈下。目前，许多农村职高的文化课教师学历达标率低，职称结构水平也低；专业教师不但学历达标率低，而且结构还不尽合理，质量普遍较差。据调查，专业课教师经过专业训练的比例只有 15.6%，师资不合格比例过大。绝大部分职高老师根本无法将致富的本领教授给学生，加之教师缺乏专业实践能力，动手示范能力较弱，教学效果不明显，这使得学生学过的技能不合格，与理论脱节，无法成为真正意义上的技术人才。师资队伍力量薄弱，是当前我国农村职业教育面临的一个大问题。

6. 办学质量低

由于以上这些原因，导致了许多农村职业学校办学质量低，相当一部分学生的文化素质和职业素质较差。在德育方面，农村职高面临的问题与普高有许多相同之处，如：学校的政治思想较为薄弱；学校对学生的职业道德教育、职业纪律教育和专业思想教育有所忽视；对学生的质量观念、效益观念、商品观念和竞争观念的培养跟不上；许多学生缺乏创新精神与创业能力，没有良好的职业道德、强烈的市场竞争意识以及吃苦耐劳的精神，因而毕业后对社会的适应能力较差。据调查，农村职校学生的心理素质很好的只占 2.5%，较好的为 18.1%，较差的却占了 27%，可见绝大部分学生的心理素质较差。在智育方面，许多农职学校不重视学生文化基础课的学习，因而学生文化基础较差，知识面较窄，学习的能力和后劲受到一定影响，加之师资和实验实习条件所限，对专业基础知识的掌握往往不够系统、全面、扎实。根据资料显示，目前农村职高学生的知识结构很好的只有 1.5%，较好的为 12.5%，而较差的却高达 32.5%，可见知识结构很不合理一。许多职高学生的实际操作技能很差，没有真正学到"一技之长"，缺乏自立于社会的本领。这也就造成许多农村职高学生就业困难，许多父母因担心子女职高毕业找不到理想的工作而不愿送子女读农村职高，于是农村职高的生源受到影响，招生规模减小，形成一个恶性循环。由此可见，要发展农村职业教育，必须提高农职学校的办学质量，只有质量上去了才会吸引更多的学生就读农村职业学校。

二、管理困境

（一）管理混乱，执行乏力

我国现行的农村职业教育，其管理机构存在着很多问题。首先，中央层次对于农村职业教育的管理仍然处在各自为战的状态。尽管我国农村职业教育的改革一直都没有停止，中央也一再强调要统筹现有的资源，杜绝资源的浪费，发挥职业教育的最大作用服务于新农村建设。但是，由于"谁举办，谁负责"的根本方针从来没有改变过，我国的国家管理机构仍然处于一种局部有序、整体无序的状态中。目前，我国对于农村职业教育负有管理责任的中央部门有教育部、科技部、农业部、劳动与社会保障部等，如此众多的管理机构都对各自负责的项目和计划负责，管理上的混乱是显而易见的。例如，我国许多县正在轰轰烈烈举办的"绿色证书"培训工作，是农业部负责的一个农民培训项目，主要是对农民进行专业培训，使农民专业化，同时推广先进的农业技术，让农民的知识和技术同步得到提高。但是，毕业证书的制作和发放等环节却需要教育部的协助，培训过后的农民大部分还需要社会保障部门来转移。这种多部门联合办公的局面虽然能够解决问题，但是在协作过程中避免不了要产生一定的资源浪费，有时还相当严重。农业部管理的农技推广、示范、培训中心，负责农业先进技术的普及和推广工作，而科技部领导的"星火计划"、科普协会、科普学校每年同样有大量先进的农业技术需要推广普及。但是，二十多年的时间过去了，我国现在农民的生产技术水平依然很低，先进农业科学技术的普及率更低，尤其是落后、贫困地区的农民其知识和技术水平更是一直都没有明显提高。据统计，目前全国有 7.4 亿劳动力，技术工人占 9.5％，在仅有的 7 000 万名技术工人中，初级工占 60％，中级工占 35％，高级工仅占 5％。由此可见，我国农村劳动力技能培训和学校职业教育的发展状况并不理想，能够提供的技工人数十分有限，同时针对农民的各种职业技能培训也没有产生预期的影响。2006 年末，农村劳动力资源总量为 53 100 万人，在这些农村劳动力资源中，文盲 3 593 万人，占 6.8％；小学文化程度 17 341 万人，占 32.7％；初中文化程度 26 303 万人，占 49.5％；高中文化程度 5 215 万人，占 9.8％；大专及以上文化程度 648 万人，占 1.2％。我国每年新增劳动力有 2 000 多万，其中大部分为农民，而按照现有的农村职业教育的教育培训能力，即使算上以前积累的培训人口，仍然还是有 2 亿人左右的缺口。管理体系的混乱，直接导致了国家包括农村职业教育内容的项目、规划、工程繁杂，例如：农业部领导农技推广示范培训中心、"丰收计划"、"菜篮子工程"；科技部领导全国的科普学校和"星火计划"；国务院扶贫办领导全国的"扶贫计划"；教育部领导的"燎原计划"。而每一项工程、项目和计划，都必须设立相应的执行机构，由此就形成了当前我国农村职业教育"条块分割、地区分割、部门分割"相当严重、局部有序、整体无序的格局。

但是，随着政府机构改革的深入，农技推广体系也受到相当大的冲击，农业技术推广服务站（所）性质上发生了很大变化，分为行政单位、全民所有制事业单位（分全额拨款、差额拨款）和自收自支四类。农业技术推广站（所），主要就是指"七站八所"。由于全国改革步伐的不同，各个省份的具体情况不尽相同，但是大部分农业技术推广服务站（所）都转为事业单位的情况是相同的，而且其中的大部分都变成了自收自支的事业单位，如此一来便导致了基层站（所）为了生存只注重能够获利的项目而对于农业技术的推广反而不热心，这就直接导致了我国现有的农机推广体系与自身的主要任务相偏离的情况。在目前的技术推广队伍中，一半左右的技术推广人员从事行政执法和经营创收等非公益性技术推广工作，包括种子管理、植物检疫、动物检疫、农机监理、农民负担监督、承包合同管理和渔政管理等行政执法工作。不仅如此，在市场化取向改革之后，我国的农技推广机构还承担着种子、农药、化肥、农机等农业生产资料和兽医兽药销售等商业性经营工作。就是为了改变这种状况，我国的农技推广体系改革才一直都没有停止过。

农业技术推广体系改革的目的，是逐步形成国家扶持和市场引导相结合、有偿服务与无偿服务相结合的新型农业技术推广体系，建立专业人员、农民、企业家等广泛参与的多元化的农业科技推广队伍。我国现在的农技推广体系不但内部的管理体系条块分割严重，在外部与以学校为主的农村职业教育和以政府为主的职业教育之间的联系也根本没有建立起来，这种分割的状态使我国一直想要实现的"农、科、教"结合的思想根本无法彻底实现。

针对这种现状，我国政府及时推出了完善农技推广体系的对策。农业部围绕实施《优势农产品区域布局规划》，制定了《2003—2010 年全国新型农民科技培训计划》，试图通过建立健全农民科技教育培训体系，为农业行政主管部门和各级农技推广机构特别是基层机构找到新的职能和定位，目前已经着手实施的有"绿色证书"、"跨世纪青年农民科技培训"、"新型农民创业培植"、"农村富余劳动力转移就业培训"、"农业远程培训"

等五大工程。这些工程的实施，在一定程度上解决农技推广体系中存在的一些实际问题。我国的人口数量将会在 2030 年左右出现高峰，因此近几十年内这个劳动力的教育缺口不会自然缩小，反而会不断加大。同时，因为原有的培训水平比较低，所以即便是培训过的农民也仍然有进行再培训的必要。不论有多少客观原因，对于我国目前农村职业教育的效率问题也不能忽视了。究其原因，这仍与管理部门分散，无法整合发挥整体效用有关。

（二）机构的重复设置比较严重

领导权力分散，必然导致机构设置的重叠，我国的农村职业教育，虽然发展的状况并不是很好，但是每一个管理机构都会设置一套自己的执行机构，这就使得本来只需要一个部门一个机构就能解决的问题却往往需要许多部门共同解决，这就必然导致有利可图的事大家一拥而上，费力不讨好的事却没有人愿意做，不但大量行政资源闲置浪费，各个部门、机构之间的内耗也相当严重。据国务院发展研究中心的调查，我国财政支农资金有 70％左右用于农业单位的人员和机构经费，直接用于农业生产的比重不足 30％。财政资金本来就十分有限，还不能全部用在农村职业教育上，问题的严重性可见一斑。

三、质量保障困境

（一）教学水平较低

目前，我国以学校为主体的农村职业教育主要存在以下问题：教师缺乏实践能力；学校教育的专业设置缺乏科学性；农村培养人才的水平普遍较低。出现这些情况的原因在于：我国农村职业教育发展的环境使然；我们自身主观上的重视程度不够。纵观我国农村职业教育发展的现状，"双师型"教师的缺乏导致我国农村职业教育始终处于低水平状态。不仅在教学中如此，而且在农村技术推广体系中也普遍缺乏各种优秀技师，对农民培训的技能一直处于较低的水平，许多先进的技术根本无法广泛推广开来，在推广过程中也存在只重数量而忽视质量的问题，这些都制约着我国农村职业教育难以发挥更大的作用。可以说，这是我国农村职业教育的核心竞争力所在，是必须重视和改进的症结所在，政府必须高度重视并采取切实有效的措施加以解决。

（二）农村职业教育的资金保障政策不足

我们知道农村职业教育有很强的外部性和公共性。所谓外部性，是指在社会经济活动中，一个经济主体（国家、企业或个人）的行为直接影响到另一个相应的经济主体，却没有给予相应支付或得到相应补偿，就出现了外部性。经济外部性，亦称外部成本、外部效应或溢出效应。外部性可能是正面的，也可能是负面的。一般来说，经济发达地区的职业教育投资对落后地区的正外部性很小，而落后地区的职业教育投资对发达地区产生的正外部性却很大。这是因为，贫困、落后地区对农村职业教育投资越多，职业教育的质量越高，就为人才向发达地区和城市转移提供了机会，这就间接促进了人才流进地区的经济发展。显然，这种情况对贫困地区是不利的，它让人们感觉到对职业教育投资越多回报越少，于是纷纷减少对农村职业教育的投入，这又限制了农村地区的经济发展。这样一种恶性循环的培养模式就导致了目前我国那些越是人口众多、发展落后、急需农村职业教育的农村地区的地方政府，越不愿意在农村职业教育上进行投资。这种消极心理，使得地方政府缺乏主动进取的热情，普遍抱着保持现状的思想，丧失了主动探索的创新精神。这种情况在需要大力发展农村职业教育的贫困地区特别明显。

所谓公共性，就是指任何一个主体对客体都有使用权却没有处置权，同时任何对客体的投资都能够使所有主体受益。职业教育可以说是不完全的准公共产品。对于农村职业教育来说，以学校为主体的职业教育虽然公共性不是很强，但是随着公共财政对其投资的不断加大，其公共性也在不断提高；而以政府为主体的职业教育和以农技推广体系为主体的职业教育更是具有很明显的公共性特征，而这种公共性也正是地方政府、个人及企业对于农村职业教育的投资缺乏动力的根源之一。

四、就业服务困境

职业指导工作对学生的就业非常重要，尤其是在竞争激烈、就业形势严峻的今天，学生更需要通过职业指导来正确认识看待就业形式，了解更多的用人信息指导就业。但我国多年以来的应试教育，使职业指导在学校中不受重视。大部分农村职业学校都没有组建职业指导机构和相关人员，没有开展职业指导活动，未能及时多渠道收集整理各类媒体发布的用人信息，也没有跟用人单位和职业介绍机构建立长久的合作伙伴关系。许多学生由于得不到正确有效的职业指导，就业观念落后，惧怕就业竞争，用人信息也无法快速获得，致使毕业生就业难度加大。由此可见，许多农村职校都需要开设职业指导课程，组建职业指导机构，逐步健全就业服务体系，才会有利于农职学生的就业。

（一）农村职教体系不完善

早在 1985 年中央颁布的《中共中央关于教育体制改革的决定》中，我国就提出要建立职业教育体系，《职业教育法》也作了这样的规定。虽然近几年来"新高职"大量涌现，打破了以往中等职业教育是终极职业教育的局面，但职教体系还很不完善，尤其在农村职业教育方面问题还很多。目前，我国还有很大一部分农村职业学校没有打通毕业生通往高职的渠道，致使学生毕业后无法继续深造，限制了学生能力的发展，也影响了就业，这也是造成许多农村父母不愿让子女就读农村职高的一个重要原因。这一问题得不到解决，就会影响农村职业学校的招生生源。有一部分农村职校办起了五年制高职班，探索"中高职连读"的途径，但由于很多环节没做好工作，尤其是高职教育的质量还得不到切实的保证，致使高职毕业生就业形势不太好，这反过来就影响了很大一部分农村学生就读高职的积极性。要使我国农村初、中、高三级职教真正衔接，形成一个完善的体系，还需一定的时间。国家要求，要建立健全职业学校与职业培训并举并与其他教育相互沟通、协调发展的职业教育体系。在我国农村许多地方，农村职、成、普三教尚未真正结合，三教统筹的地方机构形同虚设，有的地方干脆牌子摘了，人员撤了，工作也无人做了。目前我国的在职培训、转岗培训等各种形式和各种类型的职业教育也还相当不完善，独立设置的高等职业院校和举办中高职连读的一些中专学校内部都还存在许多问题，致使高职学生招生规模还很小。由此可见，要大力发展我国农村职业教育，还必须得完善我国农村职业教育体系。现代远程教育在农村职教的发展中也还没有起到很大作用，今后要以农村职业学校为基地．加快通向农村的网络建设，为建设农村终身教育体系打下基础。

（二）农村职教保障服务体系不健全

职业教育的保障服务体系，是体现职业教育水平的主要标志之一，职业教育发展水平越高，改革越深化，要求保障服务体系就应越完善。目前，我国农村职业教育的保障服务体系在许多方面都还不健全，存在许多问题，尤其是以下几个方面的问题比较突出。

1. 科研体系不健全

农村职业教育的健康发展及高质量的教育教学需要有一个好的科研组织作为支撑，优秀科研成果的产生和推广也需要一个好的科研组织来实施。然而遗憾的是，我国农村职业教育缺乏理论的研究，即便有也无法适应社会经济发展的需要，相对滞后。首先，理论研究机构、研究队伍仍旧没有建立健全，研究力量十分薄弱。我国当前省一级的教育科学研究所基本上都成了职教研究室，但许多县、市都没有职教研究室，有些地方即使设了职教研究室也形同虚设，虽然有这种组织形式，但是很少甚至没有具体地开展工作。其次，许多职教研究室研究水平不高，成果稀缺，其成果大多是散见于报刊发表的一些文章，而系统的论著很少，高质量的专著就更是难上加难，目前有关我国农村职业教育发展的专门性研究专著极少。据调查，当地学校教育科研开展很好的只有 2.5％，较好的有 13.4％，而较差的总共占了 31.3％，可见科研开展情况很差。另外，缺乏对理论研究成果的宣传和利用。许多先进的经验技术和成果，没有得到有效的宣传推广，没有被人们加以利用，更不用说相关学术活动的开展。研究尚未形成大气候，传播阵地相当有限，信息不对称、沟通渠道少导致沟通困难等，诸如此类的问题普遍存在于各地。许多农村职业学校的教学科研活动、专业课教学经验交流会，永远只是纸上谈兵，没有真正切合实际、真正深入一线。校际之间相对封闭，彼此看成是竞争对手，学校之间缺少先进经验的交流和学习。教学科研体系不健全，制约了我国农村职业教育的发展。

2. 制度建设不完善

为了实现我国职业教育的长足发展，国家有针对性地制定了一些法律法规，初步形成了以《职业教育法》为主体的法律制度体系，各地方省市也从自身的特色与实际情况出发为适应经济发展的需要，相继出台了一系列发展职业教育的法规和文件，但是总体而言，有关农村职业学校发展的法规文件还是相对较少。即便有一些，却因为措施过于刚性、不够灵活、实施难度较大，而使得实施效果也不是很明显。比如，虽然在农村提出了"先培训、后就业"的原则并指导贯彻，但由于缺乏法律保证，无法真正实施。在问卷调查中，有 75.1％的被调查者认为农村职教需要单独立法。因此，只有一些政策措施是远远不够的，还必须制定相关的法律，才能形成有利的社会制度环境，保证农村职业教育的发展。

3. 督导评估体系不完善

教育督导既要督教，更要督政，重点是督促政府将职业教育纳入当地教育和经济社会总体发展规划，确保职业教育与其他各类教育协调发展，确保农村教育与农村经济社会协调发展；督促政府依法落实职业教育经费，并切实办好示范性职业学校。就目前情况来看，我国政府和教委督导机构的重点在于"普九"，对职业教育的执法检查、政令督办等都未提上督导范围的日程。即便某些地方出现有法不依、有令不行、无序竞争、生源大战等问题，也缺乏强有力的权威机构去依法督查纠正。尤其是许多农村地区的教育督导室，虽有一个机构，但形同虚设，完全没有依法履行督导职责，没有发挥积极的作用。在问卷调查中，仅有 4.0％的人认为当地教育督导机构健全，而 32.9％的人认为不健全。此外，与督导密切相关的评估制度特别是评估标准也不完善。相关的问卷调查显示，认为当地教育评估标准很科学的人只占 2.0％，认为不太科学的却占了 24.6％。因此，要发展农村职业教育，必须建立健全督导评估体系。

当前，我国有超过 1.2 亿的农村人口涌入城市。其中近 1/4 的适龄劳动力在城市中非正规就业，其不论是向城市转移之前还是转移之后都很难进行正规的或非正规的系统性职业教育。如果这部分人口无法继续接受教育或接受培训，那么我们在"十五"规划期间要实现高中阶段毛入学率达到 60％的目标还需要更大的努力。然而，实现该目标的难度是相当大的，因为就目前情况来看，高中阶段教育容量已严重不足，这些都成了制约劳动人口文化水平提高和教育事业长足发展的关键因素，同时也使得我国教育结构出现"两头高、中间低"的格局，导致了教育发展的结构性失衡。要解决这一问题，大力发展农村职业教育就是最好的办法，因为它不仅会提高农村劳动者的科学文化素质，又能够缓解普通高中容量不足的问题，同时也能提高农村人口向城镇转移的能力。所以，我们要拓宽思路，积极思考，以为我国农村职业教育的发展提供一些良策，加快解决现存的问题，大力发展我国农村职业教育，使我国农村劳动力人口的整体人力资源素质得到提高，以便实现国家教育发展"十五"计划的目标，把我国沉重的农村人口负担转化为丰富的人力资源优势，以尽快实现我国小康社会的目标。

第七章　国外农村职业教育发展的经验借鉴

他山之石，可以攻玉，学习和借鉴西方发达国家的农村职业教育办学经验，有助于我国在发展农村职业教育时少走或尽可能不走弯路，本章主要研究了美国、英国、德国和日本在发展农村职业教育过程中的特点[①]，以期借鉴其先进经验，指导我国的农村职业教育。

第一节　美国农村职业教育发展概述

尽管金融危机爆发后，美国经济仍未恢复，但其经济实力仍然不容轻视，研究其农村职业教育并吸收其有益理念和做法，对促进我国农村职业教育的发展具有十分重要的意义。本节将简要阐述美国在农村职业教育方面的办学理念及方法。

一、美国的职业教育系统

广义地说，美国青年在小学阶段就已经开始建立职业教育基础，他们利用科学、手工艺术、计算机与艺术等课程训练学生的动手能力、应用能力。到了初中阶段，就开始设置电子、金工、木工、汽车制图等课程。高中阶段以创造发明的问题解决方式教学，以专题制作竞赛激励学习，将与技术有关的大多科目设为选修科目，进一步强化学生的动手能力和应用能力。美国职业教育的主要角色，是高等教育层次的社区学院。下面，笔者主要就高中层次和高等教育层次的职业教育及相互关系按学校等级进行介绍。

---

① 本章主要借鉴了以下研究成果:范安平,张释元.发达国家的农村职业教育:经验与借鉴[J].教育学术月刊,2009(11);田占慧,刘继广,钟利军.发达国家农村职业教育新模式比较分析[J].成人教育,2008(1);王文槿.美国的农村职业教育[J].中国职业技术教育,2005(3);李少元.国外农村劳动力转移教育培训的经验借鉴[J].比较教育研究,2005(7);石伟平.比较职业技术教育[M].上海:华东师范大学出版社,2001.

（一）高中阶段的职业教育

美国职业教育以学术类课程为主，也提供种类繁多的职业课程，职业综合高中占各类高中总数的 89.2%，学生入学时需经鉴定考试，其成绩必须达到相当高的水准才可入学，要学专业的学生必须具备较好的基础，强调职业课程，但也提供高中全套必需的学术类课程，是全日制学校，其目的是培养能直接升入大学高科技系所就读或进入高科技行业工作的优秀人才。其任课教师有的来自大学，有的来自社区学院，也有一些来自业界。毕业后可衔接大学或社区学院，其学习时间大多为四年，即自九年级到十二年级。这种技术高中的课程主要是打好高科技的学习基础，有专业学程（section）方面的区分，但各学程所要求的学分并不高。地区性的职业教育中心或职业学校占 6.2%，只提供职业课程，多采取半日制，学生们常常在"家庭高中（home high school）"获得学术课程的学习。

综合高中是中等职业教育的主阵地。据统计，美国至少有 11 000 所高中（超过全美高中总数的 2/3）至少提供常见职业课程计划中的一种，包括综合地区性的职业教育中心职业高中 1 000 所、高中 9 500 所和职业学校 800 所。与综合高中相比，地区性的职业教育中心或职业学校拥有更好的教学设备和器材，能提供更高的职业课程教学质量，能提供更大范围和更深层次的训练。

（二）高等教育层次的职业教育

美国与我国专科学校相当的职业技术教育的主角是社区学院，每所社区学院都带有它所服务地区的文化及地理特性。法律规定这类院校只能授予准学士学位（Associate Degree），但同时可与四年制大学联合授学士学位（Bachelor's Degree）。根据美国社区学院协会的定义，社区学院是指颁发副学士学位作为最高学位的地区性被认可的高等教育院校。

大多数的公立社区学院提供三种类型的服务：①社区服务，包括成人继续教育和工商业的培训与再培训，学生以更新知识和充实提高为目的，占 20%；②生计教育，学生以职业培训获得证书和学成就业为目的，约占 50%；③升学教育，教育学生的目是毕业后升入大学三年级继续深造，这部分学生约占 30%。

美国现有社区学院 1 173 所，私立 145 所，其中公立 997 所。2004 年国际学生达 76 000 人，在校生有 1 160 万，包括 500 万非学分生和 660 万学分生。平均年龄 29 岁，全日制学生占 39%。男生占 43%，女生占 57%。社区学院的新生占美国大学生总数的 45%，学生占美国大学生总数的 44%。

社区学院的办学宗旨，是为其所在的地区提供教育服务和计划。大多数社区学院的办学宗旨，主要包括以下几方面内容：①为社区的全体成员服务，为所有学生提供就学机会，实行开放式入学政策；②为工商业进行劳动力培训和再培训；③作为立足于社区的教育机构，为社区提供服务；④提供终身学习条件；⑤组织教学；⑥提供综合教育方案。

二、美国职业教育的管理体制

（一）政府方面

1. 制定新法案，提出新举措

1917 年，美国联邦政府颁布了第一个支持职业教育的联邦法案《史密斯——休斯法案（Smith-Hughes Act)》，第一次承诺要把职业教育作为国家优先发展的领域。比如，在 1998 年 10 月通过的《帕金斯职业与技术教育法案》中，为提高职业教育的质量和有效性，反映了对先前职业教育法案的连续性、继承性，提出了一些实质性的新举措。政策制订者应该确定职业教育在不同水平教育机构中的不同任务、角色和目标，如可以强化高中职业课程中的基础性部分，更加强化中学职业教育在中学学习方面的目标，强化中学后职业课程中的技能性部分，更多地把劳动生产能力发展与中学后职业教育等方面联系起来。

2. 政府的州管理制

美国州政府一般设有社区教育委员会，主要功能是负责与州政府联络，提供升学与就业信息，其成员由州长任命，建议审核课程的开设，争取办学经费，评估学院办学情况等。一般情况下，州政府不干预学院的具体事务。为促进地区经济发展服务，各州可以根据自己的特点来确定社区学院的办学方针，这就使社区学院发展有了有力的法律保障和经费支持。因此，美国的教育管理法律职责主要在州。

（二）社区学院方面

1. 学院董事会制和院长负责制

由政府官员、企业界代表、社区居民代表等组成各社区学院的董事会，人数一般是 10 人左右，多为义务性工作，定期召开会议（一年 10 次左右）。董事会的主要任务是，聘任院长、监督办学、加强学院与社区的联系、筹集资金等。社区学院中，院长负责学校办学并定期向董事会报告，实行董事会领导下的院长负责制。由企业界人士和本行业专家等担任顾问委员会或专业指导委员会，向学院提供课程开发建议、社会需求信息，参与设置专业、制定教学计划和提供教学设备等。

2. 社区学院协会

美国还设有全国性的社区学院协会，在社区学院的发展中发挥重要作用，但与社区学院没有行政关系，主要负责研究政策与争取办学经费，加强协会成员与支持团体之间的联系与协作，进行各种调查和信息发布，为社区学院提供教育服务。

三、美国职业教育的投入保障

（一）投入保障

1963 年，美国联邦职业教育有了较为完善的法律体系，提出为职业教育研究、职业教育课程教材建设以及职业教育改革提供经费支持。1968 年出台政策和具体措施，重点是促进职业教育机会被广泛而容易地获得并改进职业教育，主要包括以下几方面：把大多数联邦基金留下来用于职业课程的开发更新；不断鼓励各州根据各团体的经济需要和障碍学生的水平分发一些经费支持；继续预留资金用于职业教育计划的改进。1990—1998年，向特殊人口较多的教育机构或学校分发拨款，从而引入了州内的和地区内的拨款原则。1998 年，在《帕金斯职业与技术教育法案》中，规定政府经费直接下拨到学校、教育机构及学区。

（二）投入情况

1. 高中职业教育的投入

社区委员会负责筹划，州政府或市政府给予补助，是高中职业学校的主要投入方式。1998 年 10 月通过的帕金斯法案（《帕金斯职业与技术教育法案》），集中于提高那些选修职业教育课程的高中生的前途，高中阶段消耗总经费的 62%。

2. 社区学院的经费投入

社区学院经费资助主要来自州政府和地方政府的拨款以及学生的学费，社区学院拨款多少与学生数量和开设课程有关。另外，还得到当地实业界的支持，当地实业界提供实习场所和费用，为学院提供奖学金，改善学院的设备，从而帮助社区学院为他们培养急需的技术人才和管理人才。根据 2004 年的统计资料，全国平均来说，社区学院 5% 的经费来自联邦政府资助，20% 来自学生学费，20% 来自当地政府拨款，45% 来自州政府税收，其他占 10%。同一社区的不同学院，也有差异。

（三）资金投入面临的问题

1980 年，职业教育大约能分享到整个联邦教育拨款预算的 6%，到 2004 年只占到 2% 多一点，职业教育所能分享到整个联邦教育拨款预算的比例在持续走低。高中职业教育受到的联邦待遇和地位还是可以的（拨款7.73亿美元），促进高中生为升入大学做好准备的经费为3.88亿美元，用于提高高中生学术课程成绩的经费为4.65亿美元，两项拨款的总和相当。不过，一直以来美国教育部高中教育基金中最大的一个专项经费仍是对职业教育的拨款。

四、美国职业教育的师资队伍

（一）高中职业课程师资

美国职业教育的任课教师有的来自社区学院，有的来自业界，也有的来自大学。

那些未来的高中职业教师，目前正在接受职业类师范教育培训，在数学测试中的成绩比其他未来要成为中学教师的师范生差，在基本读写测试中的成绩比未来将成为小学教师的师范生还差。据调查，现今美国高中职业课程的教师与学术课程相比，获得学士学位的人要少。

（二）社区学院师资

注重学生实际知识和技能的培养和传授，聘请社区内外有实际工作经验的各类专业技术人员为兼职教师，是社区学院职业教育的一大特色。社区学院的职业教育重视理论的实用性和应用性，主要培养社区需要的一线人才。兼职教师可由社区内的高级知识分子（如教授）、生产一线的管理人员、工程技术人员、学者、企业家、某一领域的专家以及经验丰富的各类专业人才组成。职业教育为注入大量社区人才需要的信息，增强了办学的针对性，常常是律师讲法律，会计师讲财务与管理，企业家讲企业管理，聘请兼职教师的成本相对要低，这也为学院节省了不少开支，并且他们所授课程的针对性和实用性较强。

教师的学术科研任务不多，如果有也是有助于促进学院发展、与社区学院职业教育的教学工作直接相关的内容，如新的学习模式、招生政策、学生的学习动机、教学方法、评价方法、学习目的、评分制度和学业成绩等方面的内容，社区学院职业教育教师的主要职责是教学任务。

五、美国职业教育的现代化

（一）教育理念

1. 形成新的职业能力观

新职业能力观强调学习能力的培养，旨在为个人终身学习奠定基础。该观念认为，职业能力被视为多种能力和品质的综合体现，而不再局限于具体岗位的专门技能与知识。新职业能力观着眼于劳动者的职业流动性和生产模式、技术手段的变动性，要求具有收集整理信息和使用新技术的能力，以增强应变性和适应性。新职业能力观重视个人品质在职业活动中的作用，它把组织规划能力、合作共事能力、解决问题能力、创新创业能力以及人际交往能力等作为职业能力的重要构件。

2. 新型课程结构和新型教学模式

美国在职教改革中开设了融学术与职业内容为一体的综合课，从而更新了几十年一贯制的课程结构。新课程结构与新教学模式，意在使受教育者以较宽厚的基础和实力去迎接未来多变且多元的劳动世界。他们将技术和生计课程建立在职业群的基础上，使课程框架更宽泛。他们将先进的学术引入职业课程，建设科学训练中心，开发高期望值项目，开展教师训练，教授新知识新技术，为学生进行的是现代技术的边缘教育。

3. 培养创业能力

培养青年学生的创业能力、就业能力和适应能力，是美国社区学院非常重视的，为大力培养创业能力，他们培养创业意识和精神，鼓励自主就业，为青年创办企业提供宽松的政策环境，还开设相关的创业理论和实践课程。

（二）教学手段和方式

1. 教学与生产实践相结合

强调教学与生产实践相结合，是社区学院职业教育在教学模式上的重心，实践课程由学院和企业派专人指导，学生必须到实际岗位上参加生产劳动，要求汇报实习情况，学生在实习期间定期返校，与教师、同学共同探讨实习中的问题，并总结教训和经验。各专业系科的实践课程学时占总学时的50％或更多。有些社区学院的职业教育实行合作教育计划，为了使学习的内容在实际工作中得到应用和巩固，并学到新的经验，学生一般到与所学专业密切结合的工商企业等机构工作，这类学生往往利用假期参加实习工作，并不延长学习年限。

2. 灵活性和个性化的教学方法

尽可能地采用现代化教育技术和媒介，根据学生不同的文化程度和学习进度，进行个别化教学要求职业教育更要重视教学方法的多样化和灵活性。这就要求社区学院的学生可不再接受以教师为主的传统课堂教学，如学生可随时报名，可完全按自己的文化程度和学习进度单独进行，学习资料中心可对职业教育的各门课程进行个别化教学，从而体验焕然一新的学习经验。让学生可以按照自己的需要安排学习时间，建立完全学分制，开放办学，为使学生能就近学习，与广播电视大学联合办学，广泛采用先进的远程教学手段，并设立若干教学点。

六、美国职业教育的就业情况

为帮助学生为就业做好准备，中学职业教育与中学后职业教育在两个阶段均为选修，而并不是必修。

（一）高中层次

不同职业领域就业前景的变化趋势，也会影响学生在选择职业课程时的决策。因为接受教育的目的是直接就业，所以高中生选修职业课程的动机与就业密切相关，学生们更倾向于选择就业机会看好的那些职业领域的课程。

NAVE 的调查发现，1982—1998 年在四大职业领域出现了职业课程集中者选修比例的较大幅度激增：卫生保健、儿童保育与教育、食品服务与餐饮、技术与通信，而在工业与贸易、商业这两个领域却出现了最大程度的锐减；同期，前四类职业就业机会的增长超过平均增幅，而后两类职业就业机会的增长则低于平均增幅。

并非挣得多的职业领域选修的人就多，相对来说，是那些就业机会多（但收入未必高）的领域选修的人多。同一职业领域的工资和收入可能差别巨大，尤其是技术与通信领域更是如此。因此，就业机会好未必意味着收入就高。

（二）社区学院

社区学院的职业教育，注重对学生运用电子计算机、现代化仪器设备于各种生产部门和岗位上的劳动技能的培养，专业和课程都是在充分的社会调查的基础上确定的，毕业生一般有 20%—30% 的毕业生进入四年制大学继续学习，大部分是直接参加工作。毕业生的这些优势得益于职业教育有针对性的教学工作。正是因为他们掌握了生产劳动技术，动手能力强，有好的劳动习惯，且能直接上岗，所以有些企业从实习生中物色雇员人选，并对表现优异的学生直接录用。

社区学院在职业教育中表现出如下特色：①综合包容。通过提供广泛的课程，社区学院已将教育机会扩展到数百万被其他高等院校忽略的学生。②公平开放性。学习时间灵活，有半日、全日、周末、夜间课程的多种选择，还有寒暑假开设的假期班；入学条件简单，不限年龄，亦无须通过入学考试；修业年限较短，收费低廉，学生一旦注册入学，学院就要为其提供包括辅导、学业指导和经济援助等服务，而且针对本地区需要开设课程，便于就业，因此很受那些中、低收入家庭的欢迎。③质高价廉。全国平均来说，公立社区学院的学费和杂费每年约为 1 300 美元，约为四年制州立大学的 1/3 强，比私立大学便宜将近 80%。④服务社区。可以说，社区学院围绕社区经济发展需要设置专业和课程，是它昌盛不衰的奥妙所在。比如，如果一所社区学院所在地附近是一些计算机厂家，则在电子信息技术方面的课程多一些；如果有一些大的制药公司，那么它在环境科学和化学课程方面就会较强。社区学院设立的初衷，就是面向社区为社区培养区别于学术型人才的技术应用型人才，以促进社区经济发展。⑤终身教育。社区学院对终身学习的承诺，包括提供几乎是无限的学分和非学分活动以及课程计划等，通过这一切来丰富社区学院所服务地区的人民的生活，只要他们有学习的渴求便可以。新近的趋势是，越来越多的学生在完成了硕士课程或其他高等学位课程后又返回社区学院继续进修，越来越多的美国人视学习为一个终身的过程。很多学生都是成年人，他们重回课堂的目的是学习新的工作技能和改善现有的技术。

七、美国的职业资格认证

在劳工部门、工业界、联邦共同支持下，编制了一些职业的全国性资格证书的技能和标准。例如，为开发一套全国性的评价体系、资格证书和技能标准，供各界自愿使用，2000 年《联邦教育目标法》（1994 通过）促使成立了全国技能标准委员会（The National Skill Standards Board, NSSB）。这些标准可以为高中修订和更新职业课程提供帮助，并为评定某一特定职业领域所必需的职业技能提供途径。雇主非常重视职业课程中为合格学生发放的资格证书。全国技能标准委员会开发的结果至今仍十分有限，因此许多地方课程计划采用一些工业的、地区的、州的、全国性的以及群体自己开发的一些技能标准。1998 年开展的一项全美调查显示：关于学校教育与工作之间衔接关系（School-to-Work Partnerships），14.6%的美国中学在职业教育课程中为考核合格的学生发放相应的职业技能证书，这些证书有的是全国认可的，有的是合伙企业或组织认可的，有的是地区级或州的工业组织认可的。

目前最有名的新开发者，可能就是那些强调高技术的微软 A＋（Microsoft A＋）、Cisco 学院（Cisco Academies）以及 Novell 证书课程（Novell Certification Programs）。这些技能标准和资格证书都回报高收入，但强调高要求。另外，美国对应运而生的新行业，实行执照（License）制度，对新行业设有专业化职业证书、凭据执照，并不断地进行系统培训和学习，才能促进这些行业不断发展，从而进一步促使社会新兴学科的制度化、秩序化和正规化。美国不断进步和更新的高科技、新知识的培养循环体系之所以能形成，与这种严格的等级执照制度不无关系，例如电子计算机、高科技行业分出十几个专业，每一项工作都必须要有一个专门执照。

第二节　英国与德国农村职业教育发展概述

全球化背景下，和世界上其他许多国家一样，在英国和德国，许多劳动者失去了之前的工作，需要转换到新的职业和岗位上，许多新的职业和岗位缺乏合格的劳动者，急切需要寻找具有新的知识和技能的人，面临产业结构的巨大变动。这种结构性失业的难题，需要通过加强教育培训工作来解决。英国和德国都高度重视职业教育在社会发展中的重要意义，采取了若干措施来促进职业教育的发展。

一、英国农村职业教育发展的特点

近年来，英国政府在发展过程中形成了自己的特色与经验，并进而形成了自己特有的职业教育发展模式，在国家战略层面上非常重视职业教育的发展。

（一）建立以需求为导向的职业教育体系

在过去若干年中，英国为建立一种对雇主和个人需求做出反馈的职业教育体系，一直努力通过将职业教育培训经费划拨与结果相联系而得以保证。在国家框架内，地区开发机构与地方行政当局、行业技能委员会等机构合作开发地区技能策略，地区技能策略将依据雇主需求制定本地区技能投资重点。英国行业技能委员会、雇主以及劳动力市场其他有关机构判断技能需求，并为政府提供关于国家、行业和地区层面技能需求方面的咨询，国家则利用这些咨询建议来制定国家重点技能政策框架。英国就业和技能委员会，负责技能的预测工作。为满足行业、地区和国家的重点技能的需求，技能经费资助机构将通过为学院和培训机构提供不同种类经费的方式，来保证所需技能的培养培训：如果是国家急需技能，技能经费资助机构可以为每一个学院或培训机构提供相应的经费资助；技能经费资助机构将对学院和培训机构进行监督，将监督结果与未来的经费划拨相联系，对那些灵活、快速反映的机构进行奖励；工程类技能学院和培训机构将在重点技能框架内调整课程，以满足地方雇主和学习者的需求；如果该技能的社会需求不太大，所提供的资助可能只有 3 500 英镑。

英国通过技能经费资助机构的监督及经费划拨机制的应用，来引导职业教育机构提供劳动力市场需要的技能人才，通过行业技能委员会的劳动力信息收集及分析，来明确重点技能需求，通过就业技能部门的技能需求预测，来了解劳动力市场需求，从而形成需求导向的职教体系。

（二）构建分工明确的职业教育管理体系

英国职业教育体系有关机构，可以划分为以了解需求为主要职责的机构、以管理为主要职责的机构、以监督为主要职责的机构、以为职业教育与培训提供支持服务为主要职责的机构、以提供职业教育为主要职责的机构。这些机构各司其职，分工明确，保证了英国需求导向的职业教育体系的顺利运行。一是以了解需求为主要职责的机构，主要包括英国行业技能委员会以及就业与技能委员会。前者决定各自职业领域所需提供的技能，提高雇主对技能的要求，后者负责提供国家技能需求的建议、承担技能研究管理继续教育、监管就业和技能体系以及管理行业技能委员会。二是以管理为主要职责的机构，主要包括英国商业、资格与考试办公室，革新与技能部以及技能经费资助机构。在国家层面，英国商业、革新与技能部负责全英的职业教育，其具体职责是领导全英职业教育、决定总投资及其重点、决定绩效制度及政策评估职责、负责与技能机构沟通、支持继续教育学院和学习提供者、领导对于技能的研究；资格与考试办公室负责管理资格提供；技能经费资助机构为学院和学习提供者提供经费资助，并将职业教育结果与经费资助相结合，引导职业教育与培训满足雇主需求。三是以监督为主要职责的职业教育机构，主要包括儿童服务、教育和技能标准办公室，负责监察学院和其他学习提供者所提供的职业教育与培训，并将检查结果向技能经费资助机构通报。四是以为职业教育与培训提供支持服务为主要职责的机构，主要包括学习与技能改进服务机构，帮助学院和学习提供者的运行，使其改进和管理更为便利。五是以提供职业教育为主要职责的机构，包括学院和其他学习提供者，满足学生和雇主的学习和技能要求，与地方行政当局、就业和技能委员会等机构合作，来培养技能并提供支持性服务，包括评估和员工发展项目等等。

（三）建立职业教育质量保障体系

英国职业教育质量保障体系，在苏格兰和英格兰有不同的表现。前者主要表现在标准的维护上，后者主要表现在优秀内容框架的制定与执行上。苏格兰的职业教育质量保障制度，由内审和外审制度组成。内审主要由职业教育机构的评估员和内审员执行，外审主要由苏格兰资格局的质量提高经理、外审员、资格批准和审核官员执行；外审在内审的基础上进行；审核内容包括学习材料和考试材料；审核结果有三种，即不通过、基本通过和完全通过。英格兰的优秀内容框架包括以下三个方面：经费，学习者和雇主的反馈，有效性。经费，重点检查健康、管理与控制、资源使用这三个指标；学习者和雇主的反馈，包括雇主的反馈和学习者的反馈这两方面；有效性，包括提供的质量和结果的质量。检查的结果有四种：不合格、合格、好、杰出。对于后两者，职业教育机构要进行改正，达到审核的质量要求。检查的重点，在于教学质量、对学习者的支持和指导以及职教机构在标准方面所取得的成就。要在优秀内容框架下对职业教育机构进行检查，如果审核结果合格可以继续提供经费资助，如果不合格则要推迟拨款甚至取消拨款。无论是苏格兰还是英格兰，都将职业教育的质量审核或评价结果与职业教育经费的资助相结合。而且，职业教育机构为了取得有关经费资助，还需要建立比较完整的信息系统。

（四）构建以能力为本位的终生教育体系

英国政府在全国范围推行国家职业资格制度。其标准的制定是根据产业部门的实际需要，采取职业功能分析法，通过分析该职业所从事的主要活动，判断从事该职业活动所需要的技能，从而制定出相应标准。虽然英格兰和苏格兰资格证书的级别数量不同，国家职业标准往往用来设计培训项目，作为开发教学材料的依据，但每一级别的资格都是以能力为本位，而且不同级别资格之间相互衔接，每一级别证书的持有者都有发展的可能性。

英国强调"就业能力"的培养。"就业能力"不仅指技术或职业技能，而且还指"软技能"，如解决问题、调查、创业、小组协同工作以及外语能力、计算能力、交流技能等等。与此对应的是其考核制度的改革，英国国家职业资格证书考核是用对应考者的持续培训和考查代替突击式的、限定时间和范围的培训和考试；用应考者的实际工作成果代替传统的试卷试题；用对应考者的全面评估代替抽样检测；用工作现场考核代替传统的考场考试。这种制度实现了培训过程与考试过程的相对统一，使培训变得更有针对性、更有实效性，并且降低了教育培训的成本。

二、德国农村职业教育发展的特点

德国是一个拥有高效率农业生产的国家，德国工业和社会经济高度发达，这个只有 8 000 多万人口的国家，经济总量却位居世界第四位。德国35.7 万平方公里的国土面积，有耕地 3 600 万公顷，其中有一半的土地用于农作物种植，另一半土地用于种植牧草，发展畜牧业。不久前，一个民间组织的德国有机农业现代技术应用考察团赴德访问。在号称德国农业第一州的下撒克森州，考察团先后考察了有机水果种植园、一个有 200 头奶牛存栏规模的牧场和从经营规模 48 公顷到 2 100 公顷的家庭种植农场，其管理人员却只有 2—5 人，让人不得不赞叹德国农业的高度集约化和高度的机械化水平。可以说，农业职业技术教育对德国的农业发展起着非常重要的作用，使整个国家从事农业生产的农民素质达到一个相当高的层次。高效率的农业生产状况，既得益于德国高度集约化和高度机械化的农业生产方式，更与德国"双元制"的农业职业教育体制下培养的高素质和高技能的农业从业者密切相关。

近年来，德国职业教育为迎接国家的经济转型而形成了一些新经验和新观念，成为世界上职业技术教育比较发达和完善的国家。

（一）适应转型的工作变化，提出职业康复新概念

近年来，由于社会经济的转型，德国劳动密集的工作减少了 25％，德国三大产业的变化很大。1960 年第一、二、三产业占产业生产总值的百分比分别为 18％、44％和 38％，而 2000 年这三个比例分别为 2％、29％和 69％。而产业结构的变化，必然带来不同种类工作的变化，也使得更多的人员将存在失业和再就业的问题。预计到 2025 年，第一、二、三产业的这一比例将分别为 1％、22％和 77％。为使人们重新获得职业，重新进入社会，存在如何使失业人员适应新形势的问题。德国康复学提出，康复学的重点是社会康复和劳动康复，使失业人员回归社会。

（二）利用专业优势和网络，开展创业教育

目前，德国大学中有 70 个研究中心开展创业教育，由教师和企业人员共同担任教师。多特蒙德技术大学毕业生中的 3％—5％会创办自己的企业，中心为其提供服务。2002 年以来，提供了 380 个咨询，成立了 68 个公司，提供了 750 万资金，1 000 多名学生参与了培训，其中政府补贴 450 万资金。多特蒙德工业大学技术转移中心的具体任务是帮助教授创办公司，帮助学生就业和创业，职责之一是针对学生开展创业教育。

多特蒙德技术大学创业教育的开展，注重利用专业网络，将有关资源进行整合。如，多特蒙德应用科学大学、地区技术中心，综合利用多特蒙德技术大学以及多特蒙德市的相关资源，开展创业教育。在开展创业教育课程的同时，还为学生的创业提供一定的经费支持，并且为学生提供接触外部专家（如税收专业、律师）和潜在投资者的机会。

（三）利用计算机网络技术，开展残疾人职业教育

为使身体不方便的残疾人接受职业教育，多特蒙德技术大学通过在线学习，使聋哑人、行走残疾人和盲人能正常学习。在应用在线学习帮助残疾人学习时，多特蒙德大学注重以下几个方面：①增强学员之间的沟通和协调；②培训环境能使残疾人无障碍地学习；③将模拟学习与真实工作情景相结合，让学生解决工作中会遇到的问题；④开发在线学习软件，设计各种场景，提出技能训练要求。

（四）注重社会弱势群体的职业教育

伴随着社会的发展与进步，社会弱势群体人员得到了人们越来越多的关注。德国青年村就是通过职业教育而帮助社会弱势群体人员的一种教育机构，使这些弱势群体人员得到更多的帮助。培训中心实训教师与学生的比例，依不同专业而不同，大约为1：1.3。学习开始前，要对学生的身体和智力进行测定，以确定学生可以接受的教育类型。中心对不同的残疾学生制定不同的培训计划。青年村经费来源包括政府（联邦政府和地方政府）和保险部门，政府部门又分为劳动部门和教育部门。青年村的目的，是给青年人以机会。德国目前共有8 000位教师，150个青年村。多特蒙德青年村培训中心现有2 800位学生，主要是心理、身体上有障碍的学生，该中心提供的是低于师傅和技师级别的培训。培训中心开设30个专业，如食品加工、家政服务、图纸设计、商业与零售以及金属加工等。为顺利开展教育与培训，培训中心还配备了心理医生。

（五）以人为本，注重职业安全与健康

多特蒙德常年举办职业安全与健康展览，通过演示和参观者自己体验，通过实物与图片的展览，生动说明不良的行为习惯可能带来的健康与安全问题以及职业环境中存在的安全与健康隐患，从而将职业安全与健康的相关内容列入职业教育的教学内容之中。

（六）职业农民的准入非常严格

据了解，在德国，要经过严格的实践劳动锻炼和理论学习过程，才能成为一个合格的农民。德联邦法规定，学生在劳动的同时，还要在各州办的农业职业技术学校中参加理论学习，接受实践和理论并举的"双元制"教育。首先，在受教育开始之初，进入农业职业学校的学生就要与有农业师傅人员管理的农场（或养殖场）签订从事农业生产的劳动合同，在农业师傅的指导下参加农业实践劳动，并按法律要求在农业协会登记备案。德国"双元制"职业教育制度是由企业为主、校企合作、国家立法的一种办学制度，是一种以能力为本位的课程模式，强调的是实践能力和技能的培

养。德国的农业职业教育的学制一般为 3 年，理论学习时间占 1/3（内容包括农业机械操作、畜牧养殖技术、农业法规、作物种植和环境保护等几个大类的理论知识），生产实践占 2/3。在理论学习和生产实践达到联邦法要求的资格后，学生要成为农业工人就需要参加全德的农业职业资格考试，考试合格人员才能取得农业职业资格证书。3 年的农业职业教育毕业取得初级农民资格后，要经过 5 年的生产实践并经过国家考试合格，才能取得农业师傅资格，也才能享有政府对农民实行的各种补贴政策。另外，一些中学毕业的学生，经过农业大学和农业大专的学习也将成为农业技术人员。

（七）不断学习让职业生涯更辉煌

纽伦堡市农业职业技术学校的学生克里斯多夫·克萨玛雅说："刚来学习一周，学到了许多东西，和自己的期待相比很满意。每周除了去学校两天学习理论知识，剩余的时间要到这里接受针对农用车辆电气方面的操作培训，还要去农业企业实习。"在纽伦堡市农业职业技术学校的农用车辆电气维修培训车间里，年轻的小伙子克里斯多夫·克萨玛雅正在专注地进行拖拉机引擎的电气测试，他 3 年中要在这里完成共 8 周的培训。他非常喜欢这种自己动手的实践操作，这里的面更广，作为学校学习的一个补充，感觉比老师光在教室里教要好。

作为一个有成就的农民，不能只知道种地，要全方位地去学习，才能很好地解决种地过程中的许多问题。"比如拖拉机坏了，就不需要请别人帮忙嘛！对自己来说也是一个完善自我的机会。"先后问了几个农民，他们表示都是自愿来这里学习的。好几位农民都表达了同样的观点："我想让我的职业生涯更加辉煌。多学点东西，可以扩大自己的业务能力，有更好的能力去实现自己的理想！"在这个车间的另一角，十多个农民围坐在一老师的周围学习电焊技术。老师先讲解并演示，学员再操作。一位培训老师说："这里重点培养学员的动手能力，80％是实践课程，也进行跨企业的培训，为丰富学生的知识面，除农业机械外，也涉及车辆建筑方面的电气机械维修方面的知识。"一个参加培训的学员说，由于德国农业的高度机械化，拖拉机等农业机械总会出问题，也要懂得保养。在德国，世界驰名的宝马轿车便宜的也就 1.7 万欧元左右，但一台便宜的大型拖拉机要10 多万欧元。据了解，在德国，如果想做农业企业的领导或者高级职位的人员，想获得政府更多的资助资金，比如想扩大农业厂房、仓库或牲畜存栏，所有这些都需要政府的许可。在学校的一个电教室里，20 多位学员正在观看森工电锯使用操作规程的电教片，而另外一个青年农民却独自在另外一间操作室里琢磨电锯的使用。他说："到这里来学习伐木，取得证书后，想去搞兼职，原来是种蔬菜的，为实现自己做农场主的梦想，需要挣点外快，积累资金！"想做农场主，买一台大型拖拉机恐怕是必不可少的。想取得许可，就必须接受这方面的培训，并取得资格证书。另外，德国是实行高额农业补贴的国家（种植补贴按欧盟的标准是每公顷 250 欧元），农业补贴要和环境保护相挂钩，比如如果相关部门发现家畜养殖方法不得当，资助金也会被取消，同样，一旦发现使用违禁农药，政府的补贴不但要取消，还要被处以罚款。这也许就是德国农民主动接受培训、不断学习新技术、提高和完善自我的原动力吧。根了解，德国农业企业 50％的利润来源于政府的补贴，补贴或资助金一旦被取消，生产的产品就无法与其他农业企业去竞争。

第三节　日本农村职业教育发展概述

提高国民教育水平，努力使全体人民从少年到成人都掌握职业技术能力，是日本的优先战略。自从 19 世纪中期日本革新以来，该国就一直重视职业技术教育，因为在国家现代化进程中，一个资源短缺的国家除了开发人力资源别无选择。

一、日本职业技术教育的发展历程

日本学校主要在初中和高中阶段进行职业技术教育。职业技术教育在地方由县教育委员会负责管理，在中央由文部省管理。文部省负责制定中小学教学大纲，包括各个年级每门课与各级教育的目标和内容。高中阶段的大纲，学校则可以根据地方和行业的需求作一定的调整，但小学和初中的大纲必须严格遵守。

战后建立起来的学校体系，在高中段分设普通科和职业科。1994 年后，为了在更加广泛的范围内为其职业生涯选择科目，为学生提供了另外一种综合课程。这样，在高中就形成了并列的三种学科：以就业为主要目的的职业科；以升学为目的的普通科；前两者兼而有之的综合科。实际上，普通科对升大学是非常有利的，这就使职业科的学生处于不利地位，尽管三种课程在法律上地位平等。1995 年，有 97％的初中毕业生升入高中。综合科的建立，一方面是为了将职业课程与普通课程综合起来，另一方面是为了改善这一局面。

文部省制定传统职业课程不能直接满足企业需求，教师可以根据需要对其进行个别的调整和修改。学校的教师通常毕业于大学的某个专业，很少有来自企业的，所以造成教学重理论轻实践的倾向。这种理论导向的教学模式的优点在于，技术更新快的小企业欢迎理论强的毕业生，大企业欢迎具有基础知识和能力的学生，并不在乎其操作技能的熟练程度，因为招工后还要进行附加的企业内部培训。这种偏重理论的教学大约维持到70年代就不行了，某些操作技能虽然能立即应用，但往往很快过时，因为社会反映学生缺乏能力。

这种教学模式的负面影响是：职业指导不是根据学生个人的兴趣与能力，而是根据其初中学习成绩和职业学校入学考试分数，来安排学生的学校和专业；一些学生，尤其是缺乏抽象思维或不想专业深造的学生，无法适应，导致其辍学。过去20年文部省改革的原因在于，学生、家长甚至教师普遍认为，学校的排名和社会声誉完全取决于其入学考试分数的高低。这种对教育的曲解，就是日本教育迫切需要解决的关键问题。描述战后职业教育的历史，理解上述情况，有利于分析工业快速发展与教育现存问题的关系。

20世纪60—70年代，出口导向的政策导致重工业需要大量的技能工人，日本经历了压倒一切的迅速发展工业高中的高潮。1966年，为增加教学科目，文部省发布了《职业高中多样化》的报告，并决定将选修科目增至250门。1969年，作为一个发展中国家，日本从发达国家进口技术加以改造，产品出口到世界各地，于是启动新教学计划，提出在每个县建一个主要用于实验、实习的信息处理站，在职业高中增加信息处理课。技术革新持续到70年代，新技术开发的成功也扩展到其他技术领域，带动了国际贸易顺差，开发电子技术成为重点领域。这一时期，职业技术教育是工业的"传声筒"。至此，在70年代经济扩张和战后经济恢复时期，职业教育为企业界培养了高质量的人才。

日本对外贸易的快速增长、国内日用品的高消费和经济惊人的发展，增加了就业机会，刺激了多种行业的发展。随着生活水平的逐步提高，更多的初中毕业生选择上普高而不是上职高，家长对孩子上大学的期望值增高。因此，20世纪80年代末90年代初，大学升学热使普高与职高的比例发生变化，职高的比例减少，高中的迅速发展满足了新增初中毕业生的升学要求。

1976年，关于改进职高的报告是日本职业教育的转折点。报告强调了如下观点：①学生从小学到中学，从普通课程到职业课程都要强调实践性教学和日常生活的实际体验；②允许对大量职教科目进行重组，以改进教学内容；③学分制使学生可以根据志向和兴趣制定学习计划，并有可能准备大学入学考试；④基础教育对于职业高中和普通高中一样是必不可少的，基础教育的目的不仅要求掌握科学知识，而且要通过创造性实践培养解决问题的能力。

在 1985 年，日本科学与教育审议会下的职业教育委员会通过研究和审议，正式向教育部提交报告，建议：①增加普通中学的职业教育内容；②充分利用学校、企业和社区的教育资源，开发可实行转换的教学计划，以实现各类学校之间的衔接与沟通；③改革课程，使其内容多元化、组合弹性化，适应学生的不同兴趣和志向；④除了工商专业外，其他专业也要增加信息技术课程。

二、日本的职业教育改革

最近，实现教育平等、满足公民受教育愿望的要求，引发了高中的急速膨胀，职业教育又面临一次历史性转折。教育主管部门热情响应这一要求，却忽视了学生在职业发展、兴趣、态度和能力方面的真正需求，缺乏对学生求知欲和吸引力的激励。上述原因造成教师没机会更新知识，职教内容陈旧，职高报名人数下降，教学设备经 60—70 年代的投资后，到 80 年代就陈旧了。

高中段的教育改革有两个趋势，一是建立综合高中，一是加强职业课程的专业化。综合高中为尚未定向的初中毕业生设立，在其职业定向前做好多种准备。一方面，职业高中更新课程、教材和设备，以适应新需求；另一方面，为使职业教育增加一个新层次，1991 年中央教育审议会报告发布后，职高改名为专业高中。为检验这种新型高中计划，在每个县建立至少一所综合学校，教育政策更强调按照学生个人兴趣与能力自主选择未来专业的重要性。专业化是根据学校所在地方的企业界需求和周围地区的经济需求而确定的。公民的福利不仅通过经济的发展来体现，而且更多的是通过精神生活来实现。地方教育委员会逐步从企业的"传声筒"变为学生及家长的代言人，这一转变也反映了在国家发展过程中社会期望的变化。

20 世纪 90 年代以来，日本职业教育有三个趋势：一是促进工人考取职业资格证书，并将其作为建立职教终身学习体系的一部分；二是新建综合高中；三是改革专业学校传统课程以适应企业界的需要。20 世纪 80 年代和 90 年代初，日本人在生活富裕后开始重视自我实现。传统的专业设置、保守的教育，已不能满足青年的需求，诸如国际贸易、环境工业、生命科学之类的新兴职业领域吸引着年轻人。随着"普高热、职高冷"现象的出现，不少职教专业与课程被削减。以京都市为例，1983—1985 年废除 6 个贸易专业和 1 个农业专业，1990—1993 年废除工业化学和商业专业各 1 个、2 个商业专业、3 个家政专业。与此同时，商业学校设置了国际贸易、分配经济、信息处理和会计等新专业，并配备了新的教学设施；渔业高中设有海洋统计、海洋生产和海洋技术等专业，其中海洋生产分为手工艺技术和海洋生产，海洋技术分为海洋调查、海中架桥、海底焊接和海洋测量；农业学校的新课程包括动物、生物技术和农业。综合高中为那些着眼未来职业方向和对实际经验感兴趣的学生而设。1994 年，第一个综合高中出现后，许多县加入改革行列。有些学校改进传统课程；有的设置综合课程或建立全新课程。综合课程有如下几大类专业：信息、国际贸易、艺术、工业技术、社会科学、传统文化、自然科学、制造业务和教育等。在职业教育领域，专业学校的教学太专门化，不适应某些尚未选定职业目标的学生，只能适应那些职业目标已明确的学生。其计划仍在实验之中，并在一些高中受到挑战。学校还没有统一的课程模式和规范的教学设施。

三、建立终身学习型社会

现在，工人不再依附于任何专业公司，雇主与雇员间的忠诚关系和强调成功经验，让位于双方都认可的本位合同。许多雇主在重建企业的过程中，卒不及防地解雇了工人。在变化如此迅速和竞争激烈的社会中，个人难以与公司签定终身合同。一些公司建议员工通过考取社会专业组织颁发的职业资格证书，以提高个人专业素质。因此，职工在企业外获得的社会认可的职业资格证书开始得到重视。1992 年，申请技术职业资格证书者有 923 万余人，其中 37.8% 是自学者，47.1% 是专业学校毕业生。目前，已有 600 种职业资格证书。

为适应 21 世纪难以预测的未来，应使任何科目、任何时间和地点、无论小组还是自学方式的学习都成为可能，仅靠传统的正规教育体系是不够的。社会的不断变化要求全体从业人员不停地更新知识和增强能力，特别是专业知识和技能。在学校时期就为职业生涯道路做好准备，是不可能的。现在的形势是，任何人在任何时间和地点都可以进入教育机构，更新其知识和能力。在这种背景下，需要有新的思路：利用信息技术提供的广泛学习机会，积累学习信息，以便得到社会认可；职业学校要向社会开放；在学生时代重在掌握学习方法；过去一个组织有序的培训计划就可以为企业界输送有才干的员工的时代，已经一去不复返了。日本经济学会强调，教育改革要适应人在工业时代的需求，1993 年建议实施"结构调整和以人为本的教育"。1961 年，初中五年制受企业欢迎，建立终身教育社会并不意味着要建立新的学校，它意味着文化、教育和社会的整合。成人职业教育，也是一个需要加强的方面。技术挑战，是对职业学校的又一重要影响。非正规教育学校、初级学院和大学为了改变那种单一学历教育的办学形式，都逐渐敞开大门，为社会提供各种职业教育。

第四节 国外农村职业教育发展对我国的启示

一、国外农村职业教育的经验总结

在对美、英、德、日这四个发达国家的农村职业教育进行阐述之后，在此笔者将总结他们在这方面的办学经验及理念，以资借鉴。

（一）建立较为完备的职业教育体系

①开放的职业教育形式。职业教育是每个公民的终身教育，他的一生在培训——就业——再培训——再就业中度过。德国职业教育与普通教育以及各个层次之间，可以相互沟通和交叉，形成了"H"型的结构网络（两竖代表职业教育和普通教育，一横表示相互沟通）。②系统的培训架构。从初级到高级，英格兰将职业技术教育分为 8 个层级，学员能从初级逐步学习直到接受大学后职业教育，并实行资格证书制度。职业资格证书教育又与高等教育、中等教育相互沟通，便于不同阶层的人随时参与相应的职业教育学习。③有效的激励机制。国家购买职业教育和培训产品，对不同的学员有不同的补助标准，如对大龄失业者、单身母亲提高补助标准。企业接受大龄失业者，国家对企业发放就业补贴。④灵活的培训方式。既有全日制的职业教育，又有学徒制、半日制、工作学习相结合的学习制度和方式。英国的学习制度和教学方式比较灵活，社区学院既可开展初级职业教育，也可开展高级职业教育。

（二）建立了较系统的质量监管体系

①管理有序。在职业教育的行政管理中，把一些公共机构、政府教育行政部门和民间机构的功能进行有机组合，形成多渠道、多层次的管理网络，能够充分发挥各种管理渠道的自有优势，使职业教育在政府的宏观政策指导下，吸收各种民间、社会力量的参与，取得较好的效果。英国职业教育管理体系中，职业教育的具体事务，如课程的开发、职业标准的制

定、职业资格证书的运行等事务，由一些专门的机构来执行，教育与技能部负责政策的制订与检查监督，不参与这些事务的管理。如国家行业协会组织决定所属部门的就业培训需求，参与学徒计划课程和职业资格标准的开发。目前，有70多个行业组织覆盖90％以上的工种。②管理严格。在资金拨付上，实行开班有预拨款、中间有检查、办班结束获得职业资格证书的再给予部分资金补助的模式；建立了全覆盖的学生信息管理系统，每个人的学习情况可以即时掌握；建立了严格的评估制度和质量保障体系，有专业委员会对职业学校和培训机构定期开展检查评估。

（三）建立了较完善的服务保障体系

为促进培训者就业，英德政府建立了系列制度。针对失业者建立重新安置计划，给每位就业申请者安排一位指导人员，对其培训提供咨询和指导，帮助失业者获得技能和工作经验，重新找到工作。针对13—19岁的青少年提供职业选择方面的咨询，开通职业咨询网，帮助青年人克服个人困难和寻找就业机会，建立职业指导联系制度。德国为帮助培训者创业，除教授学员基本生产技术、生存技能等"硬技能"之外，还注重培养学员解决问题的能力、团结协作的能力以及开拓创新的精神等"软技能"。同时，成立育富公司，为每个创业者提供顾问，学生毕业时必须提交一份创业方案，经评估后予以资助。

二、对我国农村职业教育的启示

（一）提高认识，转变观念

职业教育，成为英、德两国振兴本国经济、实现可持续发展战略的强大引擎。英国政府认为，技能是提高生产率的重要因素，是英国社会发展的主要驱动力，生产率是经济成就和生活标准高低的关键因素。因此，英国2009年11月颁布了《增长的技能：国家技能策略》报告，视职业教育为国家经济复苏与繁荣的重要驱动力，将职业教育发展列为国家重点发展领域，明确提出：计划到2020年，英国低技能人员要减少到11％，而高技能人才要增加到40％，认为国家未来只能由有进取心、受过教育并且掌握正确技能的人们来建设。德国同样把职业教育称为"经济发展的柱石"、"经济腾飞的翅膀"。

当前，我国颁布实施了《职业教育法》，从中央到地方把职业教育发展提升到前所未有的高度，将职业教育定位为"面向人人的教育、面向全社会的教育"。

因此，我们要从事关城乡统筹发展的战略高度，切实抓好农村职业教育工作，积极思考和探索把加强职业教育、发展劳务经济作为统筹城乡发展的"一项大产业、一项系统工程"来谋划和思考，通过职业教育和技能培训，促进劳动力由农民向市民转变、由农业向非农业转移、由农村向城镇转移，促进统筹城乡发展。

（二）学习借鉴外地经验，逐步建立健全完善的工作体系

1. 建立系统、灵活的职业教育培训体系

一是要进一步重点扶持县职中和县农广校发展壮大，统筹县级技能培训和职业教育资源，坚持以"产业化、规模化、品牌化、标准化、专业化、市场化"为理念，建设职业培训基地。二是积极探索适宜的办学模式，逐步实现育人与增效、招生与招工、作品与产品、理论与实践、学生与学徒、教师与师傅、讲台课桌与田间地头、教室与车间、学校与工厂的有机融合。三是积极探索入校与送教培训相结合、定期与弹性培训相结合、集中与分散培训相结合的方式，通过职业教育技能培训，促进劳动技能素质与劳动力转移的提高，实施职业教育进企业、进乡村、进社区的"三进"活动，促进就业和创业。

2. 建立高效、实用的培训质量及资金监管体系

一是开展移民培训试点工作，要以实施技能等级证书制度与移民培训卡制度相结合为主题，即移民培训卡仅是移民身份资格证明，通过移民培训卡畅通培训"入口"；培训结束后，为把住"出口"，可通过中介机构对参训学员进行考核和测评，达到相应行业技能标准者发放相应的技能等级证书。二是要建立"市场需求调查——开展技能培训——实施质量评估——监管拨付经费"相对独立的培训质量监管体系。以经费补助为调控，由培训主管部门牵头，根据培训质量和就业反馈核发培训补助经费。由劳动保障局牵头，相关部门参与，培训机构组织学员参加职业技能考核与鉴定，考核合格者颁发培训合格证书。培训机构按照用工培训规划，拟制培训专业、培训人数、培训标准、培训计划和培训费用等，上报培训主管部门审定后实施培训。以市场需求为导向，劳动部门牵头，根据市场用工信息，制定用工培训规划。

3. 构建以就业服务为核心的保障体系

努力构建集创业扶持、职业指导与职业介绍、职业技能鉴定、职业培训、职业需求调查于一体的服务系统，实现创业、维权、就业、考证、培训"一条龙"服务。一是在就业创业指导上，充分发挥劳动保障部门、培训学校、中介机构的作用，加大创业扶持力度，加强指导服务，努力形成"培训——输出——就业——返乡创业"良性循环的劳务经济发展机制。

二是在培训内容上，要高度重视"软技能"培养，提高就业稳定率，提升培训专业的影响力和竞争力。三是在信息网络上，以县级人力资源市场为主体，构建县域劳务经济的信息网络平台，建立与发达地区人力资源市场的信息共享网络，建立覆盖乡镇、辐射村组的布局合理的信息网络，及时跟踪市场需求。

（三）完善规划，整合资源，强化保障

1．要完善规划

地方政府应当对农村职业教育和技能培训规划纲要进行修订，通过制定《农村职业教育和技能培训后续规划 2010—2020》，进一步完善规划，统筹谋划，制订后续工作规划，使农村职业教育后续工作以及技能培训的任务、目标、措施和方法进一步明确和具体。

2．要整合资源

积极探索如何整合教育资源，包括培训资金如何如何统筹、如何整合专业设置、如何整合师资、整合设备等等；探索如何利用对口支援机遇，加强与相关企业、职教院校的合作，拓展就业渠道，提高办学水平和能力；探索如何整合就业渠道，包括如何统筹综合利用劳动部门、职中、农广校的资源，做到既与农村、农业结合，又与企业、市场结合，从而搞好就业，促进产业发展。

3．要强化保障

一是强化组织领导保障。县里已经成立了移民培训试点工作领导小组，设立了办公室。领导小组办公室要加强组织协调，快速高效推进相关工作，领导小组要切实加强领导，加强研究，把握好政策、方向、目标。要进一步明确各部门职责任务，包括县移民培训领导小组办公室（或筹划组建的县职教中心）、教育、科技、农广校、移民、扶贫、审计、劳动保障、财政、农业、监察、妇联、职高、共青团等单位及各乡镇的职责任务，做到流程清晰、任务明确、职责清楚，避免交叉重复和缺位推诿。二是要加强协调配合。各部门要充分发挥职能作用，共同促进这项工作，而不是站在部门利益的角度有利则为、无利则不为。三是加强投入保障。对于巴东职高和农广校在办学师资和实训设施等方面还比较欠缺的问题，要多方面想办法加强保障，要以开展库区移民培训为契机，进一步抓好基础设施、实训设备及师资建设。

第八章　我国农村职业教育发展的路径选择

第一节　调整农村职业教育发展战略

近年来，我国农村职业教育的发展尽管取得了显著成效，但仍然存在一些问题，其中尤为突出的是思想观念问题，人们对农村职业教育的发展路径与模式的认识直接影响其发展。

一、树立科学的教育理念

我国加入 WTO 后，传统种养殖业将会减少，加工业将会大力发展，第二、三产业比例增大。21 世纪中国的农业发展将走"现代集约持续农业之路"，这种现代大农业要求重视并从根本上提高农民的素质。因此，在专业设置上，要根据当地产业结构的变化而不断调整，少数专业还可适当超前设置；在教学内容上，要不断更新陈旧的内容，结合当地经济发展的实际，补充当前最新的实用技术和科技知识；在课程体系上，要根据农业发展的实际情况及发展趋势构建。农村职业教育要确立"围绕现代大农业办学、培养适应现代化要求人才"的教育思想观念，要走出围绕传统农业办学的小圈子，在培养规格和目标上，在注重培养适应第一产业劳动者的同时，也要注重对第二、三产业劳动者的培养。

二、确立开放的办学思想

农村职业教育要树立"面向市场、服务三农"的开放办学思想，摒弃以学校为中心的为办学而办学的封闭思想；为拓宽生源渠道，要在了解市场需求的基础上确定招生计划，实行多种招生形式；要以服务三农为根本出发点，进行课程体系构建和专业设置，紧紧围绕当地农村经济做文章，面向当地农村经济这一主战场，农村职业教育才会显示出勃勃生机。

三、构建培养综合应用型人才的目标体系

在培养目标上，要建立培养综合型应用人才的思想观念，打破过去单一的职业技能培养观念。农村职业学校要根据高新技术和知识经济的要求，牢固树立培养"新一代农民"的宗旨，不仅要使培养出来的学生会经营、懂技术、能致富，还要培养学生的创新精神和创业能力。加入WTO后农村市场将走向国际化，要培养学生较强的信息掌握能力和市场营运能力，培养学生良好的文化素质和心理素质，加强道德教育，使学生学农爱农、爱岗敬业、乐于奉献，培养通专结合、全面发展的综合型实用技术人才，才能在更加激烈的国际国内市场的竞争中立于不败之地。

四、实施多形式多层次的职后培训

农村职业教育除了进行职前培养培训和正规学历教育外，还要采取多种办学形式加强职后培训，学制可长可短，学习形式可灵活多变，也不限定在某一特定的层次或只进行某种学制的教育。据统计，目前农村劳动者职后培训率不足20%，这表明许多农村职业学校的职后培训做得不够。为适应农业科技含量增大的趋势，国家将会加大对农业从业人口的培训力度，这同时也给农村职业学校的职后培训提供了广阔市场。农村职业学校在加强职后培训方面，可借鉴北美社区学院学制，实行既有部分时间制又有全日制，既有职前也有职后和转移就业岗位前的教育，实施多规格、多形式、多层次的职业教育策略。

第二节 创新农村职业教育管理体制

农村职业教育管理体制，是农村职业教育行政管理体制、农村职业学校内部管理体制和农村职业教育服务体制的总称，三者既有联系又有区别地构成了农村职业教育管理体制的整体。农村职业教育行政管理体制，是指国家各级政府对农村职业教育进行管理的行政机构设置及其职能、作用及相应的工作制度和规范，主要探讨的是管理农村职业教育事业和管理农村职业学校或相关培训机构的工作规律；农村职业学校内部管理体制，是指农村职业学校教育及其职业培训机构内部的管理机构设置、工作制度和规范，主要探讨的是农村职业学校或职业培训机构自身的管理规律；农村职业教育服务体制，主要指为保障农村职业教育顺利实施而提供的各项服

务的各类组织和相应的工作制度和规范，主要探讨的是农村职业教育发展的外部保障工作规律。我们通常所指的农村职业教育管理体制，主要讲的是行政管理体制，因为在农村职业教育管理体制整体中，行政管理体制是基础和关键。

一、农村职业教育管理的体制障碍

目前，我国农村职业教育分散管理、分散办学、"各自为政"的管理状态一定程度上制约着农村职业教育的发展。为更好地发展农村职业教育，有必要对农村职业教育管理体制进行分析和研究，重点在整合农村职业教育资源；有必要以县级职教中心建设为引领，抓好县级以下农村职业教育管理体制的创新，建立专门管理机构，形成并完善职业教育联席会议制度。自改革开放以来，我国农村职业教育管理体制发生了很大的变化，取得了相当大的突破，但是也暴露出了很多弊端，特别是由行政管理体制所引发的问题十分突出。通过系统分析可以看出，我国现行农村职业教育管理体制，特别是行政管理体制所引发的问题，主要有以下几个方面。

（一）农村职业教育管理体制条块分割，行政管理成本增加

我国现行农村职业教育管理体制是按行政辖区的横向管理和教育系统的垂直管理并行管理。系统上，有的隶属其他行政管理系统，有的隶属教育系统，如农机推广应用和乡镇企业工人技术培训属于工业系统，外出务工人员培训属劳动部门，农业技术推广应用属于农业系统；类别上，有农技推广站、成人教育中心和职业中学等；层级上，存在县级、乡镇管理教育机构。

同时，在现行管理体制下，农村职业教育机构要接受属地领导管理和各级教育行政部门的垂直领导两个部门的管理。在市场经济条件下，由于职教的行业利益和职业特点，培训机构的利益化追求与农民权益、社会需求并不一致。同时，教育行政部门行政法规和地方政府法规也很难做到统一口径，导致职教市场化、社会化存在着一定政策真空，由此出现有令不行或者有令争行的现象，在三方博弈及政令循环往复的过程中，各方浪费了大量行政资源。目前，乡镇的教育管理职能基本消失，特别是农村教育经费实行县级财政转移支付后。但对农村职业教育是实行块块管理（属地管理）、条条管理（教育部门行业管理）、还是条块结合管理，目前还没有一个完善合理的方案。因此，这种交叉管理、条块混合的现状，浪费了大量的教育资源，增加了政府的行政成本，严重影响了农村职业教育事业的

健康有序发展。

（二）各类管理部门相互制约，影响农村职业教育发展

人、制度、技术、物、财制约着农村职业教育的发展。首先，参照事业单位人事制度建立起来的现行农村职业教育机构的人事制度，给人员优化配置带来了极大的阻力；其次，产权机制也制约社会资本进入农村职业教育领域，使农村职业教育陷入了"没有设备就无法提供服务，没有服务收入就无法购买设备"的两难境地；最后，在农村职业教育的资源整合方面，个别教育部门和其他相关部门相互推诿，一定程度上堵塞了农村职业教育发展资源融通渠道。

（三）部门内部补偿机制不完善，制约着农村职业教育发展

根据当前我国农村职业教育管理的现状，可以看出教育部门和其他行政管理部门的管理边界不明确是农村职业教育机构补偿机制不完善的重要原因。尽管教育部门试图对所有的职教机构都能负责，并给予一定补偿（个体、民营机构除外），但由于教育财政经费有限，只能补助一部分人员费用，以维持农村职业教育机构运营和发展所需的其他经费。由此导致补偿机制不完善，实行的是差额补偿，其直接结果是造成职教机构出现追求营利的倾向：其一，由于农村社会经济发展滞后于城市，而且教育融资渠道单一，通过市场获得经济补偿的能力有限，各方面条件无法与城市相比，其职业教育呈现越来越弱的地位；其二，优质职教资源由乡镇向城市聚集，教育资本向有经济利益的方向倾斜，由此形成并加剧"城乡马太效应"。

二、农村职业教育管理的体制创新

政府的有效管理，需要在部门利益实现与农村职业教育取得实效之间找到一个最好的结合点，并需要多个相关部门进行协作，因此就需要农村职业管理体制的创新。

（一）建立高层管理机构

要实现管理体制的创新，首先是要解决政府统筹和部门配合的问题。职业教育本身是一个系统工程，无论是农村职业教育，还是城镇职业教育，都是职业教育整体中的一部分，只有将其纳入统一完整的体系中，形成统一综合的管理体制，并加以宏观调控，才能使职业教育的效益发挥得更好。形成一个合理的、强有力的行政机构，来统筹城乡职业教育和不同机构、不同部门实施的职业教育，是形成政府统筹协调、部门密切配合的新型管理体制的前提和关键。因此，作为发展职业教育主要责任方的高层政府，非常有必要成立一个职业教育的行政管理机构，即职业教育管理委员会，统筹城乡职业教育，但目前在城乡二元经济结构尚无法彻底打破、农村职业教育基础又相对非常薄弱的情况下，我们不能不考虑城乡二元经济结构的社会背景。要统筹和综合管理农村职业教育，必须打破在农村职业教育问题上条块分散管理的格局，明确条和块各自的权利与义务，确立各自的管理边界。这个委员会与各业务部门的关系是领导和被领导的关系，应该是领导、决策、协调、指挥的权力机构。它作为一个实质性的机构，要及时研究和解决职业教育尤其是农村职业教育改革和发展过程中出现的新情况、新问题，协调劳动、教育及其他有关部门的工作，制定和落实解决问题的具体措施，有必要定期召开联席会议，站在全局的高度来统筹农村不同实施机构的职业教育资源和城乡职业教育资源，其根本目的是加强高层政府对农村职业教育的领导，避免人、财、物的浪费，促进农村职业教育健康协调发展。当然，委员会主要通过统一出台农村职业教育发展政策、解决农村职业教育的发展规划、解决农村职业教育重大建设项目和财政扶持等问题，加强对农村职业教育的宏观调控，协调不同部门之间的利益关系，而不能什么事情都管。

（二）建立多维联合的办学体制

教育行政部门和各级政府应认真贯彻落实国务院《社会力量办学条例》和《职教法》的精神，积极鼓励社会各界兴办职业教育。因为农村职教较之其他教育困难更大，更需要社会各方面的参与，所以农村职业学校在这方面应该走在前列。农村职业学校应该充分调动企业、政府各部门、社会团体、农户个人等各方面办农村职业教育事业的积极性，包括对各方面的师资、资金、校舍、实习场地、技术等教育资源进行有效的配置与整合，实行企业、教育部门与各业务部门、农户联合办学，打破单纯依靠政府部门办学的体制，这样才能更有效地解决专业教育不足、资金、教材编写、实习以及就业等方面的问题，形成公办与民办等多种形式并存的格局，建立"政府统筹、部门联办、教委协调、一校多制、多方参与"的办学体制，增强农村职业教育的发展空间和办学活力。

（三）以县级职教中心建设为引领，抓好基层农村职业教育管理体制的创新

从创办开始，县级职教中心就在一定程度上被赋予了县级职业教育的管理职能。但由于受中心内部的科层组织结构的学校组织体系以及校务委员会的领导体制的影响，县级职教管理职业教育的能力还比较弱，作用发挥得还不够明显。当前，职业教育最薄弱的环节仍是农村职业教育，作为县一级政府要适应社会主义新农村建设的需要，要统筹和协调好本级职业教育资源，大力发展农村职业教育，就必须利用好已经建立起来的县级职教中心。我们认为，可以将县级职教中心作为县及以下农村职业教育管理体制创新的突破口。而要把县级职教中心建设成为农村职业教育的管理中心，就必须从多方面入手，改造职教中心。

1. 加强职业教育立法

经过近 20 年的发展，县级职教中心已经成为了我国县级职业教育中最重要的管理模式和办学模式。如果说职教中心建设本身解决了农村职业教育的规模和效益问题，是农村职业教育资源配置的一次优化，那么对职教中心的资源配置进行第二次优化，是农村职业教育发展的需要。二次优化的重点，不仅是要使每一所职教中心逐步形成面向某一领域有一定优势的专业群、搞好专业布局的调整和整合、解决好专业设置的"小而全"，更重要的是要建立健全资源配置的机制。国家将在"十一五"期间重点扶持县级职教中心的建设，职教中心的地位和作用将更加突出，职教中心从规模到管理体制和办学形式都将会发生一些根本性的变化。因此，笔者认为，有必要在职业教育的立法中增加"职教中心统筹管理县级职业教育"的内容，以发挥职教中心在统筹和管理全县职业教育的体制的职能，这样可以为改变过去县及以下农村职业教育多头管理、条块管理的状况提供法律依据，并明确县级职业教育管理的具体形式。

2. 加强县级职教中心的工作议事制度建设

好的工作制度形式，是县级不同政府部门领导在县级职业教育资源统筹中参与管理、发挥作用的保障。目前的主要形式，就是议事制度。所谓议事，就是以当地经济和社会发展的需要为重点，研究和解决职教中心发展中的各类全局性的问题。常见的中心议事形式有：联席会议制、现场办公会议制、情况通报会议制、工作例会制。议事制度属于职教中心的宏观统筹管理范畴，不同的议事形式其参与人员的范围、解决的具体问题是完全不同的，主持会议的是职教中心主任及主要县级领导。

3. 建立县级领导小组负责下的中心主任负责制

职业教育领导小组的成员，由农业、教育、工业、劳动、财政、卫生、人事、和科委等部门的主要领导组成，由县级主要领导担任领导小组的组长，将职业教育领导小组作为各县常设机构，领导职业教育的改革与发展。领导小组既是县级职教中心的领导组织机构，也是政府统筹的决策机构。职教中心设常务副主任，代表主任管理中心的内部事务，并实行主任负责制，主任由领导小组组长兼任，主要职责是从宏观上协调各县级政府职能部门与职教中心的关系。形成县级领导小组负责下的中心主任负责制的领导体制，与校务委员会领导下的校长负责制相比，更多地强调了其外部的协调和统筹职能。

4. 加强经费的统一划拨和管理

经费的分散划拨，是农村职业教育多头管理、条块管理的一种具体表现。目前，我国在农村职业教育发展问题上，实行的是以县为主的管理体制。而当前我国县级财政比较困难，县域经济基础比较薄弱，如果将有限的投入经费再分散使用，其效益将肯定大打折扣。因此，加强职业教育经费的划拨和管理，是提高经费使用效率的关键。具体来讲，就是要把原财政给教育、农业、科技部门和工业的经费，用于农村职业学校教育、绿色证书培训、农民工转移培训以及农业科技推广等，县级职教中心统一资金，并实行统一管理、统一使用，坚持突出重点、优化投向的原则，使有限的资金用在刀刃上。为加强农科教的统筹结合，还可以采取多渠道筹措并举和财政拨款的办法建立专项基金。由县级职教中心会同有关部门开展教育培训，在经费统筹使用过程中，坚持用途不乱、渠道不变，最大限度地减少经费浪费，提高经费的使用效率。

第三节　改革农村职业教育办学模式

研究农村职业教育办学模式的根本意义在于：通过对各类办学模式的考察、分析与比较，揭示其运行机制，指陈其优劣得失；通过对职业教育实践中办学模式的原型总结、提炼与发展，为农村职业教育办学模式的选择提供理论参考。

一、农村职业教育办学模式的概念界定

当前，国内关于职业教育办学模式的定义主要有下列几种：

其一，根据办学目标、办学主体和学制形式等主要特征，划分出不同的职业教育办学模式，职业教育的基本办学模式有4种，即学校本位模式、企业本位模式、社会本位模式和学校—企业综合模式。

其二，从教育教学的角度看，职业教育的办学方向与管理形式、投资来源、结构、目标、教学培训模式等要素的总和，就是职业教育办学模式，可笼统地称为办学的路子。

其三，具有相对稳定性，在办学实践中逐步形成并被人们广泛认同的

样式就是职业教育办学模式。按照这一定义，职业教育的办学模式可以划分为广义和狭义两种。前者不但指把学校办起来的前期运作，还涉及办校的后期运行，后者主要是指通过什么样的形式把学校办起来，如国家办学、社会力量办学、校企合一办学、联合办学以及部门办学等。

综上所述，我们可将农村职业教育办学模式定义为：在农村地区具有典型特征的、由不同的办学主体所兴办并在教育实践中逐渐形成的职教办学运行机制和操作方式。

二、农村职业教育办学模式的影响因素

（一）社会经济发展的水平及特点

在办学方向、人才培养目标等方面适应本地区的要求，是确保某种办学模式在当地社会经济发展过程中发挥积极推动作用的前提。比如，在以乡镇企业、外向型经济为主的苏南地区，农村职业教育办学模式的选择应该是：在培养目标上，主要培养能直接服务于现代农业、外向型经济和乡镇企业的各类人才，为当地的社会发展和经济建设提供强大的智力支撑和一流劳动者；在办学方向上，树立服务观念，为乡镇企业服务，为现代农业服务。

（二）职业教育的原有基础

职业教育的原有基础，直接影响着职业教育的办学模式。以江苏某经济发达地区（苏南）为例，由于具有较高的基础教育普及率及良好的职业教育基础，该地区乡镇企业的产业结构和产品结构升级对高等职业教育人才出现较大需求，于是发展高等职业教育成为该地职业教育发展的重点与新的经济增长点。如果该地区没有良好的职业教育基础，不能够根据社会经济发展的新需求及时做出调整，就无法为该地的经济发展和产业结构升级提供足够的人力支持。相对苏南，经济发展略为滞后的苏北地区，由于中等职业教育较为落后，不仅经济发展徘徊不前，其他类型的职业教育也缺乏发展的动力，出现职业教育办学模式较为单一的现象。

（三）社会对职业教育的重视程度

除了以上两个因素外，行业企业、社会各界、学生和家长、政府部门等对农村职业教育发展的态度及重视程度，都在一定范围内和一定程度上对职业教育办学模式与运行产生着不可忽视的影响。行业、企业对职业教育发展的重视，不仅会对职业教育的招生有利，而且会对职业教育的就业有利，给职业教育的壮大与发展带来实质性的推动；全社会对职业教育的重视，会在一个地区产生有利于职业教育发展的氛围；学生和家长对职业

教育的重新认识和重视，就会更新其教育观、择校观和就业观，就会支持自己的子女接受职业教育，而不是惟普通教育是从；政府部门的重视程度，决定着地方职教发展规模、质量、社会效益以及职业教育政策法规的落实。

（四）职业教育办学的经费来源

以政府投资为主的农村职业教育，当地经济发展的实际情况将成为办学模式形成与运行的主要依据，从促进当地社会经济发展、提高国民素质的目标入手，实行优化组合，盘活现有教育资源，以实现教育社会效益的最大化；以企业投资为主的农村职业教育，企业将立足本单位的近期及长远发展规划，结合教育所提供的条件和当地经济发展的实际情况，以不断提高当地群众综合素质、开发当地人力资源、促进当地社会融合、支撑当地产业结构优化升级为目标，整合和优化先有教育资源，从而使社会效益最大化；以企业投资为主的农村职业教育，企业将根据当地经济及教育发展现状，以"投入—产出"效益递增为基本原则，在培养目标、培养方式、专业及课程设置等方面进行规划，最终在优化企业人才结构、提高企业竞争力及效益的同时，也为改善国民素质做出了贡献。其办学模式取决于其办学宗旨及投资实力。

三、农村职业教育办学模式的改革与创新

（一）转变办学理念

要充分认识到大力发展农村职业教育是解决"三农"问题、改善社会就业状况的重要突破口，是构建完整教育体系的重要环节。国家提出或实施的"西部大开发"、"建设社会主义新农村"、"科教兴国"、"城乡统筹"等战略部署，为农村职业教育带来了前所未有的发展机遇，各地各类职业院校应审时度势，抓住发展时机，及时转变办学理念，树立育人思想，整合已有资源，提高育人质量。①要摒除常规，以职业技能教育为重点，弱化文凭教育。②创新教育模式，将封闭式教育体系转变为开放式教育体系。要把农村职业学校变成所有农村群众提高职业技术技能及综合素质的基地，使其具有开放性和多功能性。③构建多层次、形式多样的教育体系。对劳动者职业技能的培养不应局限于职业学校，农技推广中心、培训学校等机构或组织都是农村职业教育的重要力量，不仅要能培养初、中级农业职业技术人才，还要能培养高级职业技术人才。④政府部门要重视农村职业教育。在经费投入、师资培养、法律保障和招生就业等方面，给予农村职业教育大力支持，帮助其解决难题、摆脱困境，为农村职业教育营

造良好的发展环境。

（二）调整办学方向

对农村职业教育而言，要在竞争激烈、市场要求较高的现实背景下，实现突围，彰显其重要价值，提高其在教育体系乃至社会体系中的地位，就必须办出特色、办出水平，必须创新办学模式，如积极推进校企合作，将理论与实践结合起来，让学生在书本和课堂中学到的理论知识在实践中接受检验，不但能促使学生深化认识、勤于思考，更能锻炼和培养其实际操作能力，真正达到"教学合一"的目标。在走校企合作、产学结合之路时，首先要重视专业及课程设置是否科学合理，要高度关注社会需求变化、产业结构调整以及劳动力市场供求变化。在充分调研和科学论证的基础上，合理设置专业，让专业和课程更加贴近农村实际，更加符合学生愿望。其次，要不断提高已有教育资源的利用率，以提高整体效益。再次，要积极拓宽办学渠道、鼓励社会投资。由于职业教育具有广阔的发展前景，各种社会力量投资办学、合作办学的内在动力并不缺乏，应该充分利用各种资源，以实现办学投资的多元化，促使多元化办学格局的形成。最后，各级政府要在政策上鼓励和引导校企合作、产学结合。

（三）改革教学学制

由于从事农业生产的劳动者没有固定的作息时间，因此传统的教学学制会在一定程度上束缚其接受职业教育与培训，特别是对于在家务农或家庭经济困难的农村学生而言，学习职业知识与技能成为难题。为体现终身教育及全民教育理念，有必要改革现有教学学制，使人人都有受教育的机会和权利。应对不同情况的受教育者进行分类，建立灵活的学制管理机制，提供多样的教育和培训方式，使学生自由选择就业和学习。这对于扩大教育范围、增加生源、提高办学效益也具有重要作用。

（四）构建终身职业教育框架

随着高新科技在产业中的逐渐推广、劳动过程中的自动化、信息化程度的不断提高，可以预见，在今后的几十年中，掌握现代科学知识与相关技能的新型劳动者将成为社会劳动的主角。因此，应在职前教育与继续教育之间架起可以沟通的桥梁，这座桥主要是各类农业职业技术院校，不仅开展预备、就业、职业转换教育，还进行在职人员的技能提高和再就业培训，承担起学历教育与职业培训的双重重任。

第四节　完善农村职业教育保障体系

一个完善的保障体系是发展好农村职业教育的基本保证，因此，农村职业教育服务保障体系的构建与完善对于农村职业教育的发展有着至关重要的作用，我们应在已有基础上进一步完善农村职业教育保障服务体系。

一、进一步完善经费体制

经费严重缺乏，是我国农村职业教育发展中一个非常突出的问题。职业教育经费在整个教育经费中的比例本来就少，而许多地方职教经费还划拨不到位，这就意味着职业教育经费不仅存在总量不够的问题，还存在分配不均的问题，客观上致使许多学校的办学条件得不到改善，严重影响了农村职教的发展。其原因主要有两点：一是部分领导对农村职教有偏见，不重视农村职教的发展；另一个重要原因则是，许多地市经济发展水平低，无法提供足够的职教经费。因此，要发展农村职教，就要有政府投入做保证，就必须转变部分领导的思想，让他们真正重视农村职教的发展。对于职教经费来说，政府投入首先应保障公立农村职业教育中教职工的工资、设备与图书购置费、基建费和修缮费等经常性费用。条件好的学校可依靠收取适当的学费等自筹的途径，解决其日常的教职工福利、教学经费和办公费。刚开办的学校，特别是面向成年农民的农民文化技术学校，其运营所需的前期经费，政府应给予适当补贴。除了保证经常费用之外，为保证一些地区经济发展中比较重要的职业技术教育项目能够顺利实施，还应单列职业教育专项费用，政府也应该解决一些学校欠下的合理债务。只有解除职业技术教育正常运行与发展在经费方面的后顾之忧，学校才有可能一心一意地发展各种层次的职业技术教育。此外，还应广辟筹资渠道，调动一切可调动的资源发展职业教育。政府的财政资金是有限的，有限的资金应集中起来办大事，办难事，办最紧迫的事，职业教育完全依靠政府力量是远远不够的，应该充分发挥民间资金的作用，鼓励事业单位、个人、人民团体以及民主党派投资办学，实行"国有民办"的办学新机制。

二、建立健全科研机构

目前，对我国农村职业教育进行理论研究的专著极少，研究力量十分薄弱。尽管在形式上我国许多地市都建立了职教研究室，但很多并没有发挥应有作用。其原因还是在于，对农村职教不够重视。要解决这一问题，首先要深化有关领导对发展农村职教重要性的认识，及时总结经验，把农村职业教育上升到理论高度，进而用理论指导实践。许多农村地区发展农村经济取得了重大成果，甚至是一些科研成果，但没有从理论的高度认真总结，并对各种成果加以利用和推广，所以很难获得普惠实效。因此，在大力发展农村职业教育的过程中，必须重视对农村职业教育的理论研究，不仅要经常召开学术会议，以形成浓厚的学术研究气氛，更要充分发挥理论对实践的指导作用，在会议上畅言交流农村经济发展的成功经验，并推广和利用已有的成功经验。此外，还应积极组织农村职业学校及学校之间广泛开展教学教研活动，开展专业课教学经验交流会。科研、教研、经验交流会，不能只讲一些空洞的理论而脱离实际，而要真正把一些成功经验介绍到广大的农村地区，实现农村职业技术技能下移，促进农村经济跨越式发展。

三、加强实习基地建设

在逐步构建和完善职教经费体系之后，农村职校的专业实验室、生产实习基地建设也应该进一步得到加强。在提高农职学校质量的过程中，专业实验室和生产实习基地将起着重要作用。效益比较高、发展比较好的农职学校，一般都建有大面积的生产实习基地和条件较好的专业实验室。这些实习基地不但为农职学校学生提供了实习场所，更起到示范作用，为当地农民学习新技术提供场所和条件，为培养专业大户发挥着重要作用。另外，校企结合也是解决生产实习基地问题的一个有效办法。要大力发展农村职业教育，农职学校只有建立起仪器设备精良的专业实验室，建立一定面积的生产实习基地，才能在充分发挥示范作用的基础上提高地区经济效益。

四、建立健全就业服务体系

目前的就业形势，可以用"严峻"两字来形容，在这种状况下，农村职业学校除了要在培养学生和招生中投入较大精力，还要努力为毕业生打造供——产——销"一条龙"服务，有效解决农职学生的后顾之忧。以下三个方面的具体工作是健全毕业生就业服务体系的关键环节：首先，为对学生进行就业观念、职业纪律和职业道德等方面的指导，应开设职业指导课程，不仅要培养学生良好的就业心态，还要培养其竞争意识、创业意识、创业能力，以免因暂时没联系到工作单位而气馁，或因刚走上工作岗位而惧怕就业竞争。这是从能力上和思想上对学生进行就业方面指导。其次，要与已就业的学生保持联系，进行跟踪调查，还可不定期或定期地邀请一些毕业生回校交流就业心得，提出学校就业服务的不足之处。交流中的问题和经验，作为反馈信息有进一步思考和研究的价值，学校要认真将有益的反馈信息研究整理出来，以便改进以后的就业服务工作。这种定期或不定期的经验交流，还可为校内毕业生及其他学生树立良好榜样，激励其努力学习，提醒其汲取经验，避免重蹈覆辙。最后，要跟国内、国外的职业机构和用人单位建立长期合作伙伴关系。如四川乐山卫校与马来西亚、美国、新加坡等国家建立了长期的合作伙伴关系，这些国家可事先预订所需人才的种类和数量，乐山卫校便以其要求作为人才培养的标准和导向，培养了一大批高质量的医护人员。由于多年来输出专业水平高、职业道德佳、合作精神好的医护人员，一度出现了供不应求的局面。

五、建立健全督导评估体系

目前，在农村地区的职业教育督导机构还没有真正依法履行督导职责的情况下，对近年来出现的农村职业教育问题，如各学校之间生源大战之类的问题，缺乏根本性解决办法。发展农村职业教育，还要健全督导机构，督促政府依法落实职业经费，督促政府在制定当地教育和经济社会总体发展规划的同时重视职业教育，尤其要认真抓好农村职教的规范办学、综合协调和统筹规划等工作，依照有关法律和政策，坚决制止"乱收费、乱办班、乱办学、滥发文凭"的不良现象。同时，督导机构还要负责对农村职业学校进行质量考核、对职业学校教师进行职称考核和评定等，督促职教研究部门加强职业教育的教学研究和宏观研究，不断细化并完善评估指标体系。只有充分发挥政府的督导作用，加大政府的执法力度，才能为农村职教的健康发展创造良好的社会环境和条件。

第五节　构建"三教统筹"与"农科教"协调机制

"三教统筹"与"农科教"协调发展，是培养现代农民、发展现代农业、建设社会主义新农村的重要思路和措施，两者就像人的两条腿，只有把握节奏，协调一致，才能带着新农村走得更好、更远。构建两者之间的协调机制，促进两者协调有序发展，对于建设社会主义新农村有着重大而深远的意义，同时这也是"十二五"规划的题中之义。

一、"三教统筹"的内涵、瓶颈与发展策略

20 世纪 80 年代，我国在农村教育综合改革实践基础之上提出"三教统筹"，就是农村基础教育、职业教育、成人教育三者统筹的协调发展。但是，目前由于种种原因"三教"统筹一直没有得到重视。基础教育、职业教育和成人教育，是我国国民终身教育体系得以实现的三种具体形式，他们不仅对整体提高国民科学文化素质有着重要的推动作用，还对推进社会主义新农村建设具有重大意义。我国作为一个农业人口大国，农村地区教育又是中国教育中的薄弱环节，如何实现"三教"的全面协调发展，为社会主义现代化建设以及社会主义新农村建设提供不竭的智力支持和精神动力，是我们面临的亟需解决的一大重要课题。

（一）"三教统筹"的内涵

所谓"三教统筹"，是指农村基础教育、职业教育和成人教育这三类教育的统筹、协作和发展，通过统筹兼顾和适当安排来形成有效合力，所以称为三教沟通或三教结合。需要指出的是，"三教统筹"中的"三"并非代表三种教育类别，而是指主要以基础教育、职业教育和成人教育为主的农村各类教育。农村基础教育、职业教育和成人教育的协调发展问题实际上就是农村教育"三教统筹"的问题。[①] 根据 2006 年国务院《关于推进社会主义新农村建设的若干意见》中提出的"整合农村各种教育资源，发展农村职业教育和成人教育"的意见，我国将"十一五"期间农村教育发展的总体目标锁定为：在巩固"两基"成果的基础上，努力实现全面普及九年义务教育，全面提高义务教育质量，同时大力发展职业教育和成人教育，促进农村各类教育协调发展。由此可见，"三教统筹"实质上就是基础教育、职业教育和成人教育三教渗透、交叉、补充和发展，优化合理配置农村教育资源，整合教育、农业和科技的力量，使农村教育资源的综合利用率得以提高。

（二）农村教育"三教统筹"的必要性

在农村教育中，基础教育、职业教育和成人教育的任务各不同，基础教育的任务是普及基础知识，职业教育担负着将所学知识运用到具体实践中去的任务，而成人教育则承担着不断提高和完善人的任务。这是整个教育过程的三个不同环节，是整个教育体系的三个支脚，三者缺一不可，更不能偏重其一。九年义务教育是整个农村教育的基础，理应是规划的重

---

① 李少元.农村教育论[M].南京:江苏教育出版社,2000:258.

点，而职业教育和成人教育则应是规划的难点。我们既要注意重点，又要关注难点。然而，在当前我国农村教育的发展与改革过程中，我们的注意力往往仍集中在义务教育的普及度上，而忽视了农村继续教育以及实用农业技术人才的培养。因此，我们有必要将具有相对独立分工的三类教育在一定程度上加以结合，实行"三教统筹"。

（三）当前制约我国农村教育"三教统筹"的瓶颈

1. 缺乏社会认同，思想观念落后

片面落后的思想观念，严重制约了"三教统筹"的推广和发展。传统的"重文轻农"思想，束缚了农村教育结构的多元化发展，人、财、物主要集中在基础教育，而农村的职业教育与成人教育由于未得到相应重视，发展滞后。有限的农村教育资源大部分投向基础教育，农村职业教育和成人教育所必需的人力、财力和物力难免捉襟见肘，这种现实使得农村职业教育和成人教育缺乏正规的教育载体。社会对成人教育和农村职业教育的认识不足，以及舆论导向引导不够是导致这种现实的根源。无论是群众还是政府，对农村职业教育与成人教育的发展都不够关心，更不用说重视。相关调查显示，农民参加成人教育的积极性不高的一个重要原因，是人们的教育意识淡薄，尤其是对职业教育和成人教育关注度较低，整个社会不太重视教育，尤其是继续教育问题。[①] 许多农村青年寄希望于基础教育，希望通过升学跳出"龙门"，而对职业教育和成人教育并不感兴趣。可是，受市场经济的影响以及在整体就业形势不容乐观的现实背景下，基础教育优先的观念也不断受到质疑与挑战，与此同时，中学阶段所实行的分流教育模式使大部分学生带有抵触情绪，增加其厌学情绪，基础教育的辍学率也有所上升。这些教育观念对农村教育的整体发展起着不可忽视的阻碍作用。

2. 缺乏制度保障和经费投入

以教育法规的形式为教育的发展提供可靠的法律保障，在发达国家中已成为一种通用做法。尽管党和政府一直重视和关心三农问题，农村教育培训也取得了一定发展，但仅凭积极性和热情难以保障农村教育的长久发展。目前，专门的农村教育法在我国还是一项空缺，保障"三教统筹"顺利实施和协调发展的法律法规长期缺位。"三教"之间的经费分配，缺乏一个合理有效的机制，这从一个侧面反映出农村教育经费体制的不健全。农村教育发展，必须要破除经费投入不足的问题。

---

① 廖其发.中国农村教育问题研究[M].成都：四川教育出版社，2005：330.

3. 师资力量极为薄弱

从整体上来看，农村教育的师资力量极其薄弱，其整体状况存在着学科结构失衡、区域数量短缺、年龄分布不均、职称比例失当和学历层次偏低等诸多结构性问题。目前，我国有 800 万乡村教师承担着 6600 万农村中小学生的教育任务，2007 年全国 37.9 万代课教师中 87.8％以上分布在农村地区。[①] 而在学历层次方面，部分教师虽然通过继续教育达到一定的学力，但是专业不对口的情况十分严重，专业学科教师短缺是职业教育存在的重要问题。此外，农村地区教师待遇差、地位低，使得农村教育存在较大的教师流失风险。随着城市化进程的加快，农村成人教育专任教师数量在逐渐下降，办学规模在逐步缩小。

4. 脱离实际的教育体制

农村各类教育除了在体制上有较大区别，在教学内容、培养目标和教学方法等方面，也与社会发展和农村经济的实际人才需求有较大差距。管理体制和教学模式，不适应农业和农村经济发展对人才的需求。现行的农村教育体系，离真正的"三教统筹"还有很大一段差距。农村教育结构不合理，各级政府的教育、农业和科技等行政主管部门不但拥有自成体系的教育网络，还实行条条管理进行强化，缺乏应有的生机与活力。教育缺乏合理有效的规划，缺乏良好的沟通与衔接，没有充分利用农村中小学已有的教育设施和教育资源。在农科教结合上，部门分割依然严重，农、科、教各部门缺乏很好的统筹协调，没有探索出一条较为科学有效的结合之路。

（四）农村"三教统筹"的发展策略

1. 转变教育观念

（1）转变传统教育观念，塑造"三教统筹"全新的大教育观。当前，我国农村职业教育、成人教育的质量和规模，都不能适应我国各项事业发展的需要，我们必须转变陈旧观念，深化教育改革，塑造"三教统筹"全新的大教育观。

（2）正确对待和处理"三教"之间内部的关系。理顺基础教育、职业教育和成人教育"三教"之间的内部关系，把三种教育有机结合起来，才能充分整合农村教育资源，才能最大程度地发挥其为农村社会经济发展服务的作用。正确对待和处理"三教"之间的内部关系，使之形成相互沟

---

① 国家教育督导团.国家教育督导报告 2008(摘要)——关注义务教育教师[J].教育发展研究,2009(1).

通、互相衔接、协调互补发展的态势，以实现"三教统筹"。

2. 提供制度保障，加强政策扶持

（1）用立法和政策保证农村职业教育和成人教育发展。在资本主义发达国家，通过完善制度，用教育法规为农村教育的发展提供可靠的法律保障时，我国农村教育方面的法律法规还尚未建立，更没有制定出有关农村职业教育和成人教育发展方面的专门法律规范体系。因此，为规范和鼓励农村"三教"的发展，很有必要通过农村教育专门立法工作制定并完善一系列的农村教育法。在为农村"三教"的发展提供相应的法律保障的同时，还可以推动农村"三教"的协调持续发展。

（2）政府在政策上加大对农村"三教"的支持力度。教育公平是社会公平的基石。以人为本的教育公平理念，决定了社会中的每个人都有接受同等教育机会和同样优质教育的权利。按照世界各国的惯例和义务教育的本义，由政府主导的义务教育应当使每位学生都具有相对平等的受教育机会和资源。尽管近些年我国的义务教育取得了较大的成就，但是不同地区之间、城乡之间甚至同一地区之间都存在较大的不均衡性，这显然与教育公平的原则相违背。因此，中央和省级政府在加大对县尤其是贫困地区转移支付力度的同时，逐步改革城乡分割的教育经费投入机制，进一步强化省级政府在义务教育中的责任，规定县级政府也应承担一定比例的经费投入，从政策上确保义务教育的城乡公平和区域公平。

3. 完善教育体制，加大经费投入

（1）改革并健全农村教育体制。围绕社会主义新农村建设，对技术技能型人才的需要和全面提高办学质量的要求，根据农村经济和社会发展的实际情况，切实加快推进农村教育体制改革。改革办学体制和招生制度，是增强农村职业教育及成人教育适应性和办学活力的重要措施。只有解放思想、实事求是，努力破除制约农村教育发展的陈旧思想观念和体制性障碍，在农村职业教育的运行机制、办学体制、教学目标、方法、内容等方面进行大胆改革，才能探索出农村教育改革的新途径。

（2）保障"三教"的经费，以增加教育经费投入。经费总量不足及经费投入不均衡，是束缚农村职业教育发展重要因素。因此，只有加大国家对教育的总体投入，同时保障农村"三教"经费的投入比例，才能从根本上解决农村教育的经费问题。

4. 加强师资队伍建设

我国教育发展的重中之重是农村教育，而农村教师队伍则是农村教育发展的主力军和践行者。高质量的教师队伍，是提高教育教学质量和办学效益、全面推进"三教统筹"的最根本保证。提高农村教师素质，对加强教师队伍建设至关重要。

5. 因地制宜设置专业内容与相关课程

（1）因地制宜，在编排和选择农村教育教材上，应充分考虑到农村的实际需求。我国农村教育的课程设置，主要以文化知识课程为中心，劳动和专业技术课程偏少，忽视了城乡和地域差异。在应试教育模式下，升学成为最主要的目标，不但没有考虑到学生的生存环境和以后的社会走向，还不利于学生个性的充分发展。目前，农村教育的内容、方法及目标已无法完全满足农村学生的现实需求，不扭转这一现状，农村职业教育为农服务的功能就将严重缺失。为此，我们应进一步明确农村教育的近期及长远目标，将教育与农村本地经济发展紧紧结合起来，与解放和发展农村社会生产力的实际需要结合起来。

（2）提升学生技术能力，注重实践教学。目前，我国农村普通初中教育及农村职业教育，在教材编写、课程设置中与城乡经济发展、农业生产经营实际需求相脱节的现象比较普遍，学生从课堂和书本中所学到的知识并不能解决经营管理和农业产业技术的问题。教学内容的不合理，容易导致学生毕业后难以快速融入当地的经济建设中，并造成了巨大的盲目流动和劳动力浪费。因此，在实际教学过程中，农村学校要注重实践教学，以提高学生专业技术和实际操作能力为目的，以满足社会主义新农村建设对技术技能型人才的需求。

二、"三教统筹"与"农科教"的契合模式

在农村教育综合改革中，"三教统筹"与"农科教"结合有着不一般的地位。"三教统筹"要求政府统筹农村基础教育、职业教育和成人教育的发展，只有协调好"三教"发展，才能更好地为经济建设服务。"农科教"结合要求围绕农村经济发展这一中心，建立健全人才教育培训体系和科技推广服务体系，强调制定当地社会经济发展规划时必须兼顾区域的教育、科技发展规划，使教育、农业、科技相辅相成，形成发展合力，促进农村社会经济的科学发展。"三教统筹"作为农村教育综合改革的重要创举和经验总结，对推动我国农村教育和经济发展产生着深远的影响。笔者综合国内相关研究，概括出了"三教统筹"与"农科教"的契合模式：

（一）远程教育模式

曾庆红同志2003年到贵州调研，指示要发展现代远程教育。随后，国家确定贵阳市成为农村中小学现代远程教育模式的工作试点城市。在市教

育局、市财政、市委组织部以及相关部门的通力配合下，从 2003 年底开始，贵阳市开始了大规模的农村现代远程教育建设工作，各区县都建成了一批卫星教学收视点、乡镇学校计算机教室和终端站点，远程教育的建设搭建了"三教统筹"的平台，开发了农村教育教学资源。一方面，现代远程教育促进了基础教育的发展，充实了基础教育内容，丰富了教育教学方式，现代远程教育学校教师的教学更具有效性和科学性，同时由于远程教育比传统教育更具参与性，所以能提高中小学生的学习兴趣，并开阔其视野。另一方面，现代远程教育在丰富基础教育、转变农民思想观念的同时，也促进了成人教育和职业教育的发展。在由政府主导及推广的"远程教育进组入户计划"工程中，广大农户不但学到了法律、科技和政策等多方面的知识，而且在将致富信息付诸实践过程中得到了实惠。清镇市的村党员干部，通过远程教育节目学习，在农技人员辅导下带头饲养。站街镇杉树村党支部带领群众发展林下养鸡，养鸡带来的实效转变了农民的传统思想观念。在村支部的带动下，一些村民积极主动地去远程教育播放点学习，通过参加技术培训，带领许多农民走上了养鸡致富之路。远程教育的建立，在方便村民学习的同时，也极大地拓宽了他们的增收空间。

1. 村与基础教育学校的结合

贵阳市的远程教育，不仅促进了成人教育和基础教育，也促进了村与校之间的互动。息烽县青山小学在当地村委及学校共同组织下，开展了"村校共携手、远教送万家"活动。乌当区教育部门为了加强教师与农户的联系、更有效地传播农业技术技能，制定了学校教师联系农户制度，采取教师联系农户登记卡的方式强化了对农户的帮扶。学校老师利用课余时间，对农民所从事产业的结构、家庭经济情况进行调查分析，为农户提供有针对性的资源、技术和人力支持，为农户的增收致富以及农村的产业结构调整提供切实有效的指导与帮助。

2. 村与职业教育学校的结合

贵阳市各职业学校积极探索，大胆创新，实行学历教育与农村成人教育"两条腿走路"。乌当民族职业中学作为贵州省的重点职业高中，在区政府及相关部门的指引下，成立了由花卉园艺、畜牧兽医、专业骨干教师组成的村校结合课题组，集中对一些偏远贫困村寨进行帮扶。由于交通不便、信息闭塞、观念陈旧，这些偏远村寨沿袭了古老的劳作方式，产业结构极不合理，科技知识相当匮乏。课题组在实地调研中，一方面，对农户进行农副产品加工技术、种养殖知识培训；另一方面，还针对部分农村富余劳动力进行非农技能培训，使富余劳力能进城务工或从事非农产业获得收入。这些有针对性的措施，帮助当地村民走上了脱贫致富的道路。

村校结合使当地村民有机会学习新科学新技术，走上脱贫致富之路，促使他们改变了陈观念、旧思想，同时也使学校师生走出了书本，走出了学校围墙，开阔了视野，体验了更加灿烂的生活，实现了教有所依、学以致用。村校结合，是"三教统筹"实施的重要平台。

3. "学校＋公司＋学员"订单培养模式

贵阳市积极为各区县农村富裕劳力和职教学生寻找就业机会和出路，与企业进行合作，有针对性地、源源不断地为企业培养和输送所需人才。为调查劳动力市场需求状况，各区县职业学校积极到浙江、广东等经济发达地区实地考察，并努力与这些地区的企业、人才市场达成合作协议，以实行订单式人才培养。根据企业需求开设相关专业，回本地面向农村公开招收学员，确定教育模式，制订教学计划。学校在了解和掌握了企业对人才素质的要求之后，把企业管理、企业文化、企业理念以及有关的新技术、新方法和新知识加以提炼和选择，从而设计相关专业。学校在执行教学计划的过程中，要先确定阶段教育目标，对学生的学习情况进行综合考核，技能考核在企业进行，理论考核在学校进行，企业和学校联合对人才进行考核评聘。"订单式教育"的形式非常灵活，有多达数百人的大订单班，也有只有十几人的小订单班；既有三年制的长期订单班，也有一个月制针对毕业生的短期订单班。只有这样，才能真正做到优势互补，校企互动。①

4. "学校＋基地＋农户"模式

这种模式是学校为实现对农村的科技辐射，利用在技术、基地等方面的相对优势，与农户密切协作联系。茶场学校地处贫困的水井村，是开阳县一所九年制学校，交通不便成为学生就学的最大困难。为了改变上学难、辍学率高的现状，学校领导班子积极探寻新路子，经过调查研究和共同讨论，要在传授书本知识的同时，对中小学学生加入职业教育，变传统的"死教育"为"活教育"。在当时养殖业前景大好的时机下，在获得县教育局、镇政府和村里的大力支持下，2003年底该村划拨了4 000多平方米的土地给学校建设职业教育基地，建起养鸡场，并引进良种鸡苗，聘请相关专家开展技术指导。为教授种养殖知识，学校在校内每周给学生安排两节职业教育课，为了能学以致用，让学生利用基地进行实际操作；在校外，学校一方面定期对村民进行病虫害防治、种养等技术知识培训，为村

---

① 李黔，马国中. 贵阳市农村改革发展三十年[M]. 贵州：贵州人民出版社，2009.

民提供鸡苗；另一方面为发挥辐射带动作用，学生将在学校学到的技术传授给家长，从而实现贫困家庭脱贫致富的目的。学校通过办养殖场，在基础教育中植入了职业教育，使学生从小就接触和掌握了传统基础知识以外的职业技术技能。

5."学校＋协会＋农户"模式

这种模式与其他模式的不同之处在于，通过学校培训人才——人才组建协会——协会带动农民的方式进行职业人才培养。开阳县花梨乡作为贵阳市"三教统筹"的试点乡，为努力创建"农民文化家园"和"学习型村寨"，根据"一乡一特、一村一品"的发展思想，通过"学校＋协会＋农户"的新模式，整体推进了花梨乡文化教育和经济建设的发展。在1995年，花梨乡曾获"全国农村教育综合改革先进单位"的殊荣，乡农技校也被评为省先进单位，重视职业教育是当地的传统，花梨中学为了举办职业教育班，通过"分流"实现了一校统筹基础教育和职业教育。乡政府在创业资金上对花梨中学职教班学成回家创业的学生给予大力支持，这些学生在此后的生产经营过程中不但成为科技示范户，而且还致力于集约化经营，逐步成立了蔬菜、果林、养殖、种植等协会。在协会的引领及推动下，乡文化技术学校成为农民学习的重要阵地，越来越多的农民加入学习种养殖技术、谋求共同发展的队伍中来。近年来，花梨乡涌现出了许多特色产业，翁昭村的蔬菜、清江村的无籽西瓜、乐旺河的角角鱼、高坪村的富硒茶叶等产业品牌，还形成了清江村养兔基地、翁昭村次早熟蔬菜基地、建中村养猪场基地。其中，翁昭村次早熟蔬菜基地获得了政府授予的"无公害蔬菜基地"称号，也涌现出了一批科技带头人，十字村的冉涛2000年被评为"全国十佳杰出青年农民"，张有全2001年被评为"贵阳市十佳杰出青年"。

我们看到，在贵阳市"三教统筹"运作模式的实践过程中，贵阳市将实施教育的主体确定为农村中小学校，统筹发展成人教育与农村职业教育，使农村居民（包括农民、学生和教师）旧的思想观念得到深刻转变，更为关键的是推动了农村三类教育的良性协调发展，为农村文化教育和社会经济的科学发展装上了"助推器"，无疑为建设和谐新农村、构建学习型村落提供了十分宝贵的经验。①

---

① 雷成耀.因地制宜,探求农村教育"三教统筹"模式——贵阳市农村教育"三教统筹"的实践[J].科教导刊,2010(11).

参考文献

一、著作

［1］高书国，杨晓明.中国人口文化素质报告［M］.北京：社会科学文献出版社，2004.

［2］窦鹏辉.中国农村青年人力资源发展报告（2005）［M］.北京：社会科学文献出版社，2006.

［3］徐辉，黄学溥.中外农村教育的发展与改革［M］.重庆：西南师范大学出版社，2000.

［4］刘辉汉.不发达地区农村教育改革和发展研究［M］.天津：天津人民出版社，1997.

［5］徐国庆.实践导向职业教育课程研究：技术学范式［M］.上海：上海教育出版社，2005.

［6］秦玉友.均衡化视野中的高中阶段教育改革与发展［M］.长春：东北师范大学出版社，2003.

［7］刘春生，土虹.农村职业技术教育学［M］.北京：高等教育出版社，1992.

［8］张家祥，钱景舫.职业技术教育学［M］.上海：华东师范大学出版社，2001.

［9］石伟平.比较职业技术教育［M］.上海：华东师范大学出版社，2001.

［10］李少元.农村教育论［M］.南京：江苏教育出版社，2000.

二、期刊论文

［11］李光寒.对改革开放三十年农村职业教育政策的回顾与思考［J］.教育与职业，2009(5).

［12］罗思杰.浅析建国以来农村职业教育的政策导向［J］.传承，2009(6).

［13］习勇生，杨挺.我国农村职业教育发展的政策变迁、政策环境及路径选择［J］.教育与职业，2009(19).

［14］雷世平.我国农村职业教育体制政策及其思考［J］.职业技术教育，2005(4).

[15] 刘彬让,陈遇,朱宏斌.论当前农民职教供给体系发展的基本趋势[J].职教论坛,2005(7).

[16] 何云峰.1978～2008农村职业教育政策法规全景扫描与审思[J].山西农业大学学报(社会科学版),2010(1).

[17] 黎秀川.关于农村职业教育的法律思考[J].河北北方学院学报,2008(6).

[18] 臧志军.农村职业教育政策的实施效果分析——以苏北某县的职教现状为起点[J].职教论坛,2010(28).

[19] 王海岩.农村免费中等职业教育政策保障研究[J].职教论坛,2011(4).

[20] 谭崇静.重庆市农村职业教育政策评价模型研究[J].河北农业科学,2010(6).

[21] 赫栋峰,梁珊.发达国家农村职业教育政策保障及启示[J].湖南工业职业技术学院学报,2009(6).

[22] 杨洁,杨颖.国内外农村职业教育政策比较分析[J].现代商业,2010(23).

[23] 黄龙威.对农村职业教育发展模式的几点思考[J].职教论坛,1998(11).

[24] 于伟等.大力发展农村职业教育[N].光明日报,2007-01-02.

[25] 姜群英,雷世平.关于建立我国农村职业教育投入新机制的思考[J].理论经纬,2007(17).

[26] 杨军.制度创新:"教育券"给农村职业教育注入新的活力[J].职教论坛,2003(5).

[27] 皮江红.教育券与我国政府农村职业教育投入方式改革[J].高等农业教育,2005(11).

[28] 徐咏文,段萍,许祥云.农村职业教育的地位与作用[J].安徽农业科学,2007(10).

[29] 蒋作斌.21世纪初我国中部地区农村职业教育发展理论和模式的研究与实验[J].中国职业技术教育,2005(28).

[30] 范安平,张释元.发达国家的农村职业教育:经验与借鉴[J].教育学术月刊,2009(11).

[31] 田占慧,刘继广,钟利军.发达国家农村职业教育新模式比较分析[J].成人教育,2008(1).

[32] 王文槿.美国的农村职业教育[J].中国职业技术教育,2005(3).

[33] 李少元.国外农村劳动力转移教育培训的经验借鉴[J].比较教育研究,2005(7).